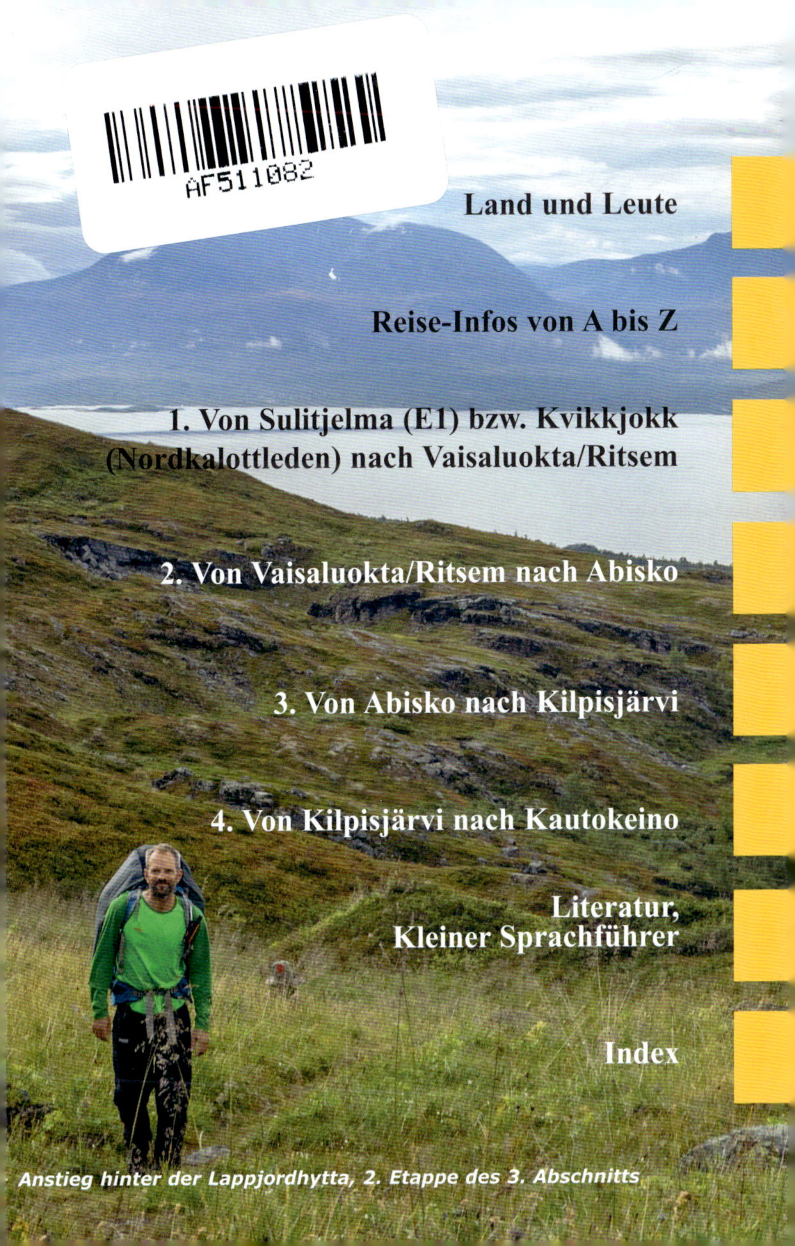

Anstieg hinter der Lappjordhytta, 2. Etappe des 3. Abschnitts

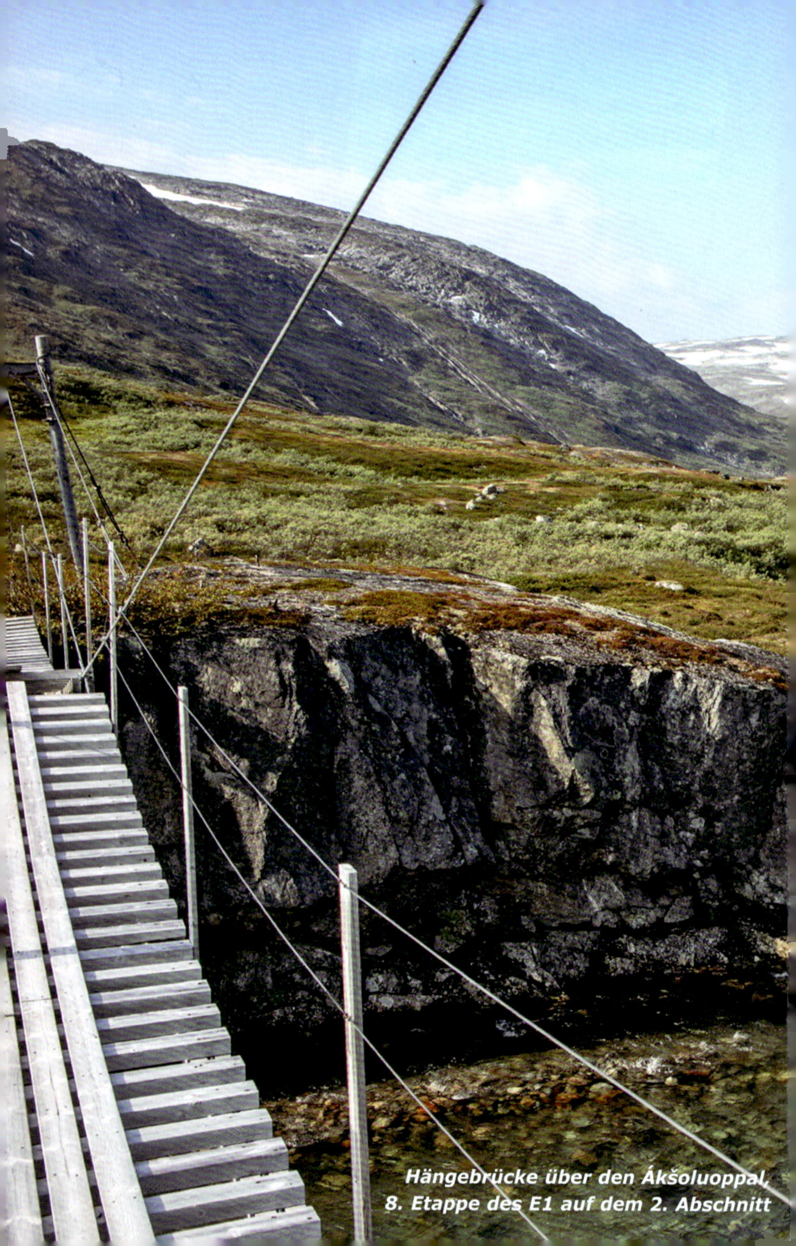

Hängebrücke über den Ákšoluoppal,
8. Etappe des E1 auf dem 2. Abschnitt

Band 172

OutdoorHandbuch

Michael Hennemann

Nordkalottleden über den E1

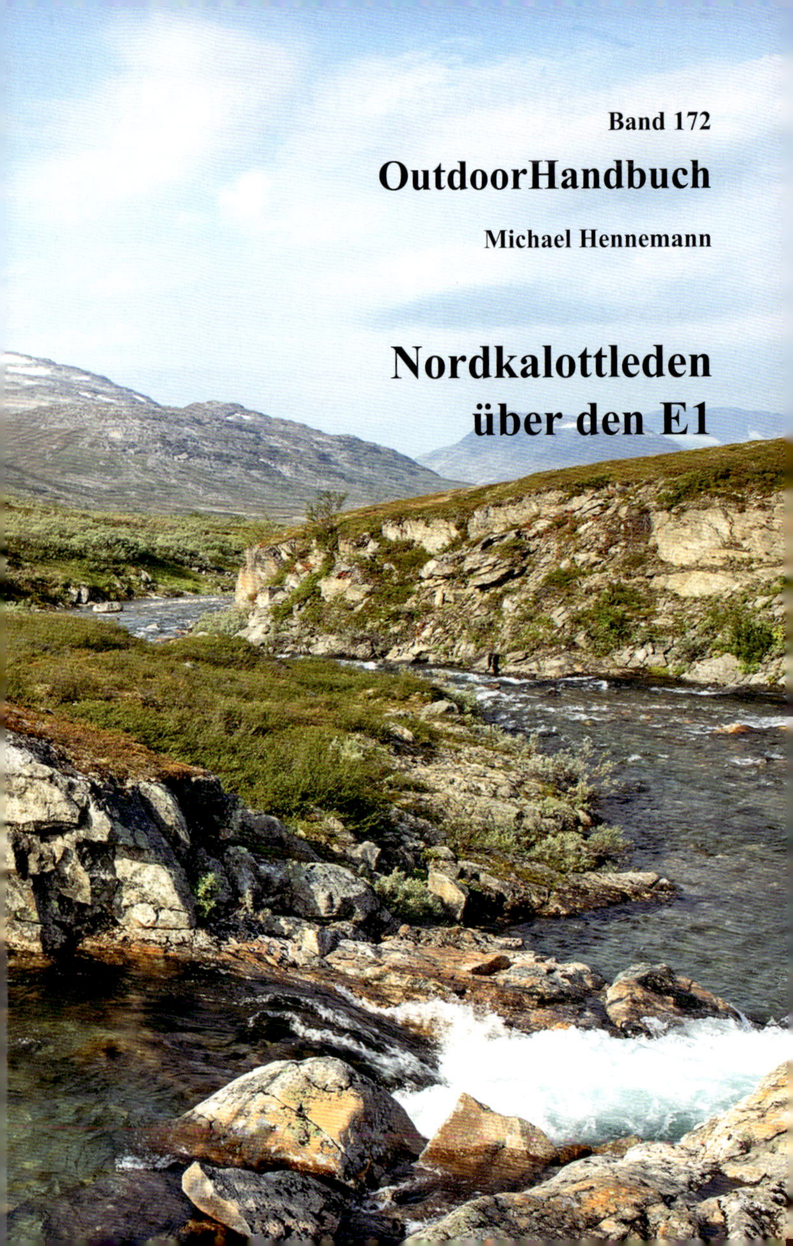

Nordkalottleden über den E1

Der Autor und der Verlag sind für Lesertipps und Verbesserungen (besonders per E-Mail) unter Angabe der Auflagen- und Seitennummer dankbar.

Dieses OutdoorHandbuch hat 224 Seiten mit 73 farbigen Abbildungen sowie 44 farbigen Kartenskizzen im Maßstab 1:200.000, 44 farbigen Höhenprofilen und einer farbigen, ausklappbaren Übersichtskarte. Es wurde auf chlorfrei gebleichtem, FSC®-zertifiziertem Papier gedruckt, in Deutschland klimaneutral hergestellt und transportiert und wegen der größeren Strapazierfähigkeit mit PUR-Kleber gebunden.

FSC
www.fsc.org
MIX
Papier aus verantwortungsvollen Quellen
FSC® C009051

Klimaneutral
Druckprodukt
ClimatePartner.com/10951-2012-1001

Dieses Buch ist im Buchhandel und in Outdoor-Läden erhältlich und kann im Internet oder direkt beim Verlag bestellt werden.

OutdoorHandbuch aus der Reihe „Der Weg ist das Ziel", Band 172

ISBN 978-3-86686-670-6 2., überarbeitete Auflage 2021

Text und Fotos: Michael Hennemann
Karten: Manuela Dastig
Lektorat: Anna-Lena Ebner
Layout: Alexandra Sauerland

Gesamtherstellung: gutenberg beuys feindruckerei

Dieses OutdoorHandbuch wurde konzipiert und redaktionell erstellt vom:

Conrad Stein Verlag GmbH, Kiefernstr. 6, 59514 Welver,
☏ 023 84/96 39 12,
info@conrad-stein-verlag.de,
www.conrad-stein-verlag.de

Besuchen Sie uns bei Facebook & Instagram:

www.facebook.com/outdoorverlag

www.instagram.com/outdoorverlag

Titelfoto: Im Tal des Anjavassdalen, 5. Etappe des 3. Abschnitts

Inhalt

Einleitung

1977 begannen die Verantwortlichen der Wander- und Touristenverbände in Schweden, Norwegen und Finnland mit der Planung eines Weitwanderweges durch die nördlichen Landesteile Skandinaviens. Für den Routenverlauf wurden Trekkingklassiker wie Padjelanta- und Kungsleden in Schweden sowie die norwegische Nordlandsruta und der Grenzpfad von Troms verknüpft und um neue Strecken in bis dahin wenig besuchten Regionen, wie z. B. die Finnmark, erweitert.

1989 waren die Planungen abgeschlossen und am 2. September 1993, zeitgleich mit dem 125-jährigen Jubiläum des Norwegischen Wandervereins (DNT, Den Norske Turistforeningen), wurde der Nordkalottleden am Dreiländereck Treriksröset eröffnet.

Der hochkarätige Eröffnungsbesuch zeigt den hohen Stellenwert, den man dem „friluftsliv" in Skandinavien einräumt. Nicht weniger als zwei Königspaare und ein Staatspräsident gaben sich am gelben Grenzstein im Galdajavrri unweit von Kilpisjärvi ein Stelldichein. König Harald und Königin Sonja kamen von der norwegischen Seite, König Karl Gustav und Königin Silvia aus Schweden und Staatspräsident Mauno Koivisto mit Gattin Tellervo aus Finnland. Ein großer Stein erinnert noch heute an dieses historische Treffen der Staatsoberhäupter in der Wildnis.

Der Eröffnungsstein zeigt den Namen des Wanderweges in der jeweiligen Landessprache. In Norwegen heißt der Trail „Nordkalottruta" und in Finnland „Kalottireitti". Da sich in Mitteleuropa die schwedische Bezeichnung „Nordkalottleden" als Eigenname für den gesamten Wanderweg durchgesetzt hat, ist auch in diesem Buch durchgehend vom „Nordkalottleden" die Rede.

Egal unter welchem Namen – der über 800 Wanderkilometer lange Weg erfreut sich seit seiner Eröffnung steigender Beliebtheit und in der Wandersaison trifft man inzwischen regelmäßig auf andere Wanderer. Das Aufkommen fällt dabei je nach Streckenabschnitt sehr unterschiedlich aus. In den ruhigeren Gebieten kann man durchaus einmal eine Hütte für sich alleine haben und für längere Zeit auf keine Menschenseele treffen. Anders sieht es natürlich dort aus, wo sich der Nordkalottleden den Streckenverlauf mit stärker frequentierten Weitwanderwegen wie dem Padjelantaleden oder Kungsleden oder der Tour von Kilpisjärvi zum Halti, dem höchsten Gipfel Finnlands, teilt.

Der Nordkalottleden gilt unter Kennern als einer der schönsten Treks in Skandinavien. Kein Wunder, führt er doch vom Moor bis zum Kahlfjäll durch alle für Nordskandinavien typischen Landschaftsformen und entlang der Strecke stehen dem Wanderer gute Übernachtungsmöglichkeiten offen; insgesamt mehr als 40 Hütten und Hotels. Nur bei einigen wenigen Passagen wird der Abstand zwischen den Hütten so groß, dass ein Zelt benötigt wird.

Abgesehen davon ist der Nordkalottleden grundsätzlich nicht besonders schwierig zu wandern und technisch anspruchsvolle Passagen oder gar Kletterpartien sind nicht zu erwarten, sodass Wanderer mit erster Erfahrung in Mehrtagestouren gut zurechtkommen sollten. Auf die leichte Schulter nehmen sollte man die Anforderungen allerdings nicht. Zahlreiche Höhenmeter, unwegsame Passagen über Blockfelder, Furten durch Gebirgsbäche, deren kaltes Wasser je nach Jahreszeit bis zu den Knien reichen kann, wackelige Hängebrücken in luftiger Höhe (gilt in erster Linie für Norwegen, die schwedischen Brücken sind dagegen ein Genuss!) und nicht zuletzt die Tatsache, dass der gesamte Proviant für mindestens zehn Tage im Rucksack mitgeführt werden muss bis wieder eine Versorgungsmöglichkeit erreicht wird, zählen zu den Herausforderungen, die gemeistert werden wollen.

Inzwischen ist der Nordkalottleden über weite Strecken in den europäischen Fernwanderweg E1 integriert worden, der seit 2013 von Sizilien bis zum Nordkap führt. Dem wurde in dieser komplett überarbeiteten Neuauflage Rechnung getragen und auf den wenigen Etappen, wo die beiden Trails unterschiedliche Wege gehen, sind jeweils beide Varianten beschrieben.

Da wohl nur die wenigsten den gesamten Nordkalottleden in „einem Rutsch" erwandern werden, unterteilt dieses Buch die Gesamtstrecke in vier „urlaubskompatible" Abschnitte von jeweils etwa 200 km Länge, die man gut in 14 Tagen bewältigen kann und deren Start- und Zielpunkte mit öffentlichen Bussen zu erreichen sind.

Land und Leute

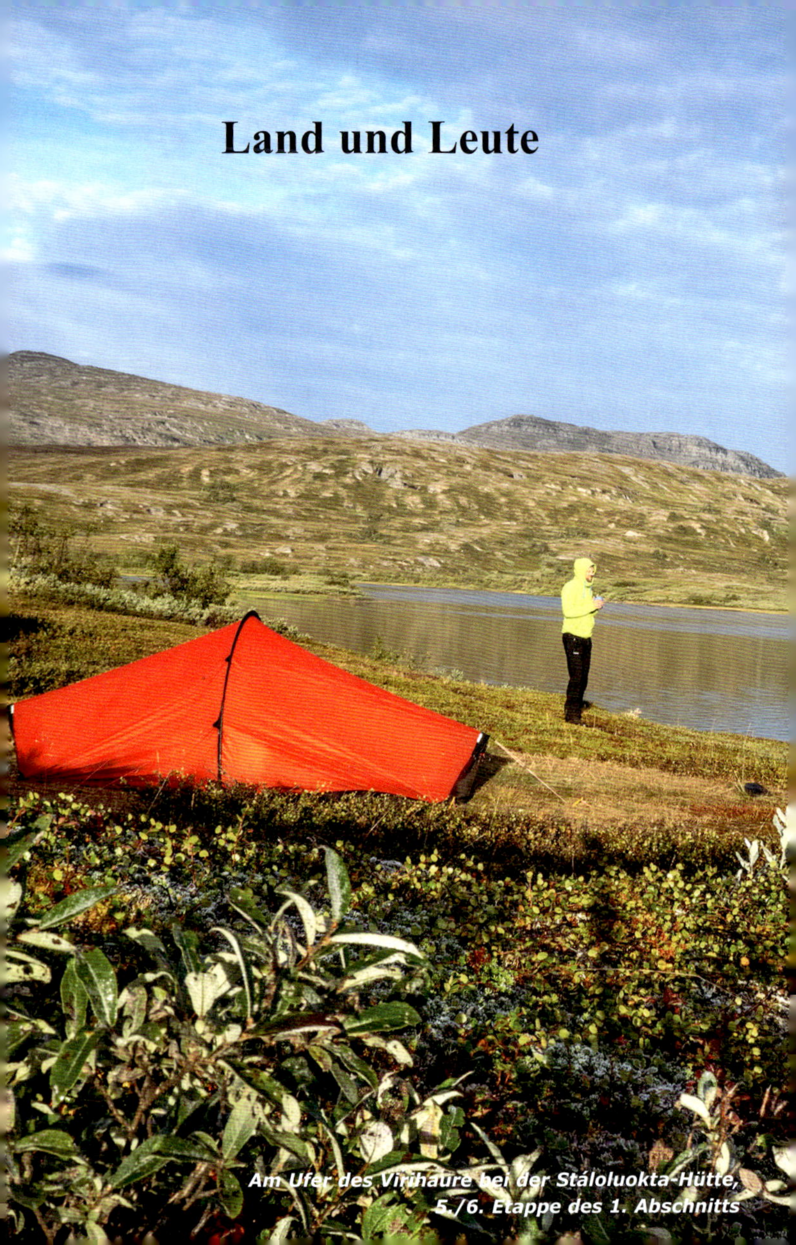

Am Ufer des Virihaure bei der Stáloluokta-Hütte,
5./6. Etappe des 1. Abschnitts

Lappland, Nordkalotte und Sápmi

Der Begriff Nordkalotte bezeichnet die nördlichen Landesteile von Norwegen, Schweden und Finnland, die am bzw. nördlich des Polarkreises liegen:

- ▷ in Norwegen die Verwaltungsbezirke (norwegisch: *fylken*) Nordland, Troms und Finnmark
- ▷ in Schweden die Provinz (schwedisch: *län*) Norrbottens län
- ▷ in Finnland die Provinz (finnisch: *lääni*) Lappland (Lapin *lääni*)

Streng genommen umfasst der Begriff „Lappland" im engeren Sinne also nur die historische schwedische Landschaft (*landskap*) Lappland mit der nördlichsten Provinz Finnlands, die bis 1809 zum Königreich Schweden gehörte. In Norwegen leben die meisten Samen in der Finnmark.

In der Landessprache der indigenen Ureinwohner lautet die Bezeichnung ihres Siedlungsgebietes „Sápmi" (=„Land der Samen"), das nach dem Selbstverständnis der Samen weit über die Grenzen der historischen schwedischen Provinz Lappland hinausgeht.

Geografie

Der Untergrund Fennoskandiens (geografisch korrekte Bezeichnung für die gesamte skandinavische Halbinsel samt Finnland und Kola-Halbinsel) ist, selbst für geologische Maßstäbe, uralt und wird durch den Baltische Schild gebildet. Dieser präkambrische Festlandskern (Beginn des Präkambriums vor ca. 4.500 Millionen Jahren!) wurde im Erdaltertum, vor über 300 Millionen Jahren, als das Leben auf unserem Planeten gerade aus den Ozeanen an Land krabbelte, mehrfach gefaltet. Das aus dem Erdinneren austretende Magma schmolz die bereits vorhandenen Steine um. Es entstanden sogenannte metamorphe Gesteine wie Gneis, Granit, Quarzit und andere kristalline Schieferarten. Der Untergrund Finnlands und Ostschwedens besteht noch heute aus diesen uralten Landmassen.

Das Gebiet von Norwegen und Westschweden dagegen wurde im Zuge der kaledonischen Gebirgsbildung, die vom Kambrium bis zum Devon (etwa vor 570 bis 400 Millionen Jahren) andauerte, zu den Skanden aufgefaltet. Im Vergleich dazu sind Alpen und Himalaya wahre Jungspunde, ihre Auffaltung erfolgte im Tertiär (Beginn vor 65 Millionen Jahren).

Der Gebirgszug der Skanden reicht von Stavanger im Südwesten über Norwegen und entlang der Grenze von Norwegen und Schweden bis hinein ins Länderdreieck Norwegen, Schweden und Finnland. Die höchsten Erhebungen in Nordskandinavien sind der Kebnekaise (2.097 m) und die Gipfel des Sarek-Nationalparks (bis zu 2.090 m). Finnland hat nur im äußersten Nordwesten Anteil am skandinavischen Gebirge und so ist es wenig verwunderlich, dass die höchste Erhebung des Landes mit dem Halti (1.324 m) hier zu finden ist.

Waren die Skanden zunächst ein richtiges Hochgebirge mit spitzen, bis zu 8.000 m hoch aufragenden Gipfeln und tief eingekerbten V-Tälern, so wurden die Berge im Laufe von Jahrmillionen immer weiter abgetragen. Die heutige Gestalt verdankt das skandinavische Fjäll vor allem den Eiszeiten. Durch das Schürfen und Schleifen der Gletscher entstanden die typischen weiten und flachen Hänge, die runden Bergkuppen sowie die sanft gewellten Hochebenen ohne tiefe Taleinschnitte. Die einstigen V-Täler wurden durch vorrückende Gletscher zu einem u-förmigen Querschnitt überprägt und ausgehobelt. Eines der eindrucksvollsten Beispiele ist das mächtige Trogtal Lapporten bei Abisko.

Flora & Fauna

Der Nordkalottleden verläuft nördlich des Polarkreises, dank der „Warmwasserheizung" Golfstrom ist das Klima aber wesentlich milder als in anderen Gebieten gleicher geografischer Breite wie Grönland, Kanada oder Sibirien und es konnte sich eine reichhaltige Tier- und Pflanzenwelt entwickeln.

Um einen weitverbreiteten Irrtum auszuräumen: Die Tundra (= baumlose Kältesteppe mit Permafrostboden) ist hauptsächlich in der Arktis verbreitet. In Nordskandinavien beschränkt sie sich nur auf wenige Gebiete (z. B. Nordkynn-Halbinsel und Teile der Varanger-Halbinsel). Die am weitesten verbreiteten Landschaftsformen in Nordskandinavien sind der boreale Nadelwald und die Fjällregion (Letztere wird oft als Bergtundra bezeichnet).

Da das Fjäll das natürliche Siedlungsgebiet der Samen ist und somit für die Rentierwirtschaft genutzt wird, ist es kein Wunder, dass Rene bei einer Wanderung auf dem Nordkalottleden die mit Abstand am häufigsten gesichteten Tiere sind. Die Rentiere entlang des Nordkalottleden sind allesamt domestiziert, Wildrenherden gibt es nur weiter im Süden in der Hardangervidda, in Rondane sowie im Dovrefjell.

Ebenfalls häufig anzutreffen sind verschiedene Vogelarten, wobei Birkhuhn, Schneehuhn und Auerhahn die häufigsten sind. Im Sommer können Sie darüber hinaus viele Entenarten, Singschwäne und vor allem Wildgänse beobachten.

Die meist nachtaktiven Säugetiere dagegen bekommt man beim Wandern kaum zu Gesicht. Der Elch kommt zwar überall in Skandinavien vor, bleibt aber meistens unterhalb der Baumgrenze und ist im Fjäll nur selten anzutreffen. Noch größeres Glück als zum Erspähen eines Elches braucht man für die Beobachtung eines der in Skandinavien heimischen großen Raubtiere wie Bär, Wolf, Luchs oder Vielfraß.

Borealer Nadelwald

Der boreale Nadelwald erstreckt sich als Gürtel vom Westen Kanadas über den europäischen Norden bis ins östliche Sibirien rund um den Nordpol. Die russische Bezeichnung „Taiga" wurde ursprünglich nur für eine spezielle Form des dunklen Fichtenwaldes in Sibirien genutzt, wird heute aber synonym für den gesamten Waldgürtel verwendet. Geprägt wird der nördliche Nadelwald durch kurze Sommer, geringe Temperaturen (weniger als vier Monate mit einer Durchschnittstemperatur über 10 °C) und lange Winter, bei denen die Temperatur auf bis zu -50 °C sinken kann.

Diesen extremen Umweltbedingungen sind nur wenige Spezialisten gewachsen, sodass der boreale Nadelwald artenarm ist und stellenweise monoton aussieht. Bestandsbildend sind nur wenige Nadelbaumarten: Fichten, Kiefern, Tannen und Lärchen. Am besten auf die subarktischen Bedingungen eingestellt hat sich die Fichte (und zwar die nordisch-asiatische Unterart *Picea abies obovata*). Durch ihre schlanke Wuchsform mit den kurzen Ästen kommt sie auch mit großen Schneelasten zurecht und eine Wachsschicht auf den dicken Nadeln schützt den Baum vor dem Austrocknen, sowohl im Dauerfrost als auch im Hochsommer.

Zu den Nadelbäumen gesellen sich in kleinklimatisch begünstigten Gebieten (z. B. Südhänge, Flusstäler) Laubbäume wie Birken, Erlen und Espen.

Die Vogelwelt des borealen Nadelwaldes ist vergleichbar mit der der mitteleuropäischen Nadelwälder in den Alpen und Mittelgebirgen.

Fjällregion

Bei einer Reise in Nordskandinavien von der Küste Norwegens gen Osten verändert sich die Vegetation merklich: Der Nadelwald tritt zurück und wird durch die Bergtundra ersetzt. Mit zunehmender Höhe dominiert zunächst ein Buschwerk aus Birken und Weiden, später alpine Grasmatten und schließlich Flechten und Moose. Diese Gebirgsregion, deren Bezeichnung „Fjell" in Norwegen, „Fjäll" in Schweden und „tunturi" in Finnland lautet, zeichnet sich durch eine deutliche Höhenzonierung aus:

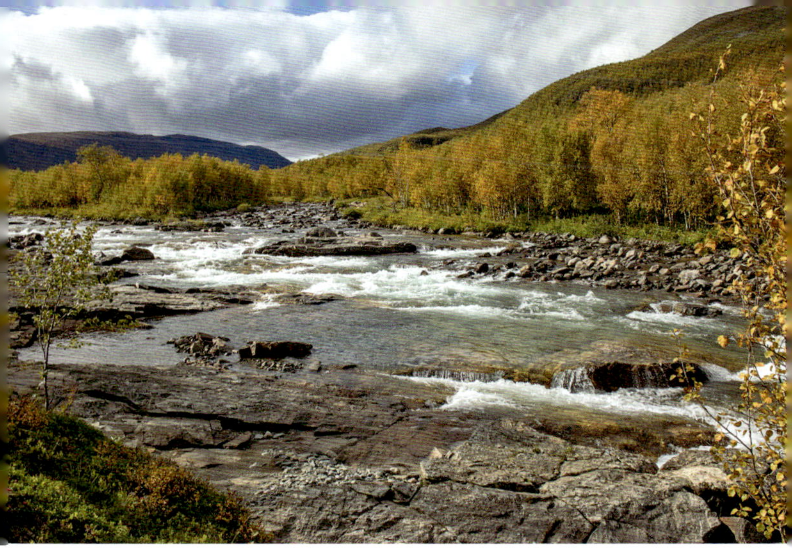

Ein Fjällbirkenwald in der subalpinen Zone

Subalpine Zone

Für die Höhenlage von 800 bis 1.000 m in Süd- sowie 300 bis 600 m in Nordskandinavien charakteristisch ist der Fjällbirkenwald. Häufig anzutreffen sind Wacholderdrossel, Rotdrossel, Fitis und dort, wo der Birkenwald mit Moor durchsetzt ist, auch Birkhühner und Sumpfohreulen. Polarfuchs und Vielfraß sind zwei Raubtiere, die im Übergangsbereich von der subalpinen Zone zum Kahlfjäll leben.

Untere alpine Zone

Die Baumgrenze liegt bei etwa 850 m in Südskandinavien und 300 m in der Finnmark. Oberhalb beginnt das baumlose Kahlfjäll, in dem zunächst eine dichte Strauchvegetation aus Zwergweiden und -birken sowie Wacholder- und Heidearten wächst.

Mittlere alpine Zone

Diese Zone, die sich nicht so scharf abgrenzen lässt wie die Baumgrenze, beginnt in den südlichen Gebirgsregionen bei 1.200 m, im Norden bei 600 m und ist deutlich artenärmer. Die Zwergsträucher und Heiden werden dünner. Neben Krähenbeere und Alpen-Bärentraube wachsen hier Blumen wie der Wald-Storchschnabel und die Echte Goldrute. Typische Vögel sind Blaukehlchen, Braunkehlchen, Wiesenpieper und Rohrammer.

Obere alpine Zone

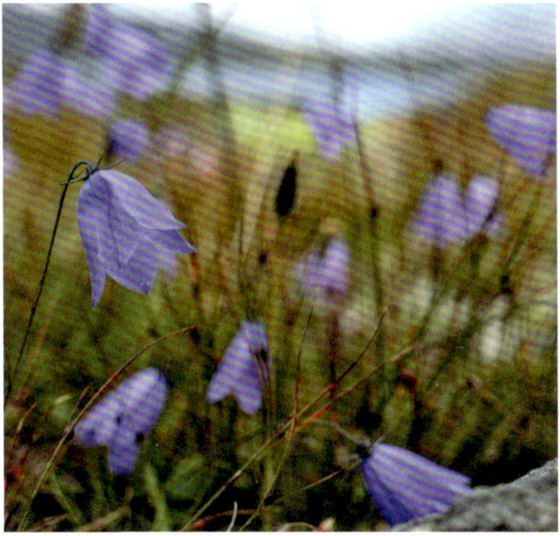
Auf Glockenblumen trifft man im Fjäll von den Tälern bis in die höheren Lagen

Diese Zone beginnt in einer Höhe von 1.500 m im Süden bzw. 850 m im Norden. Alpine Rasenmatten und kurzwüchsige Sträucher verdrängen die Zwergsträucher.

Mit zunehmender Höhe dominieren Flechten und Moose, typische Blumen sind Gletscherhahnenfuß und Silberwurz. Weit verbreitet in dieser Höhenlage sind Schnee, Gletscher sowie Geröll- und Steinblockfelder, die von verschiedenen Steinbrecharten besiedelt werden.

Verbreitete Vögel sind Goldregenpfeifer, Steinschmätzer, Spornammer, Wiesenpieper, Mornellregenpfeifer und Alpenschneehuhn. Der häufigste Raubvogel ist der Rauhfußbussard. In den wasserreichen Gebieten dieser Zone kann man oft erstaunlich viele Watvögel wie Alpenstrandläufer, Kampfläufer, Regenbrachvogel und Großen Brachvogel beobachten.

Samen/Sámi

Rentiere, einfache Sommer-Behausungen und die Spuren von Geländemotorrädern sind oft die einzigen Zeugnisse anderer Menschen, die man als Wanderer in der weiten Einsamkeit Nordskandinaviens entdecken kann, denn das Fjäll ist das traditionelle Siedlungsgebiet der Samen.

Obwohl man selbst im aktuellen Duden den Eintrag „Lappe" findet, wird diese Bezeichnung von den Menschen selbst als abwertendes Schimpfwort empfunden und sollte nicht benutzt werden. Um eventuelle Verwechselungen im Deutschen zu vermeiden, sind viele offizielle Stellen wie z. B. Tourismusbüros in Skandinavien dazu übergegangen, in deutschsprachigen Publikationen den auch im Englischen geläufigen Begriff Sámi zu verwenden.

Die Samen betreiben ihre Rentierwirtschaft in einem Gebiet, das vom Femundsee (Femunden auf norwegisch) im Bezirk Hedmark (Norwegen) bzw. Idre in Dalarna (Schweden) im Süden und Finnland im Südosten bis zur Kola-Halbinsel (Russland) im Norden reicht. Die Zahl der hier lebenden Samen wird auf rund 75.000 geschätzt, die meisten von ihnen leben in Norwegen (etwa 35.000). Die Zahlen zur samischen Bevölkerungsstärke variieren je nach Quelle allerdings recht stark, da es weder eine Volkszählung noch eine einheitliche Definition für die ethnische Zugehörigkeit gibt.

Der genaue Ursprung der Samen ist ungewiss, am verbreitetsten akzeptiert ist die Auffassung, dass die Vorfahren der heutigen Samen aus dem Baltikum zunächst nach Finnland eingewandert und später nach Nordschweden und -norwegen weitergezogen sind. Die ersten Samen waren Jäger und Sammler, die wilde Rentiere jagten und Fischfang betrieben. Kern dieser frühen Gesellschaft war die „siida", eine Gemeinde, die sich aus mehreren Familien zusammensetzte, die in einem bestimmten Gebiet jagten und fischten. Als die Zahl der wild lebenden Rentiere abnahm, gingen die Samen vor etwa 500 Jahren zur Zucht von halb zahmen Tieren über und die einstigen Jäger wurden zu Nomaden, die den natürlichen Wanderbewegungen ihrer Tiere im Jahresverlauf folgten.

Die Bedeutung der Rentierzucht hat im Laufe der Zeit natürlich immer weiter abgenommen und heute lebt nur noch ein kleiner Teil der Bevölkerung von der Rentierzucht als Haupterwerbszweig. Viele Samen arbeiten in Behörden, in der Dienstleistung oder im Tourismus. Aber auch die Rentierzüchter wohnen nicht mehr in einem primitiven Kota-Zelt, sondern haben (zumindest für den Winter) einen festen Wohnsitz und leben in einem festen Haus aus Stein oder Holz. Auch sonst hat sich die Rentierwirtschaft den modernen Gegebenheiten angepasst: Die Schlitten wurden durch Schneemobile ersetzt, beim Zusammentreiben der Herde kommen Handy und Helikopter zum Einsatz und die Verarbeitung der Rentiere erfolgt in modernen Schlacht- und Tiefkühlhäusern. Die von den Touristenprospekten gerne in den Vordergrund gestellten bunten Trachten werden nur selten an besonderen Fest- und Feiertagen getragen.

Die Eigenständigkeit der samischen Kultur wurde seit dem 16. Jh. durch die Entstehung der Nationalstaaten und der Ausbreitung des Christentums bedroht und die Samen wurden in immer weiter nördlich liegende Regionen abgedrängt. Weder bei den Grenzziehungen noch bei der administrativen Gliederung der einzelnen Staaten wurde Rücksicht auf den Landbesitz der Samen genommen.

Die ersten Organisationen, die sich für die Rechte der Samen einsetzten und auf Probleme aufmerksam machten, entstanden zu Beginn des 20. Jahrhunderts.

In der Nichtregierungsorganisation des „Rats der Samen" (Sámiráđđi) trafen 1956 erstmalig Samen aus Norwegen, Schweden und Finnland zusammen, um gemeinsam für ihre Rechte einzutreten und gleichartige Verhältnisse in allen nordischen Ländern zu schaffen. Seit 1992 sind auch die russischen Samen vertreten.

In der zweiten Hälfte des 20. Jh. führte das gesteigerte Selbstbewusstsein und massive Proteste zu einer verbesserten Anerkennung der indigenen Bevölkerung und die einzelnen Länder räumten, je nach Land in unterschiedlichem Umfang, der samischen Bevölkerungsgruppe umfangreichere Rechte ein. Es entstanden zweisprachige Schulen, eigene Radiosender und Parlamente. Der Einfluss dieser Parlamente bleibt aber gering, denn die samische Volksvertretung hat nur beratende Funktion, aber keine gesetzgebende Gewalt. Nichtsdestotrotz sind diese Einrichtungen wichtige Foren, um sich für die traditionelle Landnutzung der Samen einzusetzen (z. B. Sonderregelungen in den Nationalparks und das Recht, mit ihren Herden die norwegisch-schwedische Grenze zu übertreten).

Am 15. August 1986 einigte sich der 13. Samische Rat auf eine einheitliche Flagge, die unabhängig vom jeweiligen Nationalstaat die Samen repräsentiert. Die Flagge wurde von der samischen Künstlerin Astrid Båhl aus Skibotn in Norwegen gestaltet. Der blaue Kreis symbolisiert den Mond, der rote die Sonne. Die Sinnbilder gehen auf alte samische Sagen und Geschichten zurück, in denen die Samen als Söhne und Töchter der Sonne besungen werden. Auf dem gleichen Kongress wurde auch Isak Sabas „Sámi Soga Lávlla" (Lied der Samen) als Hymne angenommen.

⌘ Samische Museen

Sowohl in Norwegen und Schweden als auch in Finnland gibt es erstklassige, moderne Museen, die dem Besucher die samische Lebensweise, Tradition, Kultur und Geschichte vermitteln. Neben zahlreichen kleineren Sammlungen und Ausstellungen gibt es in jedem Land ein großes Museum und je nach Anreiseweg ist der Besuch einer dieser Einrichtungen für Interessierte sehr zu empfehlen.

- Norwegen: De Samiske Samlinger (= „Die Samischen Sammlungen") in Karasjokk, ☏ +47/784/699 50, 💻 www.rdm.no, Juni-August tgl. 9:00-18:00, außerhalb der Hauptsaison eingeschränkte Öffnungszeiten
- Schweden: Fjäll- und Samen-Museum Ájtte in Jokkmokk, ☏ +46/971/170 70, 💻 www.ajtte.com, Hauptsaison Mitte Juni-Mitte August tgl. 9:00-18:00, zur übrigen Zeit eingeschränkte Öffnungszeiten
- Finnland: Samen und Naturzentrum Siida, ☏ +358/400/89 82 12, 💻 www.siida.fi, ganzjährig, Juni-September tgl. 9:00-17:00, Oktober-Dezember Di-So 10:00-17:00, Mo geschlossen, Januar-Mai Mo-Sa 10:00-17:00, So geschlossen

Reise-Infos von A bis Z

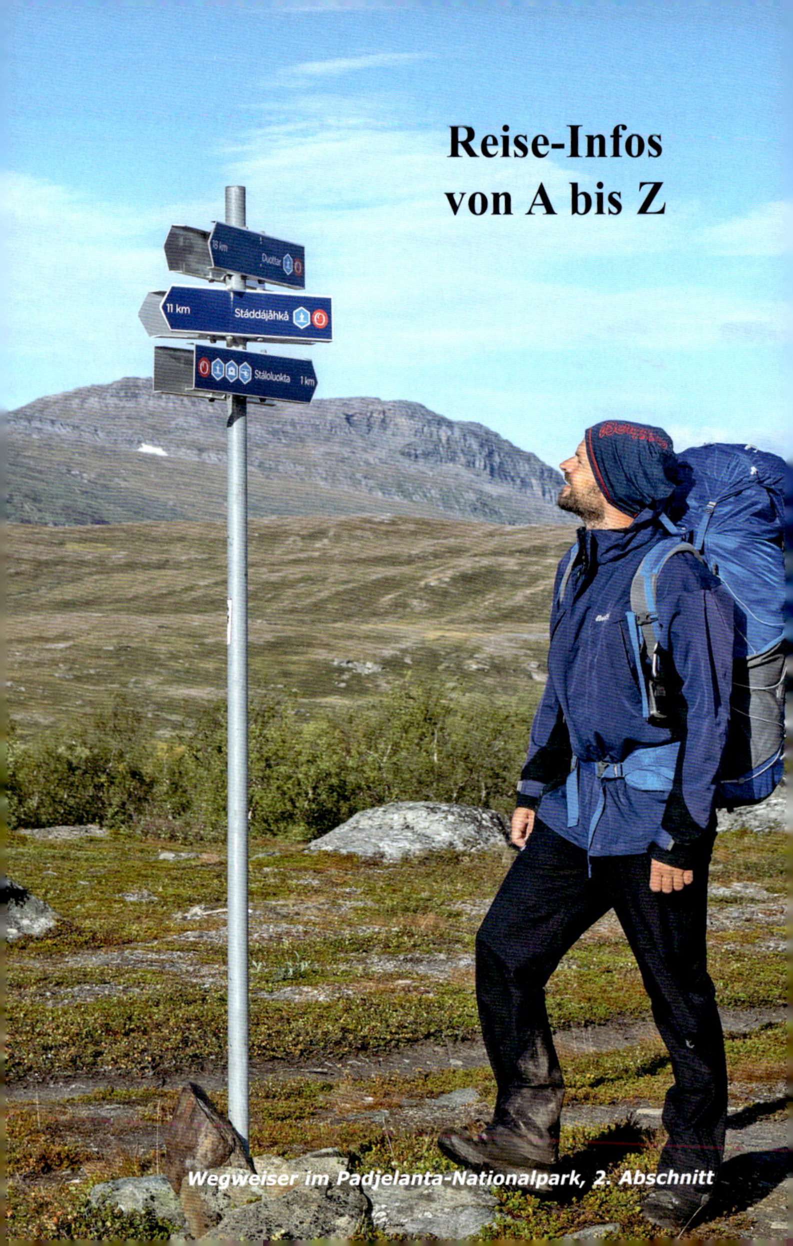

Wegweiser im Padjelanta-Nationalpark, 2. Abschnitt

Anreise nach Nordskandinavien/Abreise

Mit der Bahn

Skandinavien ist aus Deutschland gut mit der Bahn zu erreichen. Direkt- und Nachtzüge verkehren nach Norwegen und Schweden (z. B. Hamburg – Kopenhagen – Malmö – Göteborg – Oslo). Für die Weiterfahrt innerhalb Schwedens besonders interessant ist der Nachtzug von Göteborg über Stockholm und Sundsvall nach Luleå.

Finnland ist mit der Bahn am besten über Schweden zu erreichen, für eine Tour auf dem Nordkalottleden z. B. mit dem Zug von Stockholm nach Nordschweden und dort über die Grenze. Aktuelle Tarif- und Fahrplaninformationen:

- Deutsche Bahn: www.bahn.de,
- schwedische Bahngesellschaft: www.sj.se,
- norwegische Staatsbahn: www.nsb.no und
- finnische Eisenbahn: www.vr.fi

Mit dem Bus

Aus vielen deutschen Großstädten bestehen mehrmals wöchentlich Busverbindungen nach (Süd-)Norwegen und Schweden. Im Vergleich zur Bahn sind die Tarife etwas günstiger, die Reisezeit von Norddeutschland bis Stockholm beträgt etwa 24 Std. Fahrpläne und Tarife findet man im Internet unter:

www.eurolines.de

Die Weiterfahrt mit dem Bus nach Nordskandinavien ist aber nicht ganz einfach und sehr zeitaufwändig, daher empfiehlt sich eine Weiterfahrt mit dem (Nacht-)Zug oder die Kombination mit einem Inlandsflug.

Mit dem eigenen Auto

Die Anreise mit dem eigenen Fahrzeug garantiert natürlich größtmögliche Flexibilität und ist (zumindest mit mehreren Personen) auch deutlich günstiger als Bahn oder Flugzeug.

Mit dem Schiff

Diverse Fährverbindungen bringen Sie entweder über Dänemark oder direkt von Deutschland nach Schweden, Norwegen oder Finnland. Über die Öresundbrücke ist Schweden aber auch komplett auf dem Landweg zu erreichen.

Direktfähren nach Schweden:
- www.stenaline.de
- www.tt-line.de
- www.scandlines.de

Direktfähre nach Norwegen:
- www.color-line.de

Direktfähren nach Finnland:
- www.finnlines.fi

Öresundbrücke:
- www.oresundsbron.com

Die Hauptachse von Süden nach Norden in Norwegen ist die E6, die von Trondheim über Fauske und Narvik nach Kirkenes führt. In Schweden bringt Sie die E4 über Jönköping, Örebro, Gävle und Umeå am schnellsten nach Norden, in Finnland wählt man die Route über Turku, Tampere, Jyväskylä und Oulu.

Sie sollten sich bei der Anreise mit dem eigenen Auto aber die riesigen Entfernungen klarmachen (z. B. Oslo – Narvik auf der E6 etwa 1.400 km) und die Anreise in jedem Fall schon als Teil des Urlaubs ansehen, denn je nach Route benötigen Sie drei bis fünf Tage für die Autofahrt von Süd- nach Nordskandinavien.

Wenn Sie mit dem eigenen Auto zum Wandern an den Nordkalottleden fahren, macht es wenig Sinn, direkt an den Ausgangspunkt der Wandertour zu fahren. Da Start- und Zielpunkt weit auseinanderliegen und Sie das Auto mit öffentlichen Verkehrsmitteln nachholen müssen, empfiehlt es sich, das Auto an einem strategisch günstigen Verkehrsknotenpunkt abzustellen und die letzte Strecke bis zum Startpunkt bzw. vom Zielpunkt mit dem Bus zurückzulegen. Gute Abstellplätze für das Auto sind Kiruna, Gällivare oder Jokkmokk in Nordschweden, von wo aus Sie praktisch alle Ein- und Ausstiegspunkte des Nordkalottleden gut mit dem Bus erreichen können.

Mit dem Flugzeug

Direkte Linienverbindungen nach Stockholm bestehen von Hamburg, Berlin, Düsseldorf, Frankfurt/Main, München und Stuttgart mit SAS/Lufthansa:
- www.sas.com

Die Umwälzungen auf dem Flugmarkt haben auch vor Skandinavien nicht haltgemacht, sodass mittlerweile verschiedene Billigflieger gen Norden fliegen: Während Ryanair den etwas außerhalb bei Nyköping liegenden Flughafen Stockholm/Skavsta ansteuert, landen German Express und Germanwings direkt auf dem Stockholmer Hauptflughafen Arlanda.

www.ryanair.com
- www.easyjet.com
- www.norwegian.com
- www.eurowings.com

Gerade für die Anreise zum Nordkalottleden ist die Kombination von Billigflieger und Weiterreise mit dem Nachtzug interessant, z. B. von Hamburg nach Abisko in 26 Stunden für weniger als € 150!

An- und Abreise zu/von den Ausgangspunkten und Zielpunkten der Wanderung

Sulitjelma

Verbindung mit Bodø via Fauske, Fahrplaninformationen:
www.177nordland.no

Kvikkjokk

Busverbindung von und nach Jokkmokk. Infos:
www.ltnbd.se

Ritsem

Verbindung zwischen Ritsem-Fjällstation und Gällivare. Fahrpläne unter:
www.ltnbd.se

Abisko

Die mehrmals täglich verkehrenden Züge zwischen Narvik und Kiruna halten am Bahnsteig vor der Abisko Turiststation. Aktuelle Fahrpläne unter:
www.sj.se

Zusätzlich verkehrt auf dieser Strecke auch ein Bus:
www.ltnbd.se

Busverbindungen bestehen zwischen Abisko und Narvik sowie von und nach Kiruna. Infos:

www.ltnbd.se

Kilpisjärvi

Es bestehen tägliche Verbindungen mit Rovaniemi und Tromsø (Norwegen). Fahrplan unter:

www.matkahuolto.fi

Kautokeino

Es bestehen tägliche Verbindungen von und nach Alta, aktuelle Fahrpläne unter:

www.snelandia.no

Ausrüstung

Zur absoluten Grund- und Minimalausstattung für eine Tour auf dem Nordkalottleden gehören ausreichend (und auch im Sommer warme sowie regendichte) Bekleidung und gute Wanderstiefel, ein (Hütten-)Schlafsack, Landkarten und Kompass.

Ein besonderes Augenmerk verdient die Mitnahme von ausreichend Proviant (☞ Reise-Infos von A bis Z, Proviant), da es auf den einzelnen Abschnitten unterwegs oft keine Möglichkeiten zum Einkaufen gibt.

Einige Abschnitte sind zwar als reine Hüttentour durchführbar, grundsätzlich ist die Mitnahme eines Zeltes aber sehr zu empfehlen, da die Distanzen zwischen den einzelnen Hütten z. T. sehr lang sind und es außerdem keine Garantie auf einen freien Schlafplatz gibt.

Gerade in der Hochsaison im Sommer platzen die Hütten stellenweise (z. B. auf dem beliebten Abschnitt von Kilpisjärvi zum Haltigipfel) oft aus allen Nähten und man schläft im eigenen Zelt deutlich ruhiger und angenehmer. Für die Übernachtung im Zelt (und in finnischen Hütten) benötigen Sie zusätzlich eine Isomatte. Ob Sie sich dabei für ein „selbstaufblasendes" Modell oder die klassische Form aus Schaumstoff entscheiden, ist reine Geschmackssache.

Während in den meisten Hütten Gaskocher vorhanden sind, brauchen Sie bei Zeltübernachtungen zusätzlich Kocher und Brennstoff. Besonders unkompliziert in der Handhabung sind Gaskocher und Schraubkartuschen (nicht aber Campingaz-Stechkartuschen!). Diese sind in den Wandergebieten weit verbreitet und in der Regel ohne Probleme an Supermärkten, Tankstellen sowie auch in den schwedischen Fjällstationen wie z. B. Abisko zu bekommen.

Der Schlafsack kann bei einer Hüttenübernachtung natürlich dünner ausfallen als bei einer Nacht im Zelt. Die beste Lösung ist nach meiner Erfahrung eine Kombination aus einem Daunen- oder Kunstfaserschlafsack und einem Inlett aus Baumwolle, Seide oder Fleece. Das Inlett kann für die Hüttenübernachtungen genutzt werden und bietet darüber hinaus eine Temperaturreserve für kalte Nächte im Zelt.

Von ganz entscheidender Bedeutung bei einer Trekkingtour sind natürlich die Schuhe. Nordlandkenner und alte Fjällhasen schwören für eine Wandertour im Norden auf ihre Lundhags, und das zu Recht. Diese Stiefel bilden die ideale Synthese aus Gummistiefeln und Wanderschuhen, sodass man sowohl einen festen Tritt hat als auch bei den oft sumpfigen Passagen keine nassen Füße befürchten muss.

Natürlich wird sich nicht jeder für eine Tour auf dem Nordkalottleden gleich spezielle Schuhe kaufen, und das ist auch nicht nötig, denn gute Wanderschuhe sind völlig ausreichend. Und wenn es ganz schlimm kommt, kann man Füße und Schuhe schließlich auch wieder trocknen. Eine sinnvolle Ergänzung zu Wanderstiefeln sind Gamaschen, die eine Menge Feuchtigkeit abhalten und verhindern, dass bei Flussquerungen Wasser von oben in die Schuhe läuft.

Zusätzlich zu den Wanderschuhen habe ich immer noch ein paar Sandalen im Gepäck. Zum einen ist es eine Wohltat, abends die Wanderschuhe loszuwerden, zum anderen sind die Sandalen für das Durchwaten tiefer Flüsse unabdingbar.

Trekkingstöcke sehen zwar doof aus, sind aber äußerst hilfreich. Zum einen entlasten sie die Knie, was man vor allem merkt, wenn es mit dem schweren Rucksack auf dem Buckel bergab geht, und zum anderen geben sie zusätzlichen Halt (z. B. beim Waten). Weiterer Eckpfeiler einer guten Ausrüstung ist die Regenkleidung, denn bei dem oft schnell umschlagenden Fjällwetter ist die äußere Bekleidungsschicht entscheidend für das Wohlbefinden. Nötig sind Regenhose, Regenjacke und ein Rucksacküberzug.

Ideal für eine mehrwöchige Wanderung sind Innengestellrucksäcke mit einem Volumen von 60 bis 90 l. Große, sperrige Außengestellrucksäcke haben ihre Berechtigung nur noch für besonders schwere Lasten, z. B. bei einer Schneeschuhtour im Winter.

Falls der Rucksack beim Packen als zu klein erscheint, sollten Sie alles noch einmal auspacken und den Gebrauchswert jedes einzelnen Ausrüstungsgegenstandes kritisch hinterfragen. Immer wenn Sie „nicht schlecht dabeizuhaben" denken, bleibt der entsprechende Gegenstand besser zu Hause! Für eine 14-tägige Wanderung braucht man nur eine kleine Menge an Duschgel und Haarshampoo. Füllen Sie daher Kosmetika am besten in kleine Fläschchen (erhältlich z. B. in Apotheken) um, um überflüssiges Gewicht zu vermeiden. Eine gute Alternative stellen die in Drogeriemärkten erhältilchen Reisesets für das Hangepäclk im Flugzeug dar.

Achten Sie beim Packen darauf, dass die schweren Sachen nach oben kommen und möglichst nahe am Rücken liegen (der Schwerpunkt sollte sich möglichst auf Schulterhöhe befinden). Packen Sie so, dass öfter benötigte Dinge leicht zugänglich sind (z. B. Regensachen). Üblicherweise kommt der Schlafsack ins Bodenfach; Proviant, Kocher, Zelt und Bekleidung werden im Hauptfach verstaut, während Zeltgestänge und eventuell die Isomatte außen befestigt werden. Kleinkram und die Tagesverpflegung sind am besten im Deckelfach aufgehoben.

Ein letzter Ausrüstungstipp: In Zeiten von Smartphone, GPS und Digitalkamera spielt die Stromversorgung eine wichtige Rolle, denn eine Steckdose findet sich oft nur an den Start- bzw. Endpunkten der einzelnen Abschnitte. Zwar sind, insbesondere die norwegischen, Hütten oftmals mit Solarzellen ausgestattet, allerdings dienen diese in erster Linie der Energiegewinnung für die Beleuchtung und Anschlüsse, damit Gäste Handy & Co aufladen können, gibt es nur im Ausnahmefall. Wer bei der Wanderung nicht auf seine technischen Gadgets verzichten möchte, tut daher gut daran, eine entsprechend großzügig dimensionierte Powerbank mitzuführen.

☺ Bei den Hütten im Padjelanta-Nationalpark ist die ganzjährig zugängliche Sicherheitshütte stets mit Solarpanelen ausgestattet und verfügt über eine 12-V-Stromversorgung. Um das Handy aufzuladen, wird aber ein USB-Adapter für den Zigarettenanzünder benötigt!

Ausrüstungsliste

Grundausrüstung:

- ☐ Trekkingrucksack ab 65 l
- ☐ Regenüberzug
- ☐ Landkarten mit Stift, Papier und Kompass, evtl. GPS-Empfänger
- ☐ Smartphone & Powerbank
- ☐ Taschenmesser
- ☐ Trillerpfeife (Notsignal)
- ☐ Taschen- oder besser Stirnlampe
- ☐ Isomatte

- ☐ Schlafsack
- ☐ Inlett (vergrößert Einsatzbereich des Schlafsacks und ist besser für Hüttenübernachtung)
- ☐ Hygieneartikel, Toilettenpapier, Nähzeug
- ☐ Erste-Hilfe-Set & Notapotheke
- ☐ Streichhölzer, Windlicht
- ☐ Kocher und ausreichend Brennstoff
- ☐ Thermosflasche
- ☐ Essbesteck
- ☐ Plastikbeutel
- ☐ ggf. Mitgliedskarte DJH, STF, DNT (alternativ als Handy-App verfügbar)
- ☐ Mückenschutz (Sommer)

Kleidung:

- ☐ Wanderstiefel
- ☐ Gamaschen (helfen bei den sumpfigen Passagen)
- ☐ Wollstrümpfe
- ☐ Hose
- ☐ Unterhemden
- ☐ Fleece
- ☐ winddichte Jacke
- ☐ Mütze
- ☐ Regenkleidung
- ☐ (dünne) Handschuhe, Halstuch
- ☐ Sportschuhe oder Sandalen (zum Waten und für die Hütten)
- ☐ Unterwäsche, auch lange Unterhose
- ☐ Sonnenschutzmittel, Sonnenbrille

Zusätzliche Ausrüstung bzw. Kleidung im Winter:

- ☐ Skischuhe
- ☐ zusätzliche Wollstrümpfe
- ☐ Schneeschuhe/Skier
- ☐ Skihose, Skijacke
- ☐ zusätzliche Unterhemden
- ☐ Fausthandschuhe, evtl. Überzug
- ☐ Skimütze mit Stirn-, Ohren- und Nackenschutz
- ☐ extra Wollpullover

- ☐ winddichte Hose
- ☐ Anorak
- ☐ Sicherheitsschnur
- ☐ Schneespaten

Diplomatische Vertretungen

Schweden

Ⓓ Botschaft der Bundesrepublik Deutschland, Skarpögatan 9, 11527 Stockholm, ☎ +46/8/670 15 00, ✉ info@stockholm.diplo.de, 🖳 www.stockholm.diplo.de

Ⓐ Österreichische Botschaft, Kommendörsgatan 35, 11458 Stockholm, ☎ +46/8/665 17 70, ✉ stockholm-ob@ bmeia.gv.at

(CH) Schweizer Botschaft, Valhallavägen 64, Box 26143, 10041 Stockholm, ☎ +46/08/676 79 00, ✉ stockholm@eda.admin.ch, 🖳 www.eda.admin.ch/stockholm

Ⓓ Schwedische Botschaft, Rauchstr. 1, 10787 Berlin, ☎ +49/30/50 50 60, ✉ ambassaden.berlin@gov.se, 🖳 www.swedenabroad.com

Ⓐ Schwedische Botschaft, Liechtensteinstrasse 51, 1090 Wien, +43/1/21 75 30, ✉ ambassaden.wien@gov.se, 🖳 www.swedenabroad.se

(CH) Schwedische Botschaft, Bundesgasse 26, 3011 Bern, ☎ +41/31/328 70 00, ✉ ambassaden.bern@gov.se, 🖳 www.swedenabroad.se

Norwegen

Ⓓ Deutsche Botschaft Oslo, Oscarsgate 45, 0258 Oslo, ☎ +47/23/27 54 00, ✉ info@oslo.diplo.de, 🖳 oslo.diplo.de

Ⓐ Österreichische Botschaft Oslo, Thomas Heftyes gate 21, 0264 Oslo, ☎ +47/22/54 02 00, ✉ oslo-ob@bmeia.gv.at, 🖳 www.aussenministerium.at/oslo

(CH) Embassy of Switzerland, Oscarsgate 29, 0352 Oslo, ☎ +47/22/54 23 90, ✉ oslo@eda.admin.ch, 🖳 www.eda.admin.ch/oslo

Ⓓ Königlich Norwegische Botschaft in Berlin, Rauchstraße 1, 10787 Berlin, ☎ +49/30/50 50 58 600, ✉ emb.berlin@mfa.no

Ⓐ Königlich Norwegische Botschaft in Wien, Reisnerstraße 55-57, 1030 Wien, ☎ +43/1/71 660, ✉ emb.vienna@mfa.no

(CH) Königlich Norwegische Botschaft in Bern, Bubenbergplatz 10, 3011 Bern, ☎ +41/31/310 55 55, ✉ emb.bern@mfa.no

Finnland

(D) Deutsche Botschaft, Krogiuksentie 4b, 00340 Helsinki, ☏ +358/9/45 85 80, ✉ info@hels.diplo.de, 💻 helsinki.diplo.de

(A) Österreichische Botschaft, Unioninkatu 22, 00130 Helsinki, ☏ +358/9/681 86 00, ✉ helsinki-ob@bmeia.gv.at

(CH) Schweizerische Botschaft, Uudenmaankatu 16A, 00120 Helsinki, ☏ +358/9/622 95 00, ✉ helsinki@eda.admin.ch, 💻 www.eda.admin.ch/helsinki

(D) Botschaft der Republik Finnland, Rauchstr. 1, 10787 Berlin, ☏ +49/30/50 50 30, ✉ info.berlin@formin.fi, 💻 www.finlandabroad.fi/deutschland

(A) Botschaft der Republik Finnland, Gonzagasse 16, 1010 Wien, ☏ +43/1/53 15 90, ✉ info.wie@formin.fi, 💻 www.finlandabroad.fi/austria

(CH) Botschaft der Republik Finnland, Weltpoststr. 4, 3000 Bern 15, ☏ +41/31/3 50 41 00, ✉ info.bern@formin.fi, 💻 www.finlandabroad.fi/schweiz

Flussüberquerungen

Entlang des Nordkalottleden sind an allen größeren Flüssen Brücken errichtet, und wer im Spätsommer oder Herbst unterwegs ist, hat keine reißenden oder tiefen Flüsse zu queren. Ab August sind die Wasserläufe, die es zu überqueren gilt, in der Regel höchstens knietief und in vielen Fällen ist der Wasserstand sogar so niedrig, dass man von Stein zu Stein (Vorsicht, glitschig!) balancierend mit trockenen Füßen ans gegenüberliegende Ufer kommt.

Anders sieht es zur Zeit der Schneeschmelze oder nach anhaltenden Regenfällen aus: Dann sind beim Waten besondere Vorsicht und Aufmerksamkeit angebracht. Im Regelfall führt die Markierung des Weges zu einer guten Watstelle, doch sollten Sie nicht blindlings darauf vertrauen. Auch ausgewiesene Watstellen können problematisch sein, denn den Wasserstand, den Sie zur Zeit Ihrer Wanderung vorfinden, kann niemand prognostizieren.

Gefahren bergen die unebene, nicht erkennbare Bodenbeschaffenheit, das reißende und oft tiefe Wasser sowie die niedrigen Temperaturen der Gebirgsgewässer, die oft zwischen 3 und 13 °C (im Sommer!) liegen.

An Flussbiegungen ist das Waten besonders gefährlich, da hier mit Untiefen zu rechnen ist. Es ist sicherer, im Umkreis von ein paar Hundert Metern eine Watstelle an einem geraden Flussverlauf zu suchen und sich für das Finden einer geeigneten Stelle Zeit zu nehmen. An Flussverzweigungen, an denen sich der Wasserlauf in mehrere Arme auffächert, sind die Flüsse flacher.

Ein Wanderstock erleichtert die Auffindung der richtigen Watstelle. Bevor Sie mit der Flussquerung beginnen, sollten Sie den Hüftgurt öffnen und die Schultergurte lockern, damit Sie nach einem Sturz nicht von Ihrem Rucksack in die Tiefe gezogen werden.

Beim Waten selbst halten Sie den Stab gegen die Strömung – Hektik ist unangebracht. In Gruppen kann eine über den Fluss gespannte Leine als Geländer fungieren.

Barfußwaten ist sehr gefährlich! Man sollte entweder mit Sandalen, die schnell wieder trocknen, waten oder seine normalen Wanderschuhe anbehalten (vorher Socken ausziehen!)

Geld

In Norwegen (nicht in der EU) bezahlt man mit Norwegischen Kronen (NOK). In Schweden, das zwar zur EU gehört, aber nicht beim Euro mitmacht, gilt die Schwedische Krone (SEK) und in Finnland (ebenfalls in der EU) ist der Euro Zahlungsmittel.

€ 10 entsprechen etwa NOK 106 oder ca. SEK 101 (Stand Dezember 2020). Die aktuellen Wechselkurse erfahren Sie u. a. unter:

www.oanda.com

Bankautomaten gibt es praktisch entlang des gesamten Nordkalottleden nicht. Sie sollten sich daher vor dem Start mit ausreichend Bargeld eindecken. Schwedische Kronen können Sie mit den gängigen Kreditkarten (Visa-, Mastercard, nicht aber mit der EC-Karte!) an den STF-Fjällstationen (z. B. in Abisko) abheben.

Glücklicherweise kommt man unterwegs mit wenig Bargeld aus, sodass die unterschiedlichen Währungen kein allzu großes logistisches Problem darstellen. Bar bezahlen müssen Sie praktisch nur für Privatunterkünfte, die Hütten im Padjelanta-Nationalpark auf dem 1. Abschnitt von Sulitjelma bzw. Kvikkjokk nach Vaisaluokta sowie die abgelegenen Hütten des STF. Die Hütten entlang des Kungsleden wie auch die Bootsfahrt von Vaisaluokta nach Ritsem können mit der Kreditkarte bezahlt werden. Die Bezahlung der norwegischen Hütten können Sie nach der Tour per Überweisung vornehmen.

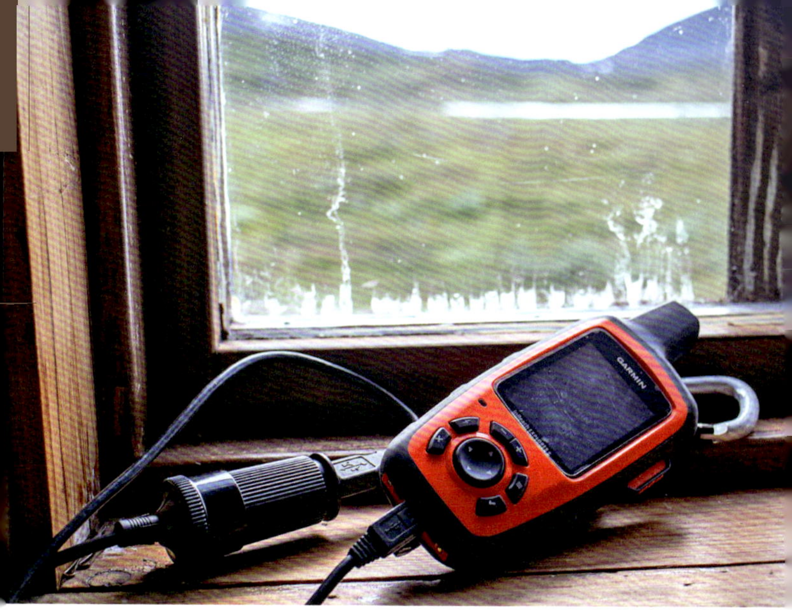

Der Garmin inReach Explorer+ bietet grundlegende Navigationsfunktionen und im Ernstfall eine Möglichkeit zum Notruf per Satellit

GPS

Das Global Positioning System ist im weitläufigen Fjäll sehr hilfreich und u. a. bei schlechter Sicht im Nebel ein Segen. Auf einen einfachen Knopfdruck hin bekommen Sie Ihren aktuellen Standpunkt geliefert, und das meist bis auf wenige 10 m genau. Moderne Geräte arbeiten so stromsparend, dass man (zumindest, wenn man sich auf einzelne Punktmessungen beschränkt) mit wenigen Batterien auskommt.

Natürlich ist der GPS-Empfänger ein technisches Hilfsmittel, dem man nicht blind vertrauen sollte. Der sichere Umgang mit Karte und Kompass bleibt also dennoch Pflicht und kann nicht durch ein GPS-Gerät ersetzt werden.

📖 **Karte · Kompass · GPS** von Reinhard Kummer, Basiswissen für draußen, Outdoor-Handbuch Band 4, Conrad Stein Verlag, ISBN 978-3-86686-619-5, € 8,90

♦ **GPS:** *Grundlagen · Tourenplanung · Navigation* von Michael Hennemann, Basiswissen für draußen, OutdoorHandbuch Band 375, Conrad Stein Verlag, ISBN 978-3-86686-495-5, € 9,90

Die GPS-Tracks zum Nordkalottleden finden Sie auf der Verlags-Website zum Download: 💻 www.conrad-stein-verlag.de.

Hütten

Das Hüttensystem der drei Nachbarstaaten weist z. T. erhebliche Unterschiede auf. Sucht man nach passenden Adjektiven, um die Hütten in den einzelnen Ländern zu charakterisieren, so treffen wohl am ehesten „charmant" für die norwegischen, „funktional" für die schwedischen und „rustikal" für die finnischen Hütten zu. Die hier gemachten Angaben gelten für die Hütten entlang des Nordkalottleden. In anderen Landesteilen gibt es unter Umständen Abweichungen (so gibt es auf der Hardangervidda in Südnorwegen z. B. auch bewirtschaftete DNT-Hütten mit Proviantverkauf).

Norwegen

Die meisten Hütten im norwegischen Fjäll werden von den einzelnen Regionalgruppen des Norwegischen Wandervereins (Den Norske Turistforening, DNT) unterhalten. Alle DNT-Hütten entlang des Nordkalottleden sind unbedient. Die Hütten sind verschlossen und können nur mit einem Standardschlüssel geöffnet werden. Der Wanderer findet gemütliche, sehr individuell eingerichtete Hütten mit 10 bis 20 Betten vor, die mit Küchengerät, Bettzeug und Brennholz ausgestattet sind. Provianteinkauf ist in den Hütten entlang des Nordkalottleden aber nicht möglich.

Die Übernachtungspreise für die DNT-Hütte variieren je nach Region:

- Sulitjelma og Omegn Turistforening (Abschnitt 1): NOK 150 für Mit- und NOK 250 für Nichtmitglieder (💻 https://sulitjelma.dnt.no/priser)
- Narvik og Omegn Turistforening (Abschnitt 2): NOK 150 (DNT-Mitglieder)/NOK 200 (STF-Mitglieder)/NOK 300 (Nichtmitglieder) (💻 https://not.dnt.no/priser)
- Troms Turlag (Abschnitt 3 und 4): NOK 200 für Mit- und NOK 400 für Nichtmitglieder (💻 https://troms.dnt.no/betaling)

Voraussetzung für den Erhalt eines Schlüssels ist die Mitgliedschaft im DNT oder STF (die DJH-Mitgliedschaft wird nicht anerkannt) und gegen Zahlung eines Pfandes in Höhe von NOK 100 kann der Schlüssel bei den Geschäftsstellen des DNT ausgeliehen werden, u. a.:

- DNT Oslo, Storgata 3, Oslo, ☏ +47/22/82 28 22, 💻 www.dnt.no
- Troms Turlag, Kirkegata 2, NO-9253 Tromsø, ☏ +47/77/68 51 75, 💻 https://troms.dnt.no

Alternativ können Mitgliedschaft und Hüttenschlüssel vor der Reise auch unkompliziert über das Internet bestellt werden und nach Deutschland versendet werden:

www.dntbutikken.no (Menüpunkt „DNT Nøkkel")

Bei Ankunft trägt man sich in das Hüttenbuch ein und die Bezahlung der Hüttenübernachtung erfolgt auf Vertrauensbasis. Dazu legt man entweder den entsprechenden Betrag in NOK in den bereitliegenden braunen Umschlag, der dann in den entsprechenden Postkasten vor Ort geworfen wird, oder man nutzt – was der norwegische Wanderverband bevorzugt – die ausliegende „Betalingsfullmakt", eine Einzugsermächtigung, damit das Geld von der Kreditkarte abgebucht werden kann. Alternativ kann man die Übernachtung auch nach der Tour per Banküberweisung bezahlen.

Neben den DNT-Hütten gibt es entlang des Nordkalottleden, vor allem im letzten Abschnitt von Kilipisjärvi nach Kautokeino, einfache Hütten, die vom Statskog, der norwegischen Forstverwaltung, betrieben werden. Sie sind in der Regel unverschlossen (Ausnahme: Ráisjávrihytta), deutlich einfacher ausgestattet als die DNT-Hütten und ähneln eher den finnischen Wildmarkshütten. Weitere Infos:

www.statskog.no

Schweden

Die Hütten in Schweden (Fjällstuga) werden vom Svenska Turistföreningen (STF) unterhalten (eine Ausnahme sind die Hütten im Padjelanta-Nationalpark auf dem 1. Abschnitt von Sulitjelma bzw. Kvikkjokk nach Vaisaluokta).

Der STF ist insgesamt deutlich kommerzieller ausgerichtet als sein norwegisches Pendant. Die Hütten sind sehr komfortabel, luxuriös und weniger individuell ausgestattet als die Hütten in Norwegen. Sie sind alle nach einem vergleichbaren Muster gebaut und funktionieren ähnlich, es gibt Schlafräume mit Doppelstockbetten und Bettzeug sowie einen großen Aufenthaltsraum mit Ofen und einer Küchennische. In der Saison ist ein Hüttenwart anwesend, der die Übernachtungsgebühr kassiert und mit Rat und Tat zur Seite steht. Die Hütten verfügen über eine Müllentsorgungsstation und nicht selten über eine Sauna, auf den Hütten im Bereich des Kungsleden ist z. T. Provianteinkauf möglich.

Dass solcher Komfort im Fjäll nicht umsonst zu haben ist, versteht sich von selbst, die Übernachtungspreise im Sommer betragen SEK 400 für Mitglieder (eine DJH- oder DNT-Mitgliedschaft wird anerkannt) bzw. SEK 500 für Nichtmitglieder. Die beliebten Hütten entlang des nördlichen Kungsleden sind mit SEK 500/600 sogar noch etwas teurer.

Zu unterscheiden von den Hütten sind die großen Fjällstationen (Abisko, Kvikkjokk), die mit 60 bis 300 Betten, Strom, warmem Wasser und Restaurant praktisch Hotelstandard bieten. Entsprechend happig sind die Preise, glücklicherweise gibt es oft deutlich günstigere Selbstversorger-Abteilungen.

Weitere Infos zum Angebot des STF finden Sie unter:

www.stfturist.se

Gegen Gebühr („Serviceabgabe für Zelter") können Sie sowohl an den STF-Hütten in Schweden (SEK 200/300 für Mitglieder/Nichtmitglieder bzw. 250/350 am Kungsleden) als auch den DNT-Hütten in Norwegen (NOK 20-75/20-150) Ihr Zelt in der Nähe der jeweiligen Hütte aufschlagen und die Gemeinschaftseinrichtung wie z. B. Küche, Trockenraum und Toilette nutzen.

Finnland

In Finnland gibt es sowohl offene, für jedermann zugängliche Wildnishütten (Autiotupa) als auch verschlossene, reservierbare Hütten (Varaustupa). Betreiber ist in der Regel die staatliche Forstverwaltung Metsähallitus. Oft sind die freien und verschlossenen Hütten in ein und demselben Gebäude untergebracht, sodass eine Tür zum (meist überfüllten) Autiotupa-Raum führt und eine zweite (verschlossene) Tür den Zugang zum ruhigeren Varaustupa-Teil bietet.

Von der Ausstattung her sind sowohl Autiotupas wie auch Varaustupas ähnlich rustikal-spartanisch. Während man in DNT- und STF-Hütten in richtigen Betten mit Matratzen und zum Teil sogar Bettzeug schläft, gibt es in finnischen Hütten nur eine Holzpritsche als Liegefläche, sodass Schlafsack und Isomatte für eine Übernachtung obligatorisch sind. Gaskocher sind in allen finnischen Hütten entlang des Nordkalottleden vorhanden.

Der Unterschied zwischen den kostenlosen und den reservierbaren Hütten ist also gering, trotzdem sind die € 12 für eine Übernachtung in der Varaustupa gut angelegt, denn in den Autiotupas herrscht oft enges Gedränge.

♦ Die Schlüssel für die Varaustupas sind erhältlich beim Besucherzentrum in Kilpisjärvi, ☏ +358/206/39 79 90, kilpisjarvi@metsa.fi. Außerhalb der Öffnungszeiten ist das Fjäll Lapland Nature Centre in Enontekiö zuständig, ☏ +358/206/39 79 50, tunturi-lappi@metsa.fi.

Infoadressen

Gute Anlaufstellen für allgemeine Länder- und Reiseinformationen sind die jeweiligen Fremdenverkehrsämter, für Fragen rund ums Wandern die Tourismusorganisationen.

Norwegen

- ℹ Innovation Norway, Caffamacherreihe 5, 20335 Hamburg, ☏ +49/40/402 29 41 50, www.visitnorway.de
- ♦ Den Norske Turistforening, Youngstorge 1, N-081 Oslo, ☏ +47/40 00/18 70, www.dnt.no

Schweden

- ℹ Visit Sweden, Michaelisstraße 22,. 20459 Hamburg, ☏ +49/40/325 51 30, www.visitsweden.de
- ♦ Svenska Turistföreningen, Box 17251, 10462 Stockholm, ☏ + 46/84/63 21 00, www.stfturist.se

Finnland

- ℹ Finnische Zentrale für Tourismus, ☏ +358/29/469 51, www.visitfinland.com/de
- ♦ Metsähallitus, Natural Heritage Services, P. O. Box 94 (Ratatie 11), 01301 Vantaa, ☏ 358/206/39 40 00, www.nationalparks.fi/en

Jedermannsrecht (Allemansrätten)

In allen drei Ländern hat jeder, ausländische Besucher eingeschlossen, das Recht, sich in der Natur aufzuhalten und frei zu bewegen. Dieses Recht stammt aus einer Zeit, in der Reisende nicht zum Vergnügen unterwegs und steigende Touristenzahlen noch unbekannt waren.

Das Allemansrätten (besser mit „Recht zum Gemeingebrauch der Natur" zu übersetzen) ist ein Privileg, das sehr viel Freiheit für Naturerlebnisse und Freizeitgestaltung bietet. So darf man sich zu Fuß oder auf Skiern in allen Wäldern, auf Wiesen und über das Gebirge bewegen, sogar über privates Land. Man sollte sich aber, wenn es möglich ist, auf Wegen und Pfaden halten. Man darf in der Wildmark vorübergehend (nicht länger als zwei Tage) und auf eigene Gefahr zelten und rasten. Auf privatem Grund und in der Nähe von Häusern ist natürlich das Einverständnis des Eigentümers oder Pächters nötig.

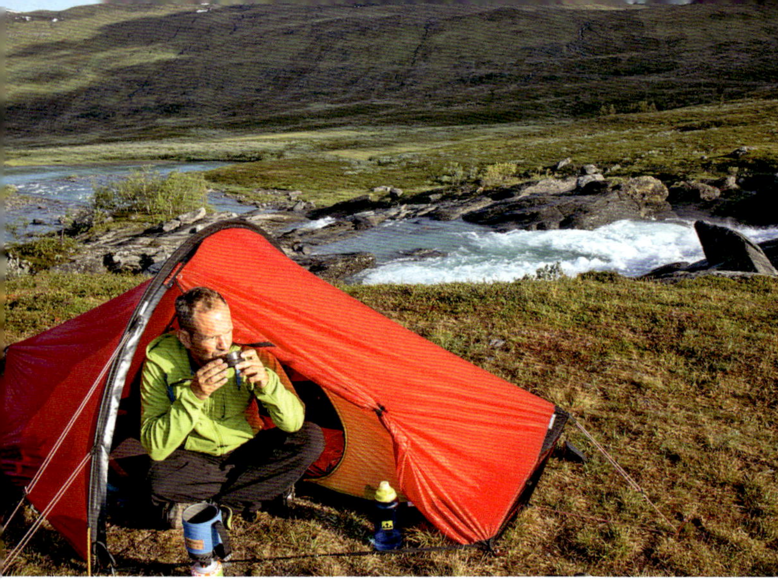

Seien Sie umsichtig und rücksichtsvoll beim Zelten in der Natur

Während der Jagdzeit ist das freie Zelten aus Sicherheitsgründen in bestimmten Gebieten häufig nicht erlaubt. Natürlich sollen Sie den Zeltplatz so verlassen, wie Sie ihn vorgefunden haben.

Das Allemansrätten erfordert ein großes Verantwortungsbewusstsein, denn die Freiheit des Einzelnen darf nicht zur Einschränkung, Belästigung oder gar Unfreiheit für andere werden. Besonders in der empfindlichen nordskandinavischen Natur sind besondere Aufmerksamkeit und Rücksicht gefragt, um sie auch für folgende Generationen zu erhalten.

Die einfache Formel lautet: „Nicht stören – nichts zerstören!" Da es in der Vergangenheit immer wieder, sei es aus Unwissenheit oder Verantwortungslosigkeit, zu Problemen im Umgang mit dem Allemansrätten gekommen ist (und skandinavische Stimmen laut werden, die eine Einschränkung des Allemansrätten fordern), hier die wichtigsten (oft eigentlich selbstverständlichen) Regeln in der Übersicht:

- ▷ Beachten Sie die besonderen Regeln in Nationalparks und anderen Naturschutzgebieten!
- ▷ Halten Sie beim Zelten mindestens 150 m Abstand zu Häusern und Hütten (im Zweifelsfall vorher fragen)!
- ▷ Nehmen Sie Ihren Müll wieder mit!

- ▷ Betreten Sie nach Möglichkeit kein Weideland und schließen Sie die Gatter hinter sich!
- ▷ Schonen Sie die Bäume: weder Baumrinden anritzen noch Holz schlagen!
- ▷ Stören Sie keine Tiere, halten Sie sich von Nestern, Höhlen und anderen Tierbehausungen fern!
- ▷ Machen Sie kein Feuer im Wald und gehen Sie vorsichtig mit Feuer um! Verlassen Sie die Feuerstelle erst, wenn das Feuer vollständig erloschen ist!
- ▷ Pflücken Sie nur Pflanzen, die nicht unter Naturschutz stehen und die Sie wirklich verzehren!

Nähere Informationen zu den genauen Bestimmungen in den einzelnen Ländern finden Sie auf folgenden Websites:

https://tema.miljodirektoratet.no/en, www.allemansratten.se, www.environment.fi

In einzelnen Naturschutzgebieten, z. B. im Abisko-Nationalpark und im Malla-Naturreservat, kann das Jedermannsrecht eingeschränkt sein. Dort ist das Zelten nur an den ausgewiesenen Stellen bzw. im Bereich der Übernachtungshütten gestattet.

Im Abisko-Nationalpark ist das Jedermannsrecht eingeschränkt und das Zelten nur an ausgewiesenen Stellen erlaubt

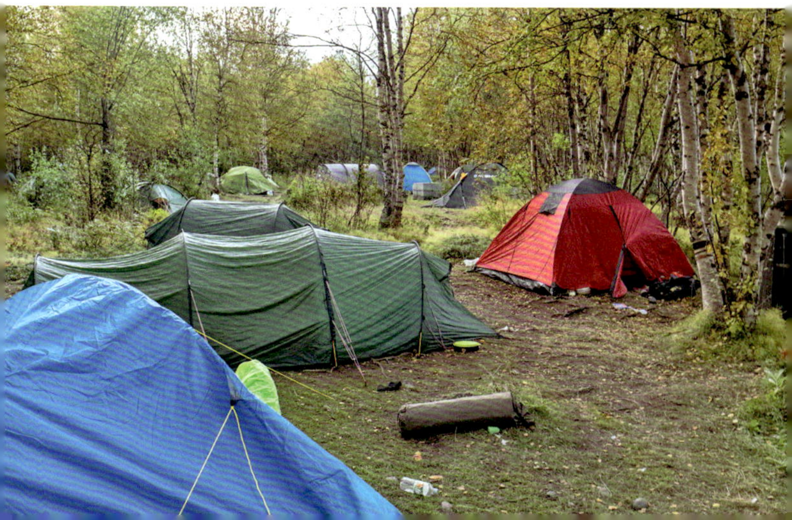

Kartenmaterial

Für die Planung der Tour auf dem Nordkalottleden sind folgende Online-Karten sehr gut geeignet:

- Norwegen: www.ut.no und www.norgeskart.no
- Schweden: https://kartutskrift.lantmateriet.se
- Finnland: www.excursionmap.fi

Für die Navigation im Gelände eignen sich diese mangels zuverlässiger Mobilfunkabdeckung in den Bergen aber nicht (☞ Telefonieren) und auch wenn der Nordkalottleden in weiten Teilen recht gut markiert ist, gehört eine gute topografische Wanderkarte auf jeden Fall ins Gepäck.

Zum einen ermöglicht es Ihnen die Karte, auch einmal vom markierten Weg abzuweichen, zum anderen steigert eine detaillierte Karte das Wandererlebnis und macht Spaß, da Sie in jedem Moment der Tour Gipfel, Flüsse und andere markante Punkte benennen können und stets sicher wissen, wo Sie sich genau befinden.

Hier eine Übersicht der für die einzelnen Trailabschnitte benötigten Kartenblätter:

1. Von Sulitjelma (E1) bzw. Kvikkjokk (Nordkalottleden) nach Vaisaluokta/Ritsem

- Calazo Fjällkarte Sarek & Padjelanta 1:100.000

2. Von Vaisaluokta/Ritsem nach Abisko

- Fjällkartan BD07: Sitasjaure – Ritsem 1:100.000
- Calazo Fjällkarte Kebnekaisefjällen 1:100.000 (hier fehlt allerdings die Strecke zwischen Røysvatn-, Pauro- und Sitashytta)

3. Von Abisko nach Kilpisjärvi

- Calazo Fjällkarte Treriksröset, Abisko & Kiruna 1:100.000

4. Von Kilpisjärvi nach Kautokeino

- Calazo-Outdoor-Karte Reisa nasjonalpark og Nordreisa sør, 1:50.000 (reicht von Kilpisjärvi bis kurz hinter die Reisavannhytta)
- Norge-serien 10165: Guovdageaidnu 1:50.000 (für den finalen Abschnitt von der Reisavannhytta nach Kautokeino)

Die benötigten Karten sind zwar oftmals vor Ort am Startpunkt der Wanderung in der Touristeninformation, in Besucherzentren oder den schwedischen Fjällstationen erhältlich, oft beschränkt sich das Angebot aber auf Karten für die nähere Umgebung und es ist bei einer Weitwanderung praktisch unmöglich, Karten für die entfernteren Gebiete zu bekommen.

Ohnehin ist es hilfreich und sinnvoll, die Karten schon vor der Abreise zu Hause zu studieren. Zum einen steigert das die Vorfreude, zum anderen ermöglicht es eine detailliertere Planung der Tour. Ab und zu ist allerdings die Calazo-Outdoor-Karte Reisa nasjonalpark nicht lieferbar. Diese lässt sich dann aber durch zwei andere Karten ersetzen.

Eine Spezialbuchhandlung in Deutschland, die sich auf Skandinavien spezialisiert und viele skandinavische Karten vorrätig hat oder bestellen kann und komplett zusammengestellte Kartensets für die einzelnen Abschnitte des Nordkalottleden anbietet, ist:

♦ Geobuchhandlung Kiel, Schülperbaum 9, 24103 Kiel, ☏ 04 31/910 02, www.geobuchhandlung.de

Markierung

Die Markierung des Nordkalottleden ist je nach Land unterschiedlich, im Ganzen aber durchgehend gut und man hat kaum Probleme, den richtigen Weg zu finden.

In Norwegen ist der Trail mit roten Farbklecksen oder einem „T" (für „turist") auf Bäumen und Steinen markiert, vor allem im Fjäll sind oft gut sichtbare Steinpyramiden aufgeschichtet.

Schweden ist das einzige Land, das mit leuchtend roten Holzkreuzen auf hohen Holzpfählen eine vollwertige Wintermarkierung bietet. Aber auch dort, wo der Sommerweg von der Winterroute abweicht, hat man keine Probleme mit der Orientierung, denn orangefarbene Farbkleckse auf Steinen und Baumstämmen weisen den Weg. Zusätzlich gibt es an Hütten und Kreuzungen oft Wegweiser mit Kilometerangaben.

In Finnland besteht die Markierung aus etwa 50 cm hohen Holzpflöcken, die am oberen Ende orangefarben angemalt sind und oftmals eine Plakette mit der Aufschrift „Kalottireitti" tragen.

Mitternachtssonne

Die Grenze für die Mitternachtssonne im Sommer bzw. die Periode der Polarnacht mit ewiger Dunkelheit im Winter wird durch den Polarkreis gebildet. Er verläuft in etwa auf der geografischen Breite von Jokkmokk in Schweden und Rovaniemi in Finnland. Der komplette Nordkalottleden liegt somit im Einflussbereich von Polarnacht und -tag.

Je weiter man nach Norden gelangt, desto länger dauern die einzelnen Perioden an. Am norwegischen Nordkap z. B. geht die Sonne vom 11. Mai bis zum 31. Juli nicht unter und vom 18. November bis 23. Januar nicht auf.

Grund für diese Naturerscheinung ist die Neigung der Erdachse um 23,5°, sodass die Polarregionen der Erde (auf der Nordhalbkugel) im Sommer permanent bestrahlt werden, bzw. im Winter kein einziger Sonnenstrahl auftrifft.

Mücken

Die Mückensaison beginnt um Mittsommer (21. Juni) und endet Anfang bis Mitte August. Das Mückenaufkommen ist abhängig von der Schneemenge im Winter, der Feuchtigkeit des Frühjahrs und der Hitze des Sommers.

Hinweise zu (in)effektiven Schutzmaßnahmen gibt es viele: Einige empfehlen helle Kleidung, andere schwören auf Knoblauch. Furchtlose greifen zu den Mitteln der chemischen Industrie (die finnische Variante heißt bezeichnenderweise: „Off!") und ganz Brutale versuchen, den Blutsaugern mit elektronischen Summern den Garaus zu machen. Das wahre Gegenmittel existiert nicht. Was meiner Erfahrung nach die Plage in Grenzen hält, ist ein trockener, windiger Platz, ein dichtes Innenzelt und in ganz schlimmen Fällen ein Moskitonetz für den Kopf. Übrigens: Noch fieser als die Mücken sind die Kriebelmücken (*„knotts" auf Schwedisch und Norwegisch*). Sie sehen aus wie Minifliegen, stechen aber umso intensiver.

Ein kleiner Trost am Rande: Nur die Weibchen stechen – um die Aufzucht der Jungen zu sichern. Es hilft Ihnen wahrscheinlich nicht viel, wenn es überall juckt und summt, aber immerhin sorgen diese Mückenlarven für eine Durchmischung des Wassers und somit für Ihr sauberes Trinkwasser. Eine einzige Mückenlarve filtert bis zu einem Liter Wasser pro Tag.

Notfall

Die größte Gefahrensituation bei einer Wanderung abseits der Zivilisation besteht sicherlich dann, wenn man aufgrund einer Verletzung am Weiterkommen gehindert wird und schnelle Hilfe erforderlich ist. Bei einer Wanderung mit mehreren Partnern kann einer Hilfe holen, während der Verletzte zurückbleibt, bei stärker frequentierten Abschnitten kann man auf andere Wanderer warten.

Problematisch sind daher vor allem Solo-Wanderungen auf wenig begangenen Etappen – hier kann es mehrere Tage dauern, bis Ihnen ein anderer Wanderer zu Hilfe kommt. Auch das Handy nützt dann wenig, weil es gerade in den abgelegeneren Teilen keinen Empfang hat. Ein Stück Sicherheit bieten die schwedischen STF-Hütten, die oftmals über ein Nottelefon verfügen. Trotzdem ist und bleibt die Vorbeugung der beste Schutz vor einem ernsthaften und vielleicht lebensbedrohlichen Notfall.

Eine vernünftige Ausrüstung, gute Bekleidung, genaue Vorbereitung und ausreichende Kondition sind die Grundvoraussetzungen für eine gelungene Wandertour. Die gründliche Planung der Tour und eine gute Selbsteinschätzung verringern Sicherheitsrisiken erheblich. Einige Grundregeln für das sichere Fjällwandern:

▷ Beziehen Sie das Wetter in Ihre Streckenplanung ein. Bringen Sie, wo immer möglich, den aktuellen Wetterbericht in Erfahrung und erkundigen Sie sich bei Ortskundigen (z. B. Hüttenwarten).

- ▷ Der Eintrag ins Hüttenbuch dient der eigenen Sicherheit. Tragen Sie sich in allen besuchten Hütten mit Namen, Zeit- und Etappenziel ein. Bei eventuellen Rettungsaktionen erleichtern diese Angaben dem Fjällrettungsdienst die Suche. Besonders wichtig sind diese Mitteilungen im Winter.
- ▷ Bleiben Sie auf den markierten Wegen!
- ▷ Verwenden Sie Karte und Kompass!
- ▷ Seien Sie auf Wetterumschwünge vorbereitet. Selbst im Sommer gehören Handschuhe und Mütze ins Gepäck (☞ Reise-Infos von A bis Z, Ausrüstung)!
- ▷ Warten Sie nicht, bis das Wetter zu schlecht ist. Halten Sie im Zweifelsfall lieber zu früh nach einem möglichen Zeltplatz Ausschau; wenn es erst einmal stürmt, ist es oftmals zu spät!

Allein zu wandern, stellt immer ein Sicherheitsrisiko dar. Besonders für unerfahrene Trekker empfiehlt es sich, eine Wanderung zu zweit oder mit mehreren zu starten. Zusätzliche Sicherheit, nicht nur für Solotouren, bietet ein Satelliten-Messenger wie der Garmin inReach (☞ siehe Telefonieren).

Wichtige Hinweise für das sichere Alleinwandern gibt das Buch **Solotrekking** von Dirk Klawatzki und Dietmar Heim aus dem Conrad Stein Verlag, ISBN 978-3-86686-045-2, € 7,90.

Proviant

Sie haben entlang des Nordkalottleden in der Regel nur zu Beginn und am Ende eines Abschnittes die Möglichkeit zum Provianteinkauf. Ausnahmen bilden die Etappen, auf denen der Nordkalottleden dem berühmten Kungsleden folgt und im Padjelanta-Nationalpark, wo sich an einigen Hütten die Möglichkeit zum Aufstocken der Nahrungsmittelvorräte bietet.

Sie müssen sich also am Startpunkt mit dem kompletten Proviant für eine zweiwöchige Tour eindecken (Reservetage dabei nicht vergessen!).

Das Zusammenstellen der richtigen Proviantmenge erfordert einige Erfahrungen, denn Sie wollen unterwegs ja weder hungern, noch feststellen, dass Sie überflüssiges Gewicht im Rucksack mit sich herumschleppen.

An dieser Stelle kann und will ich keine Angaben zur benötigten Proviantmenge machen, schließlich hat jeder von uns einen sehr unterschiedlichen Geschmack und Energiebedarf. Wenn Sie keinerlei Erfahrungen mit längeren Wandertouren haben, sollten Sie aber auf jeden Fall im Hinterkopf behalten, dass Sie auf einer anstrengenden Trekkingtour mit schwerem Rucksack auf dem Rücken rund ein Viertel mehr an Kalorien verbrauchen, als Sie es von zu Hause gewohnt sind.

Das begrenzte Rucksackvolumen zwingt zur Mitnahme von ausreichend nahrhaftem, aber platzsparendem Proviant. Man mag über Fertiggerichte denken, was man will – auf einer längeren Tour, bei der der gesamte Proviant für einen längeren Zeitraum getragen werden muss, gibt es dazu keine Alternative. Verschiedene Firmen haben sich auf die besonderen Anforderungen von Expeditionen spezialisiert und bieten Fertiggerichte, die man nur noch mit heißem Wasser übergießen und ziehen lassen muss. Diese Gerichte sparen Brennstoff, sind schmackhaft, abwechslungsreich und sättigend. Anbieter sind z. B. www.adventurefood.com und www.trekneat.com.

Es schadet aber nicht, sich erst vor Ort in Skandinavien (vorzugsweise in Schweden oder Finnland, das Preisniveau in Norwegen liegt deutlich höher) einzudecken. Normale Lebensmittel sind nicht wesentlich teurer als in Deutschland und die Supermärkte in den beliebten Wanderregionen (u. a. in Kilpisjärvi) haben auch Expeditionsverpflegung im Angebot (z. B. vom schwedischen Hersteller Blå Band).

Vorschlag für die Tagesverpflegung:

- **morgens**: Müsli, Trockenmilch, getrocknete Früchte, Kaffee oder Tee, Milchschokolade
- **mittags**: eine Gemüsesuppe (Brühe), Schokolade, Müsliriegel
- für die kleine Mahlzeit zwischendurch: Süßigkeiten, Kekse, Trockenobst und Nüsse („Studentenfutter")
- **abends**: Fertiggericht (Nudeln, Couscous, Kartoffelbrei oder Reis), zum Nachtisch Pudding oder Fruchtsuppe (in Skandinavien gibt es leckeres Fruchtsuppenpulver aus der Tüte zu kaufen, unbedingt probieren!)
- Mehl und Backpulver oder Trockenhefe für Bannocks bringen Abwechslung auf den Speiseplan.
- Brausetabletten machen bei Bedarf das Trinkwasser schmackhafter.

Reisezeit/Klima

Während Westnorwegen durch den Golfstromeinfluss ein mildes und feuchtes Klima hat und Ostschweden von einem angenehmen Ostseeklima begünstigt wird, herrscht im Fjäll ein subpolares Klima.

Kennzeichnend für die Fjällregion in Lappland ist eine extreme Temperaturamplitude von +30 °C im Sommer bis -50 °C im Winter.

Die Niederschlagsmengen variieren im Fjäll zwischen 300 und 1.400 mm im Jahr (zum Vergleich: Hamburg liegt bei etwa 900 mm). Die Gebirgszüge des Sarek selbst bilden eine Regenwand. Dort werden die höchsten Niederschlagsmengen im Fjäll gemessen, etwa 1.600 mm im Jahr. Nördlich des Sees Torneträsk bei Abisko sinken die Mengen wieder auf etwa 400 mm im Jahr. Die Hauptregenzeit sind die Monate August, September und Oktober, allerdings nur im statistischen Mittel, es ist immer mit Regen zu rechnen.

Sicherlich hat jede Jahreszeit ihren Reiz, am ungeeignetsten zum Wandern ist aber ohne Zweifel der kurze Frühling von Mai bis Juni, wenn die Schneeschmelze die Flüsse anschwellen lässt und die Landschaft in ein riesiges Sumpfgebiet verwandelt.

Die Sommermonate von Juni bis August sind die Hauptreisezeit für ausländische Besucher in Nordskandinavien. Zu dieser Zeit streben die meisten Wohnmobile gen Nordkap und auch viele Wanderer machen sich auf den Weg. In der Tat sind Juni und Juli die wärmsten Monate, es können Temperaturen von bis zu 20 °C erreicht werden und die Sonne verschwindet nur für kurze Zeit oder überhaupt nicht hinter dem Horizont, allerdings ist der Störfaktor Mücke zu dieser Zeit auch am nervigsten.

Die mit Abstand schönste Wanderzeit ist daher der Herbst, wenn ab Mitte August die Tage kürzer werden und sich die Pflanzen auf den Winter vorbereiten. Das Chlorophyll in den Blättern wird abgebaut und zusammen mit Proteinen und Mineralstoffen im Holz und in den Wurzeln eingelagert. Die Blätter der Laubbäume liefern dann ein prächtiges Farbenspiel. Das Spektrum reicht dabei vom Grün der Sträucher über das leuchtende Gelb der Birken bis zu den Rottönen von Ebereschen und Zwergbirken in den Mooren. Ein weiterer Vorteil des Herbstes ist die spürbare Abnahme der Mückenplage – allerdings werden die Nächte schon sehr kalt, bereits im September müssen Sie mit Nachtfrösten rechnen und ab Monatsende auch mit dem ersten Schnee.

Der Winter ist mit nahezu sechs Monaten die längste Jahreszeit. Temperaturen von -20 bis -30 °C sind keine Seltenheit. Durch die Trockenheit der Luft sind diese Extremtemperaturen aber viel leichter zu ertragen, als sich auf den ersten Blick vermuten lässt.

Für Wintertouren besonders geeignet sind März und April, da die Tage dann deutlich länger werden. Allerdings sind diese mit bis zu 75 cm Schnee auch die schneereichsten Monate.

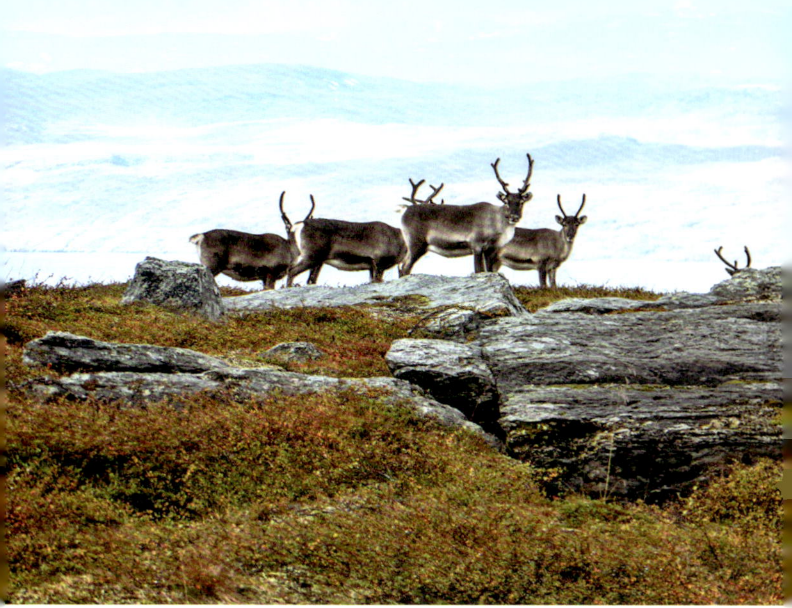

Der Nordkalottleden verläuft über weite Teile durch Rentierweideland

Rentierhaltung

Der Nordkalottleden verläuft über weite Teile durch Rentierweideland – alle Rentiere sind domestiziert und gehören einer Samenfamilie. Wilde Rene gibt es nur noch im norwegischen Dovrefjell und auf der Hardangervidda.

Als Wanderer sind wir Gäste in der Heimat der Samen, die hier z. T. noch von der Rentierzucht leben und darauf angewiesen sind, und sollten versuchen, uns angepasst zu verhalten und die Arbeit der hier lebenden Menschen nicht zu beeinträchtigen oder zu stören.

Versuchen Sie bitte nicht, sich einer Rentierherde allzu sehr zu nähern (sondern setzen Sie für ein gelungenes Foto dieser possierlichen Tiere lieber ein Teleobjektiv ein). Denn leider kommt es immer wieder vor, dass rücksichtslose (oder unwissende) Wanderer einer Herde zu nahe kommen und sie auseinanderscheuchen. Für die Samen ist es dann sehr kostspielig, eine solchermaßen versprengte Rentierherde wieder zusammenzutreiben.

Achten Sie außerdem darauf, die Tore der Rentierzäune entlang des Pfades wieder zu schließen. Ansonsten können die Tiere von ihrem Weideland in das des Nachbardorfes abwandern.

Samische Ortsnamen

Ähnlich wie bei den Inuits der Arktis, die ja bekanntlich unzählige Wörter für „Schnee" kennen, gibt es in der samischen Sprache viele, sehr differenzierte Begriffe und Namen für verschiedene geografische Begebenheiten und ein Berg ist nicht einfach nur ein Berg.

Viele skandinavische Kartografen hatten mit dieser Begriffsvielfalt so ihre Probleme und in den Landkarten wurden samische, norwegische, schwedische und finnische Ortsbezeichnungen bunt durcheinandergewürfelt. Mit der Anerkennung der Samen als nationale Minderheit ist man zwar in den vergangenen Jahren in allen Ländern dazu übergegangen, die jeweiligen samischen Namen in den Karten zu verwenden, trotzdem aber ist die Bezeichnung alles andere als einheitlich.

Da das Samische zunächst keine Schriftsprache war, sondern nur gesprochen wurde, existieren bei vielen Ortsnamen unterschiedliche Schreibweisen und so kann es vorkommen, dass ein und derselbe Ort in einer schwedischen Karte anders heißt als in einer norwegischen.

☺ Mit einem Mausklick auf die Online-Karte 💻 www.norgeskart.no können Sie sich für jeden Ort in Norwegen die unterschiedlichen Schreibweisen und Namensvarianten anzeigen lassen.

Um die Verwirrung nicht weiter zu steigern, werden in diesem Buch jeweils die Bezeichnungen der topografischen Karte des jeweiligen Landes verwendet. Eine Übersicht wichtiger geografischer Bezeichnungen zum besseren Kartenverständnis finden Sie im Anhang (☞ Anhang, Fremdsprech).

Telefonieren

Aus Skandinavien

Landeskennzahl für Deutschland: 0049
Landeskennzahl für Österreich: 0043
Landeskennzahl für die Schweiz: 0041

Nach Skandinavien

Landeskennzahl für Norwegen: 0047
Landeskennzahl für Schweden: 0046
Landeskennzahl für Finnland: 00358

In allen drei Ländern ist das Funknetz gut ausgebaut, aber gerade in den unbewohnten, weitläufigen Fjällregionen entlang des Nordkalottleden ist die Netzabdeckung dürftig, sodass Sie in weiten Teilen keinen Empfang haben und sich in Notsituationen nicht auf Ihr Handy verlassen können.

Der Vorteil, mit einem deutschen Handyvertrag nach Skandinavien zu reisen, besteht darin, dass das Handy dann alle Anbieter des jeweiligen Landes sucht. Trotzdem können Sie nur in der Nähe von Ortschaften und Straßen mit einem Netz rechnen.

Eine Kommunikationsmöglichkeit unabhängig vom Mobilfunknetz bieten moderne Satelliten-Messenger, die lediglich eine ausreichend freie Sicht zum Himmel benötigten. In der einfachsten Variante bieten Geräte wie das SPOT Gen3 lediglich eine Möglichkeit zum Nachrichten-Versand via Satellit, z. B. um im Notfall Hilfe anfordern zu können. Modelle wie Garmin inReach (Iridium-Satellitennetzwerk) oder SPOT X (Globalstar-Satellitennetzwerk) dagegen erlauben eine Kommunikation in beide Richtungen. So ist im Ernstfall nicht nur der SOS-Notruf abgesetzt, um schnell Hilfe zu rufen (das Rettungsteam bekommt automatisch den genauen Standort übermittelt), sondern man kann auch mit Familien und Freunden zu Hause in Kontakt bleiben oder den aktuellen Wetterbericht abrufen. Wer's braucht, kann per Live-Tracking sogar den Fortschritt seiner Wanderung in sozialen Netzwerken kundtun.

Trinkwasser

Im Gegensatz zu den essbaren Lebensmitteln (☞ Proviant) brauchen Sie sich über die Flüssigkeitsaufnahme unterwegs nur wenige Gedanken machen. Das Gebirgswasser ist überall entlang des Nordkalottleden trinkbar und das Wasser aus fließenden Gewässern muss nicht abgekocht werden. Aus modrigen, stehenden Gewässern sollte man nicht trinken.

Updates

Der Conrad Stein Verlag veröffentlicht Updates zu diesem Wanderführer, die direkt vom Autor oder von den Lesern des Buches stammen. Sie finden diese auf der Verlagshomepage 💻 www.conrad-stein-verlag.de. Der links abgebildete QR-Code führt Sie direkt dorthin.

Wandern mit Hund

Mit Ausnahme des 1. Abschnitts – im Bereich des Padjelanta-Nationalparks sind Hunde vom 1.5. bis 31.12. grundsätzlich verboten – eignet sich der Nordkalottleden auch für die Wanderung mit Hunden. Entsprechend dem Jedermannsrecht müssen Hunde allerdings zwischen dem 1.3. und 20.8. eines Jahres an der Leine geführt werden und selbstverständlich sollte der Vierbeiner an Mehrtagestouren gewöhnt und in der Lage sein, sein eigenes Futter auf dem Rücken zu tragen. In den meisten schwedischen und norwegischen Hütten gibt es zumindest einen Raum, in dem auch Haustiere erlaubt sind. In den finnischen Hütten ist die Mitnahme von Hunden gestattet, solange kein anderer Gast etwas dagegen einzuwenden hat.

Problematisch sind insbesondere die norwegischen Hängebrücken, die in der Regel über eine senkrechte Leiter erklommen werden, sodass die Hunde getragen werden müssen.

Wetterbericht

Wer draußen unterwegs ist, ist stark vom Wetter abhängig, und je besser Sie über das zu erwartende Wetter Bescheid wissen, desto besser und sicherer können Sie Ihre Etappen planen. Die meteorologischen Institute aller drei Länder halten auch einen englischsprachigen Wetterbericht auf ihren Internetseiten bereit:

- Norwegen: Meteorologisk institutt, www.yr. no
- Schweden: Sveriges meteorologiska och hydrologiska institut, www.smhi.se
- Finnland: Ilmatieteen laitoksen yhteystiedot, www.fmi.fi

Während der Wanderung auf dem Nordkalottleden haben Sie natürlich keinen Internetzugang, daher sollten Sie jede sich bietende Möglichkeit nutzen, um die aktuelle Wettervorhersage in Erfahrung zu bringen (z. B. durch Nachfrage bei den Hüttenwarten).

Zeit

Abweichend von Norwegen und Schweden, die in derselben Zeitzone wie Deutschland liegen (auch die Umstellung auf Sommerzeit erfolgt zum gleichen Zeitpunkt), gilt in Finnland die osteuropäische Zeit, d. h., Sie müssen Ihre Uhr bei der Ankunft in Finnland um eine Stunde vorstellen.

Zelt

Ein Zelt im Gepäck verleiht Unabhängigkeit. Sie können die Länge der Tagesetappen frei bestimmen und brauchen sich vor überfüllten Hütten nicht zu fürchten. Natürlich belastet ein Zelt aber mit zusätzlichem Gewicht. Viel mehr als 3 kg sollte ein modernes Zwei-Personen-Zelt nicht auf die Waage bringen. Moderne Ultraleichtgewichtszelte für eine Person wiegen oft unter 1 kg. Beachtet werden müssen die Vorschriften über das Zelten, Einschränkungen gibt es z. B. in einigen Nationalparks (☞ Jedermannsrecht). Man bedenke auch, dass Wiesen als Zeltplatz zwar einladend sind, aber durch das Campen zerstört werden. Die Halme schaffen es während der kurzen Wachstumsperiode nicht, sich wieder aufzurichten. Die Vegetation erholt sich nur sehr langsam: Noch nach einem Jahr ist die Stelle, an der das Zelt einst stand, zu sehen.

Geeignet sind Sandbänke an Flüssen, Schneefelder, Moos- oder Flechtenuntergründe. Zu frei oder zu hoch sollte das Zelt natürlich nicht stehen.

Gute Zeltmöglichkeiten gibt es auf jeden Fall immer rund um die Hütten. An STF- und DNT-Hütten darf der Wanderer gegen eine geringe Gebühr auch die Serviceeinrichtungen wie Trocken- und Gesellschaftsraum sowie die Küche nutzen.

1. Von Sulitjelma (E1) bzw. Kvikkjokk (Nordkalottleden) nach Vaisaluokta/Ritsem

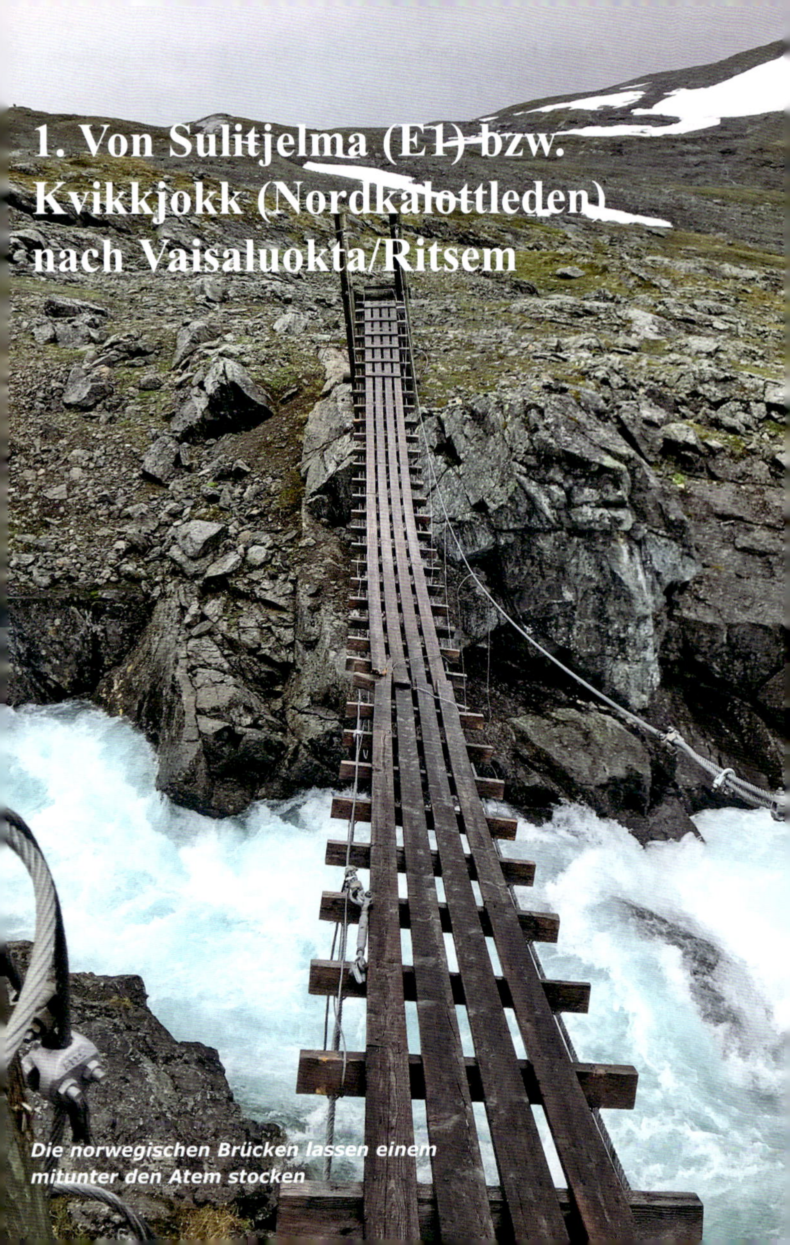

Die norwegischen Brücken lassen einem mitunter den Atem stocken

Länge: ca. 110 km (E1) bzw. ca. 165 km (Nordkalottleden)

Dauer: ca. 6-7 Tage (E1) bzw. 9-10 Tage (Nordkalottleden)

Karten: Calazo Fjällkarte Sarek & Padjelanta 1:100.000

Proviant: Kiosk in Stáloluokta sowie begrenzter Proviantverkauf an den BLT-Hütten im Padjelanta-Nationalpark, (Ritsem-Fjällstation)

Übernachtung: DNT-, STF- und BLT-Hütten. Die Hütten im Padjelanta-Nationalpark werden nicht wie die übrigen Berghütten in Schweden vom STF, sondern vom Badjelánnda Laponia Turism ekonomisk förening unterhalten, einem Zusammenschluss der Mitglieder der Samendörfer Tuorpon, Jåhkågasska und Sirges. Bei diesen Hütten ist ganzjährig mindestens eine Hütte zugänglich, Personal ist aber nur von Ende Juni bis Anfang September anwesend (nur in diesem Zeitraum ist Provianteinkauf möglich). Weiter Infos finden Sie unter www.padjelanta.com.

Furt über den Vierttjajågåsj, 8. Etappe

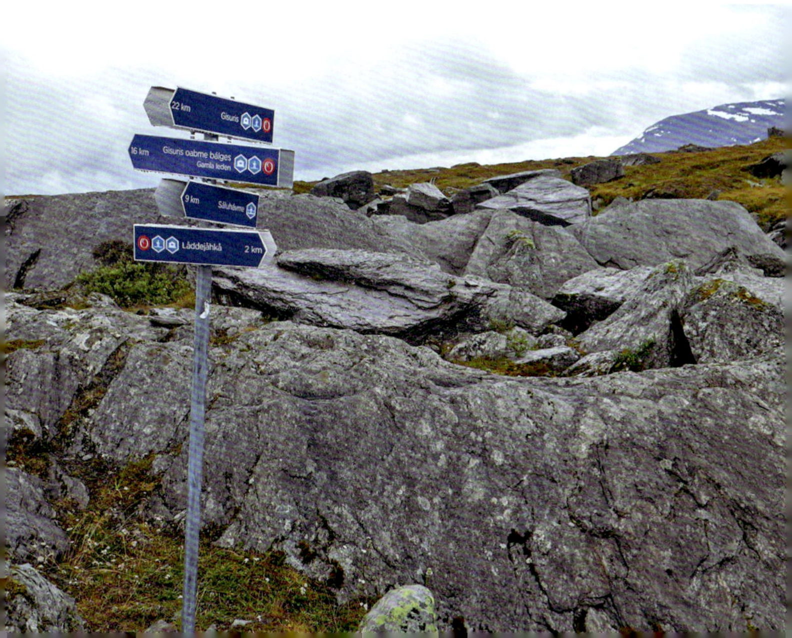

Für den südlichen Einstieg in die Tour bieten sich zwei Alternativen. Der E1 beginnt in der ehemaligen Bergarbeitersiedlung Sulitjelma, der Nordkalottleden startet im nordschwedischen Ort Kvikkjokk. An den Stáddájåhkåhütten treffen beide Zweige zusammen und es geht durch den Padjelanta-Nationalpark zur Samensiedlung Stáloluokta mit der gleichnamigen, großen Hüttenanlage.

Auf dem folgenden Abschnitt teilen sich E1, Nordkalottleden und Padjelantaleden die gleiche Trasse. Am Endpunkt dieses Abschnitts in Vaisaluokta am Südufer des Akkajaures besteht die Möglichkeit, mit dem Boot nach Ritsem am gegenüberliegenden Ufer überzusetzen.

Hier lockt die STF-Fjällstation mit einer heißen Dusche sowie der Gelegenheit, den Proviant aufzustocken, und es besteht eine Busverbindung nach Gällivare.

Abgesehen von den beiden ersten Etappen des E1 von der Straße in Sulitjelma bis zur schwedischen Grenze sind vergleichsweise wenig Steigungen zu bewältigen und die Tagesetappen daher durchweg einfach. Die meiste Zeit wandert man oberhalb der Baumgrenze und es bieten sich grandiose Panoramen. Die gesamte Strecke ist als reine Hüttentour möglich.

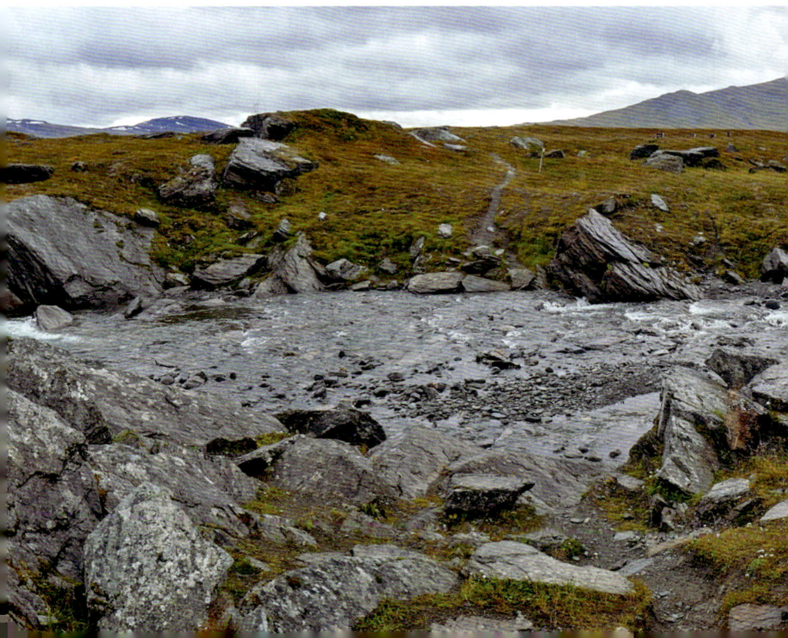

1. Etappe (E1): Sulitjelma – Ny Sulitjelma fjellstue – Sorjushytta

15,3 km, 5 Std. 30 Min., ↑ 1.040 m, ↓ 370 m, ⇧ 140-1.020 m

0,0 km	⇧	144 m	Sulitjelma
1,9 km	⇧	307 m	Brücke am Wasserfall
4,3 km	⇧	585 m	Ny Sulitjelma fjellstue
5,9 km	⇧	826 m	Kanal/Abzweig von der Schotterpiste
8,2 km	⇧	839 m	Furtpassage über Zufluss zum Storelvvatnan
12,6 km	⇧	1.020 m	höchster Etappenpunkt
14,7 km	⇧	834 m	1. Brücke
15,3 km	⇧	836 m	Sorjushytta

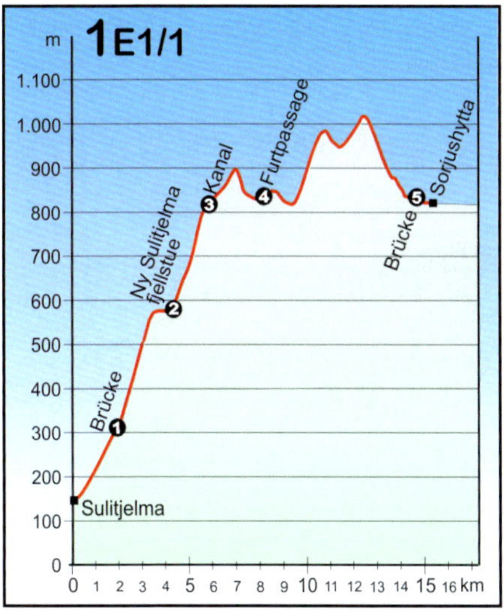

Von der Straße in Sulitjelma gibt es nur eine Richtung: bergauf! Bis zur Ny Sulitjelma fjellstue geht es durchgehend und z. T. steil auf einem Schotterweg in Serpentinen bergan. Kurz hinter der Hütte ist dann mit einem Schlag das Fjäll erreicht und der Pfad zeigt sich von Beginn an anspruchsvoll. Je nach Saison und Wetterlage sind Flussquerungen zu meistern und stellenweise bleiben die Altschneefelder bis in den August hinein liegen. Alle Mühen sind aber schnell vergessen, wenn man im bequemen Lehnstuhl vor dem großen Panoramafenster der neuen Sorjushytta Platz nimmt und der Blick über die Berge ringsum schweift.

Voller Empfang bis zur Ny-Sulitjelma-Hütte. Beim Abstieg in Richtung Storelvvatnan wird der Empfang schwächer und verliert sich schließlich ganz.

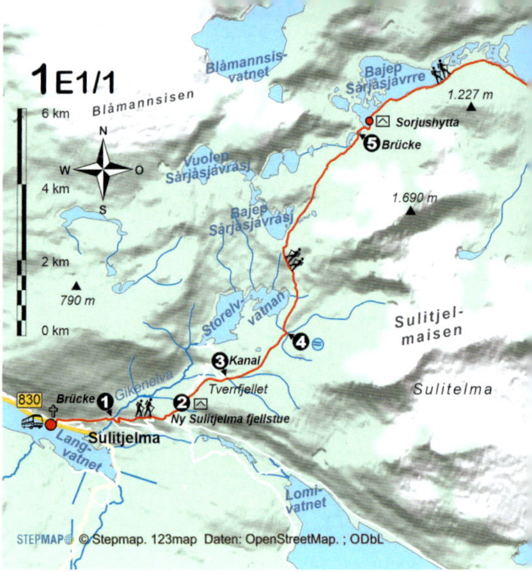

Beim Gegenanstieg kommen noch einmal ein paar Balken zurück, dann ist es aber endgültig vorbei und im weiteren Verlauf sowie auch am Etappenendpunkt an der Sorjushytta besteht kein Empfang.

Sulitjelma (im Schwedischen Sulitelma) ist eine ehemalige Bergarbeitersiedlung und ein lang gestrecktes Straßendorf am Langvatnet. Nach Rücksprache lässt Sie der Busfahrer direkt unterhalb der Kirche am Ortseingang bei einem zartgrünen Holzgebäude (ehemaliges Café Iris) aussteigen. Auf dessen Rückseite bringt Sie eine erste Serpentine zur weißen Holzkirche von 1899. Nun geht es auf der Schotterpiste beständig bergan und schnell sind ein paar Höhenmeter gewonnen.

Nach etwa 2 km erreichen Sie ein paar Häuser und eine Brücke unterhalb eines rauschenden Wasserfalls bringt Sie über einen Fluss ❶. In der kommenden Rechtskurve nehmen Sie den nach links abzweigenden Pfad, der bald oberhalb der Schotterpiste verläuft und durch lichten Birkenwald bergan führt, um eine weite Kurve der Piste abzukürzen. Kurz vor der Stromleitung und einem Mobilfunkmast treffen Sie dann wieder auf die Piste.

Sie haben inzwischen die Baumgrenze überschritten und erreichen etwa 3,6 km nach dem Start im Sattel eine Gabelung, an der Sie sich links halten. Nach ein paar Schritten weist ein Wegweiser nach rechts auf den Weg zur Lomihütte hin. Sie folgen der Piste weiter geradeaus und bald tauchen voraus die Gebäude der Ny Sulitjelma fjellstue ❷ und meistens auch ein paar parkende Autos davor auf.

⌂ Ny Sulitjelma fjellstue, DNT, 26 Schlafplätze, GPS N 67°08.412' E 016°08.202'. Das ältere der beiden Hüttengebäude stammt noch vom ehemaligen Bergbaubetrieb, die neue Hütte ist sehr komfortabel und verfügt sogar über einen 220-V-Stromanschluss und fließend Wasser.

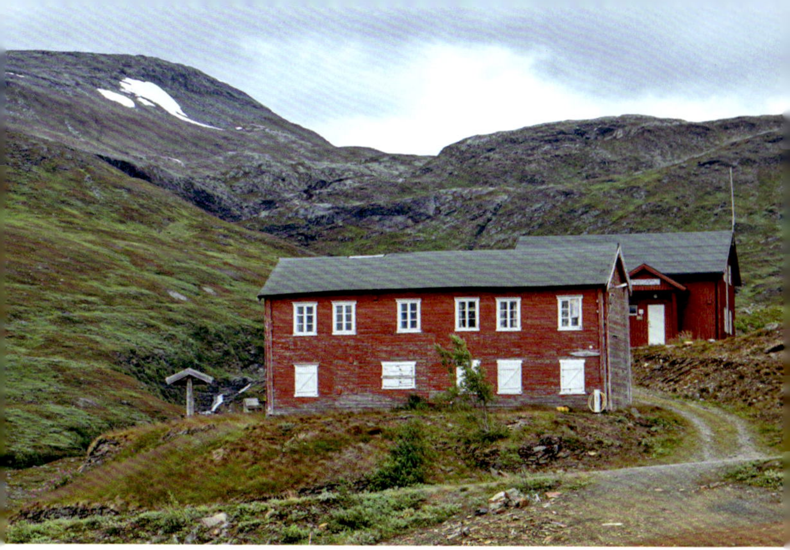

Ny Sulitjelma fjellstue

Für die Fortsetzung der Tour zur Sorjushytta laufen Sie geradeaus zwischen dem Plumpsklo und den Stirnseiten der Hüttengebäude hindurch Richtung Nordosten. Der weitere Wegverlauf ist mit der norwegen-typischen Markierung in Form von mit roter Farbe auf Steine und Steinplatten gepinselten Ts hervorragend markiert.

Der Pfad führt an der Westflanke des Tverrfjellet oberhalb der Schotterpiste beständig, aber nicht mehr allzu steil bergan. Nach knapp 800 m treffen die Markierungen ein erstes Mal auf die Schotterpiste, bleiben aber rechts davon. Noch einmal 800 m weiter kommt der Pfad dem Fahrweg unterhalb eines Dammes wiederum sehr nahe. Während die Schotterpiste hier nach links abbiegt und auf den kleinen Mobilfunkturm auf dem Gipfel im Norden zuführt, überqueren Sie den Kanal ❸ und folgen dem zunächst einfach zu laufenden Pfad durch baumloses Gelände in nordöstliche Richtung auf schwarze, schroffe Gipfel zu.

Das Terrain wird zusehends felsiger und der Pfad klettert bis auf fast 900 m Höhe. Nach Erreichen des höchsten Punkts steigen Sie z. T. recht steil und rutschig hinab in das nächste Tal und erreichen unten die Furt über einen recht breiten Zufluss zum Storelvvatnan ❹. Bei guten Bedingungen im Spätsommer ist die Überquerung recht unproblematisch, anders sieht es nach der Schneeschmelze im Frühjahr oder nach starken Regenfällen aus.

Auf der gegenüberliegenden Seite folgt ein kurzer Anstieg, dann geht es vorübergehend ohne weitere Steigungen oberhalb des Seeufers weiter.

Nach dieser kurzen Verschnaufpause klettern Sie nun auf fast 1.000 m und das Landschaftsbild wird zusehends karger. Nachdem Sie das Ufer des Bajep Sårjåsjávrásj hinter sich gelassen haben, überschreiten Sie den höchsten Punkt der Etappe.

Nun tauchen voraus zu Ihren Füßen die Gebäude der Sorjushytta auf. Allerdings ist es bis dorthin noch ein recht beschwerlicher und mitunter nasser Weg über Bäche und Schneefelder am Talgrund. Am Ende erreichen Sie eine kleine Brücke über den Seezufluss ❺, dann führen Sie die Markierungen in einem Bogen um den südlichen Seezipfel herum und über ein Schotterfeld zu einer zweiten kleinen Brücke unterhalb der Hütte.

Sorjushytta, DNT, 16 Schlafplätze, (in der alten Hütte), (12 V in der neuen Hütte), GPS N 67°12.412' E 016°15.365'. Die Sorjushütte liegt idyllisch am Ufer des Bajep Sårjåsjávrre (Bajit Sorjosjávri in der schwedischen Karte) und umfasst zwei Gebäude. Die neue Hütte wurde 2007 errichtet und bietet zwei Schlafzimmer à vier Betten. Dank Solarzellen gibt es auch eine 12-V-Stromversorgung, allerdings keinen USB-Anschluss zum Laden des Handys.

2. Etappe (E1): Sorjushytta – Sårjåsjaurestugan – Stáddájåhkå

18,9 km, 6 Std. 30 Min., ↑ 250 m, ↓ 360 m, ⇧ 700-880 m

0,0 km	⇧ 836 m	Sorjushytta
6,7 km	⇧ 854 m	Hängebrücke
8,1 km	⇧ 851 m	Landesgrenze
13,0 km	⇧ 820 m	Sårjåsjaurestugan
18,1 km	⇧ 710 m	Hängebrücke
18,9 km	⇧ 700 m	Stáddájåhkå

Die zweite Etappe bringt Sie gen Nordosten und ist, da sie kaum Höhenunterschiede aufweist, verhältnismäßig einfach zu laufen. Von der Sorjushytta bringt Sie ein klar erkennbarer Pfad zum Ufer des Sårjåsjávrre. Nachdem Sie einen seiner breiteren Zuflüsse auf einer recht abenteuerlichen Hängebrücke überquert haben, geht es über die Landesgrenze hinüber nach Schweden und am Südufer des Sees weiter zur Sårjåsjaurestugan. Auf den verbleibenden rund 6 km steigen Sie parallel zum Fluss Sårjåsjåhkå hinab zur Hängebrücke über den Stáddájåhkå und weiter zur gleichnamigen Übernachtungshütte, der ersten im Padjelanta-Nationalpark.

Es ist durchgehend kein Empfang.

Von der Sorjushütte folgen Sie dem deutlich erkennbaren Pfad, der ohne nennenswerte Höhenunterschiede am südlichen Seeufer des Bajep Sårjåsjávrre/Bajit Sorjosjávri weiter in nordöstliche Richtung führt. Das Gelände präsentiert sich leicht hügelig und es geht mal über trockene Wiesen, dann wieder über feuchte Sumpfflächen. Auch der ein oder andere Bachlauf, der die Gletscher des Sulitjelmamassiv entwässert, will gequert werden und bis in den August hinein ist stellenweise mit kleineren Altschneefelder zu rechnen. Der Blick zurück über die Schulter offenbart ein herrliches Panorama über schwarze, schroffe Gipfel in Norwegen. Zu Ihrer Linken liegt das Mosaik aus Land und Wasser der flussartigen Verbindung zwischen Bajep Sårjåsjávrre/Bajit Sorjosjávri und Vuolep Sårjåsjávrre (Sårjåsjávrre in der schwedischen Karte), hinter dem sich ein rund geschliffener Gipfel erhebt.

Etwa 5 km nach dem Etappenstart erreichen Sie das Westufer des Sårjåsjávrre und das Rauschen der Wassermassen eines breiten Gletscherflusses ist unüberhörbar. Um das gegenüberliegende Ufer zu erreichen, haben Sie zwei Optionen ❶: Der Weg nach rechts bringt Sie landeinwärts zu einer Brücke, geradeaus geht es parallel zum Seeufer weiter zur Watstelle. Die Flussquerung ist allerdings selbst im Spätsommer schwierig und zeitaufwändig. Das Wasser ist eiskalt und fächert sich breit in zahlreiche Flussläufe auf.

Die Brücke war Ende August 2019 in einem sehr desolaten Zustand. Eines der Halteseile fehlte und ein paar der Bretter waren angebrochen. Je nach Wasserstand kann das Furten daher die bessere Alternative darstellen. Äußerste Vorsicht ist in jedem Fall geboten!

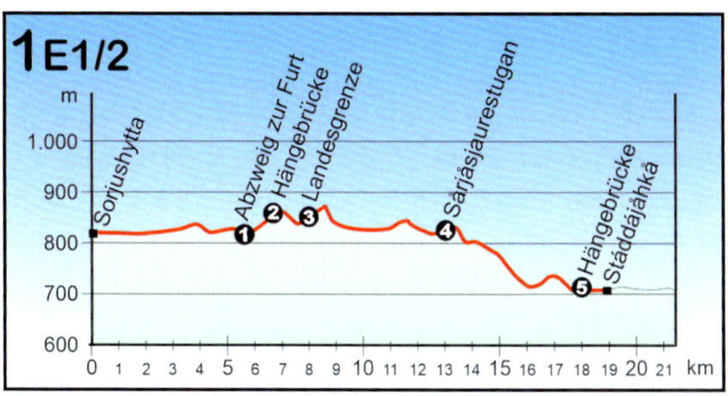

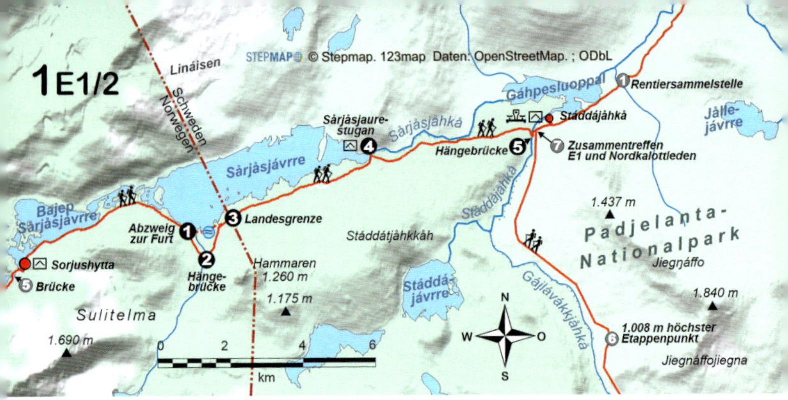

Um zur Hängerücke ❷ zu gelangen, laufen Sie ein gutes Stück stromaufwärts. Anschließend führt der Pfad über den nördlichen Ausläufer des Hammaren (1.260 m) zurück ans Seeufer und vereinigt sich bald mit dem von links eintreffenden Zweig von der Watstelle.

Kurz darauf markiert ein gelbes Blechschild die Grenze zwischen Norwegen und Schweden ❸. Die Aussicht mit extrabreitem Panorama ist famos: Zurück auf der norwegischen Seite erheben sich die schroffen, norwegischen Gipfel, voraus in Schweden läuft das etwas sanftere Flusstal des Sårjåsjåhkå auf den Horizont zu.

Der Weg weist weiterhin keine größeren Höhenunterschiede auf, ist aber stellenweise recht feucht, was das Vorankommen etwas erschwert. Die Markierungen bleiben auch auf der schwedischen Seite gut, nur das nun die mit roter Farbe aufgepinselten Ts auf den aufgestellten Steinplatten oder Steinmännchen fehlen.

Sie laufen am Südufer des Sårjåsjávrre weiter und das rote Gebäude der kleinen Sårjåsjaurestugan, auch Konsul-Perssons-Hütte genannt, ist schon einige Zeit im Voraus zu sehen. Zum Schluss folgen Sie dem langen Sandstrand zu der wildromantischen, unbemannten Hütte ❹. Direkt dahinter rauschen Wassermassen aus dem See über eine mächtige Stromschnelle in die Tiefe und beim richtigen Sonnenstand leuchtet das Gletscherwasser des von Gipfeln umringten Sees türkis.

⌂ Sårjåsjaurestugan, STF, 8 Schlafplätze, GPS N 67°13.953' E 016°28.654'. Im Gegensatz zu den sonstigen STF-Hütten ist kein Hüttenwart anwesend. Es gibt einen ganzjährig geöffneten Raum mit Küche und vier, vergleichsweise kurzen, Betten sowie einen zusätzlichen Schlafraum mit vier weiteren Betten. Die Übernachtungsgebühr wird nach der Tour auf die aushängende Kontoverbindung überwiesen.

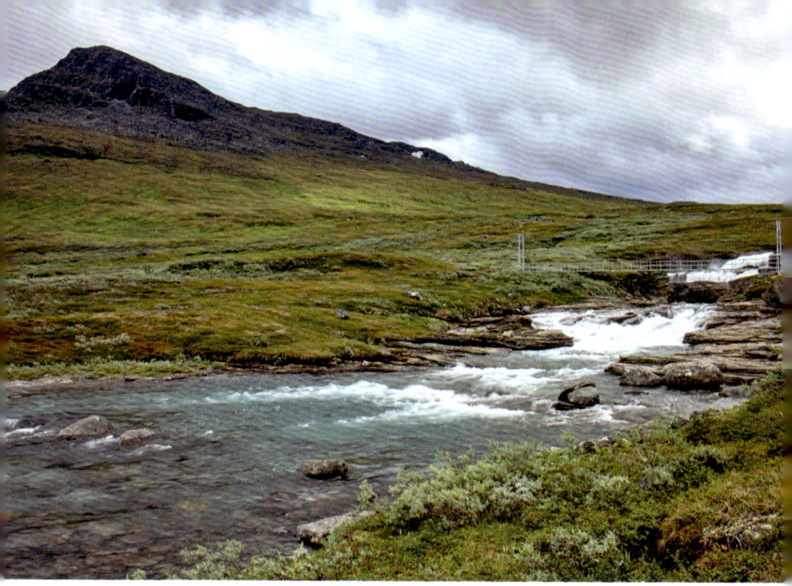

Hängebrücke über den Stáddájåhkå

Für den weiteren Weg laufen Sie von der Hütte über felsiges Terrain in östliche Richtung auf einen kleinen Höhenzug hinauf und vor Ihnen öffnet sich das breite, weite Tal des Stálojåhkå. Der Weg führt nun über einige natürliche Stufen parallel zum Flusslauf des Sårjåsjåhkå bergab zur Hängebrücke über den Stáddájåhkå ❺. Die solide Hängebrücke aus Stahl ist glücklicherweise kein Vergleich zu dem abenteuerlichen norwegischen Konstrukt am Etappenbeginn und so lässt sich das beeindruckende Naturspektakel ganz gefahrlos ohne zitternde Knie genießen.

Die Brücke markiert den Beginn des Padjelanta-Nationalparks. Hunde dürfen im Gebiet des Nationalparks nur an der Leine und nur im Zeitraum vom 1. Januar bis zum 30. April eines jeden Jahres mitgeführt werden. Hundeschlittengespanne sind grundsätzlich verboten.

Am gegenüberliegenden Ufer erreichen Sie nach wenigen Schritten eine Wegkreuzung, an der von rechts aus südlicher Richtung der Nordkalottleden von der Pieskehaurestugan eintrifft. Sie halten sich links und bahnen sich den Weg durch hüfthohes Weidegestrüpp zur nächsten Übernachtungshütte. Im weiteren Verlauf sind der Streckenverlauf von E1 und Nordkalottleden identisch, der Weg geht auf der ☞ 5. Etappe (E1/Nordkalottleden): Stáddájåhkå – Stáloluokta, S. 71 weiter.

Stáddájåhkå, BLT, 18 Schlafplätze, 12 V, GPS N 67°14.422' E 016°35.503'. Die Hütte umfasst eine große und zwei kleine Hütten mit insgesamt 18 Schlafplätzen. In der Hauptsaison (Ende Juni bis Anfang September) ist ein Hüttenwart (gleich in der ersten Hütte direkt am Weg) anwesend, der auch einen kleinen Proviantverkauf anbietet. Hütte Nummer 2 dient als ganzjährig geöffnete Sicherheitshütte.

Stáddajåhkå-Hütten am Südufer des Stáddájåhkå

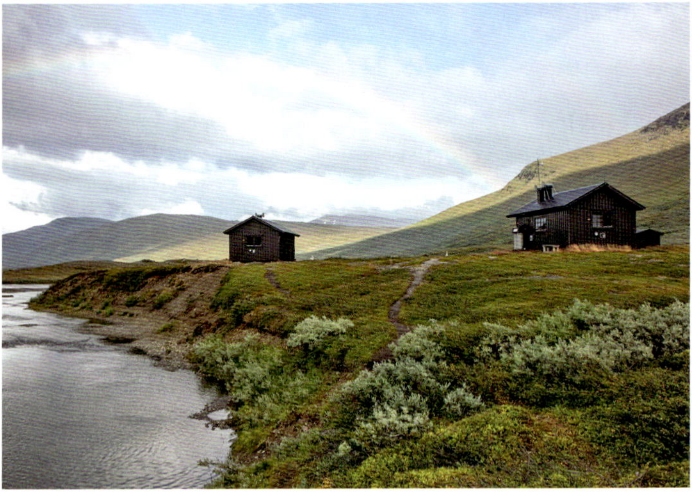

1. Etappe (Nordkalottleden/Padjelantaleden): Kvikkjokk – Tarrekaise Fjällstuga

19,9 km (+ 3,3 km Bootsfahrt), 4 Std. (+ 20 Min. Bootsfahrt), ↑ 330 m, ↓ 120 m, ⇧ 300-575 m

0,0 km	⇧ 335 m	Fjällstation Kvikkjokk
0,5 km	⇧ 305 m	Bootsanleger Kvikkjokk
3,8 km	⇧ 305 m	Rasthütte Bobäcken
5,0 km	⇧ 330 m	Hängebrücken
16,3 km	⇧ 435 m	Njunjes Fjällstuga
23,2 km	⇧ 515 m	Tarrekaise Fjällstuga

Von der urigen Fjällstation in Kvikkjokk macht eine 3,3 km lange Bootsfahrt durch das Delta, das die Flüsse Tarraätno und Gamájåhka an ihrer Mündung in den lang gestreckten See Sakkat bilden, den Etappenauftakt. Auf dem weiteren Weg Richtung Westen zur Njunjeshütte wechseln sich breite Waldwege und Bohlenstege über Moorflächen ab und kleinere und größere Brücken führen Sie problemlos über die zahlreichen Wasserläufe. Am Etappenende geht es dann über eine Schulter südlich des Njunjesvárregipfels für 130 Höhenmeter recht steil hinauf zur Tarrekaisehütte.

Das Handy hat bis kurz vor die Njunjeshütte Empfang.

Kvikkjokk

Fjällstation Kvikkjokk (STF), Storvägen 19, 96202 Kvikkjokk, +46/971/210 22, www.kvikkjokkfjallstation.se info@kvikkjokkfjallstation.se, insgesamt 60 Betten in Zwei- und Vierbettzimmern, Winter Ende Februar-Ende April, Sommer: Mitte Juni–Ende September, , Sauna, WLAN, Kanuverleih. Die Fjällstation besteht aus zwei Gebäuden: dem 1928 errichteten Holzhaus Gamla Turisten mit einer gemütlichen, offenen Feuerstelle sowie dem „neueren" Hostelgebäude aus den 1960er-Jahren.

Die Bushaltestelle liegt etwa 500 m von der Fjällstation entfernt vor der Kirche. Die Anbindung hängt von der Jahreszeit ab. Im Sommer erreicht man Kvikkjokk vom Bahnhof in Murjek zweimal am Tag mit der Linie 94. Außerhalb der Hochsaison ist ein Umstieg in Jokkmokk erforderlich, denn man muss die nur einmal pro Tag verkehrenden Linien 43 (Murjek – Jokkmokk) und 47 (Jokkmokk – Kvikkjokk) kombinieren. Aktuelle Fahrpläne finden Sie unter www.ltnbd.se.

Vom Hubschrauberlandeplatz in Kvikkjokk starten in der Saison täglich Flüge nach Stálolukto mit möglichen Stopps an den Hütten Njunjes, Tarrekaise, Såmmarlappa und Darreluoppal. Der Preis für die Strecke Kvikkjokk – Stáloluokta beträgt SEK 1.600 pro Person inklusive 20 kg Gepäck. Fiskflyg AB, +46/971/210 40, www.fiskflyg.se, kvikkjokk@fiskflyg.se

Trotz der abgeschiedenen Lage „am Ende der Straße", nämlich der gut 100 km langen Straße 805 aus Jokkmokk, blickt Kvikkjokk auf eine abwechslungsreiche Geschichte zurück, die bis ins Jahr 1600 zurückreicht. Der Ort war eine der ersten schwedischen Siedlungen in Lappland und wurde für die Verarbeitung von Silbererz gegründet, das in einer Mine des Alkajaure im Sarek gewonnen wurde.

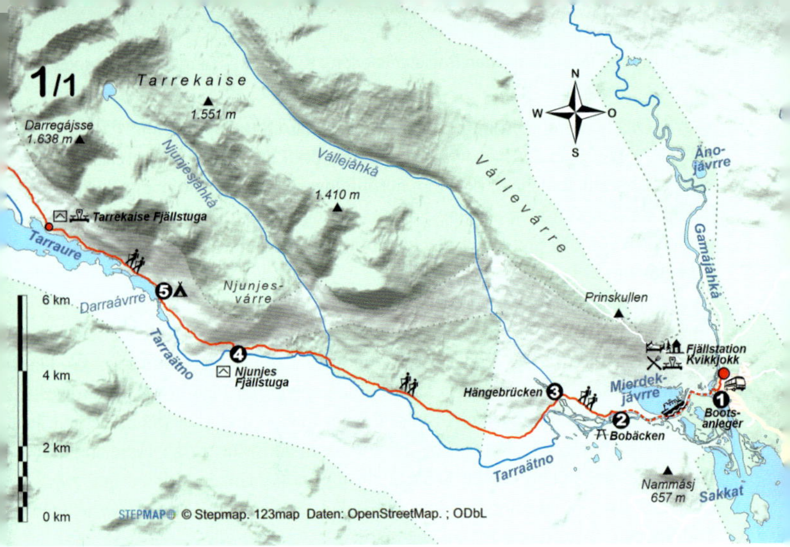

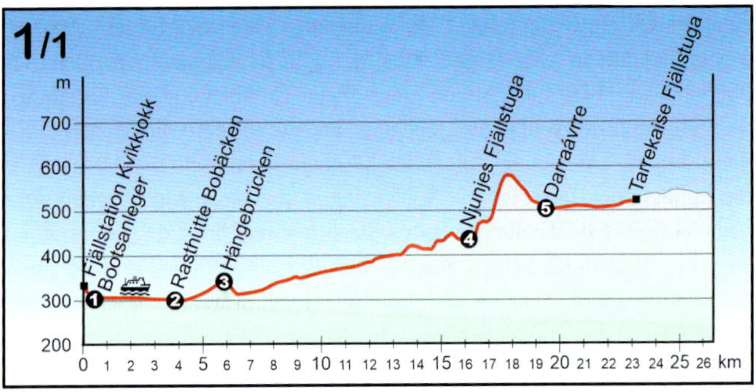

Damals war Kvikkjokk mit seinem Hüttenwerk und Schmelzofen weit größer als Jokkmokk. Die ursprüngliche Siedlung lag am gegenüberliegenden Flussufer und es gibt einen mit Informationstafeln ausgeschilderten Rundgang zu den Überresten der Anlagen zur Silberverarbeitung aus dem 17. Jahrhundert.

Von der Fjällstation laufen Sie für etwa 300 m auf der Straße hinab bis zur Kreuzung vor der alten Holzkirche und halten sich rechts, um zum Bootsanleger zu gelangen ❶.

Das Boot verkehrt im Zeitraum von Mai bis Oktober, die Fahrt dauert etwa 20 Min. Außerhalb der Saison muss man das Boot in jedem Fall bestellen, in der Hochsaison (entsprechend der Sommeröffnungszeiten der Hütten am Padjelantaleden) werden von etwa Anfang Juli bis Anfang September täglich Bootstouren zwischen Kvikkjokk und Bobäcken angeboten. Bei Bedarf kann man aber zusätzliche Abfahrten ordern.

♦ ☏ +46/70/205 31 93, www.battrafikikvikkjokk.com

Die Bootsfahrt endet an der Rasthütte am Bootsanleger Bobäcken ❷. Die ersten Schritte laufen Sie am Ufer weiter, dann biegt der Pfad etwas in nordwestliche Richtung ab und nach einer Infotafel zur Region und über die Sicherheit im Fjäll bringt Sie ein Holzsteg über einen Bach und eine urige Waldlandschaft nimmt Sie in Empfang. Hohe Schachtelhalme, nass glänzende Pilze und moosüberwachsene, umgestürzte Bäume am Boden säumen den Weg und Eichelhäher und Spechte flattern von Ast zu Ast.

Der Waldweg bringt Sie zu zwei Hängebrücken in kurzem Abstand hintereinander ❸, die Sie in luftiger Höhe über den Vállejåhkå führen, der aus Nordwesten kommend das Wasser aus dem Tarrekaisemassiv in den Tarraätno übergibt. Der Pfad führt Sie an einer engen Flussbiegung des Tarraätno vorbei und führt nun durch üppigen, feuchten Birkenwald, der von Weiden und Eschen durchsetzt ist, und auf den folgenden Kilometern wechseln sich Holzbrücken über die Zuflüsse des Tarraätno mit Bohlenstegen über weite Moorflächen ab. An den beiden folgenden Gabelungen halten Sie sich jeweils links auf dem breiten Hauptweg, der dann durch lichten Fichten- und Birkenwald führt, und Sie überqueren auf insgesamt fünf kleineren und größeren Holzbrücken in kurzen Abständen die zahlreichen Arme und Nebenflüsse des Njunjesjåhkå.

Bald darauf erreichen Sie den am östlichen Ende des Tarradalen gelegenen alten Njunjes-Bergbauernhof, der bis in die 1950er-Jahre bewirtschaftet wurde. Die einstige Siedlung wurde 1834 von Olof Isak Holmbom gegründet und bestand um 1900 aus drei Höfen, die heute entweder verfallen sind oder als Ferienhäuser genutzt werden. Sie laufen am Zaun unterhalb des Hauses weiter bis zur Scheune.

An einer überwachsenen Hütte im Wald sagen Sie der „Zivilisation" endgültig Ade. Nachdem Sie sich den Weg durch mannshoch wuchernden Farn gebahnt haben, laufen Sie weiter durch den Mischwald am Nordufer des Tarraätno und erreichen bald die Njunjeshütte ❹.

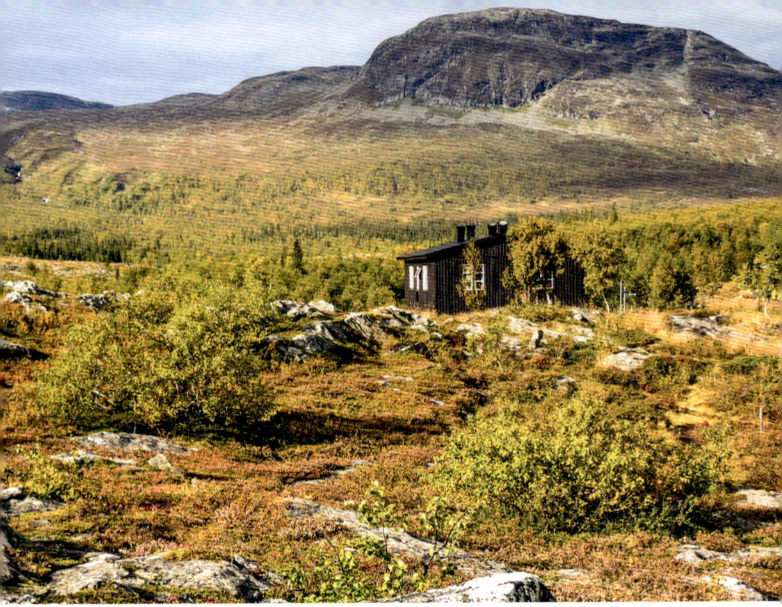

Njunjes Fjällstuga

Njunjes Fjällstuga, STF, 22 Betten, 🐕, GPS N 66°57.628' E 017°24.656'. Die Hüttengebäude liegen malerisch auf einem Felsplateau, das sich wie eine Insel aus den umgebenden Sumpfflächen erhebt. Die Hütte unterteilt sich in zwei Räume, einer davon ist ganzjährig als Sicherheitsraum geöffnet.

Auf den folgenden 1,5 km geht es von der Njunjeshütte am Flussufer für etwa 150 Höhenmeter hinauf auf einen baumfreien Geländevorsprung unterhalb des Njunjesvárre. Der Weg ist von mächtigen Felsen durchsetzt, die offene Fläche eröffnet schöne Blicke auf den See und unterhalb zur Linken rauscht der Tarraätno über ein paar stattliche Stromschnellen.

Der Pfad folgt dem Seeufer und während sich zur Rechten die westliche Flanke des Tarrekaisemassivs auftürmt, funkelt zur Linken das Wasser hinter den Birkenstämmen. Immer wieder finden sich gute, ebene und mit Gras bewachsene Zeltmöglichkeiten. Die wohl schönste findet sich ganz am östlichsten Zipfel des Darraávrre ❺, wo man das Zelt auf einer kleinen Wiese direkt hinter dem Ufer aufbauen kann und einen tollen Blick über den See und die ihn umringenden Berggipfel hat.

Nach etwa 4 km Seeuferwanderung erreichen Sie als ersten der Tarrekaishütte Vorposten die Toilettenhäuschen und laufen daran vorbei zur Hütte.

⌂ Tarrekaise Fjällstuga, STF, 26 Betten, GPS N 66°59.410' E 017°17.489'. Die Anlage umfasst zwei Hütten und es gibt einen ganzjährig geöffneten Sicherheitsraum.

2. Etappe (Nordkalottleden): Tarrekaise Fjällstuga – Vaimok Fjällstuga

22,2 km, 7 Std. 45 Min., ↑ 500 m, ↓ 50 m, ⇧ 510-1.010 m

0,0 km	⇧ 515 m	Tarrekaise Fjällstuga ⌂
2,9 km	⇧ 535 m	Abzweig vom Padjelantaleden
4,7 km	⇧ 520 m	Abzweig zur Tarraälvshyddan (Ѫ, ca. 250 m vom Weg entfernt)
12,7 km	⇧ 980 m	Schutzhütte Kurajaure ☒
22,2 km	⇧ 860 m	Vaimok Fjällstuga ⌂

Bereits kurz nach dem Start kehrt der Nordkalottleden dem Padjelantaleden den Rücken und steigt aus dem Wald des Tarradalen hinauf ins baumlose Fjäll. Der Nordkalottleden sucht sich seinen Weg über eine karge Hochebene mit einigen Seen und schroffen Gipfeln zur Vaimokhütte.

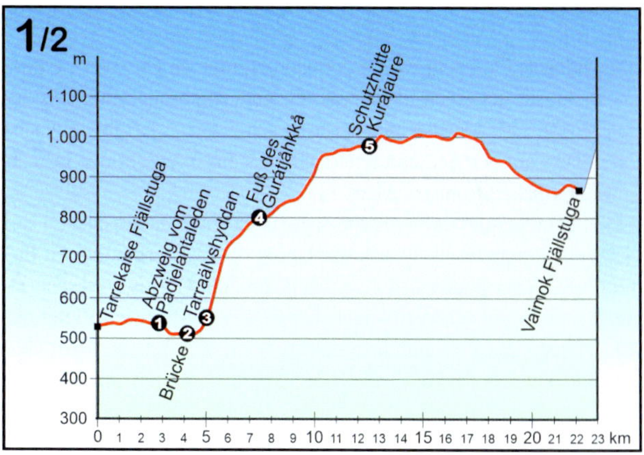

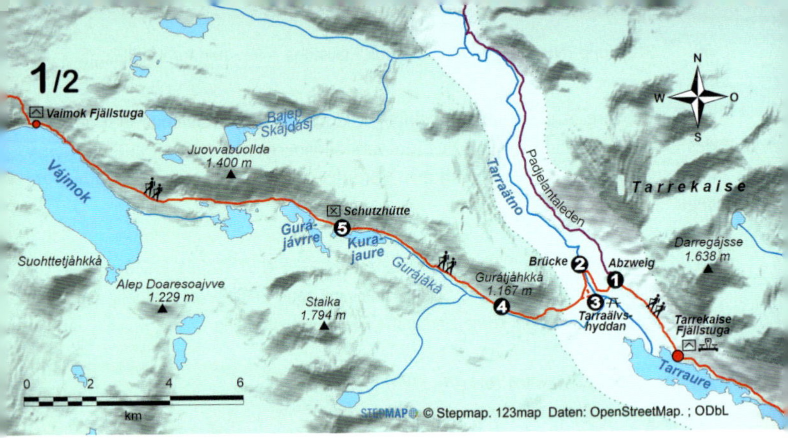

Es ist durchgehend kein Empfang.

Von der Tarrekaisehütte laufen Sie parallel zum Fluss und mit prächtigen Weitblicken weiter und erreichen nach 3 km eine Wegkreuzung ❶, an der sich Padjelantaleden und Nordkalottleden trennen; während ersterer dem Flusstal weiter in nördliche Richtung folgt, biegt letzterer nach links (Wegweiser: „Pieskehaurestugan 36 km") ab und bringt Sie auf einer Brücke über den Tarraätno ❷.

Am gegenüberliegenden Ufer sind es nur wenige Schritte bis zum Abzweig in Richtung Tarraälvshyddan/Darreädnohyddan. Das urige Bauwerk ❸, das heute als Rasthütte mit Platz für 3-4 Personen dient, liegt etwa 250 m abseits vom Weg und kann auf eine lange Geschichte zurückblicken. Der Urahn wurde 1887 erbaut (Kopf einziehen!) und war eine der ersten Touristenhütten im schwedischen Fjäll, da man damals davon ausging, dass das Sulitjelma-/Sulidälbmámassiv (1.607 m) an der Grenze zu Norwegen der höchste Gipfel in Schweden war und so machten sich viele Wanderer in Kvikkjokk auf, um in Richtung der schneebedeckten Berge im Westen zu wandern.

Zurück auf dem Hauptweg erwartet Sie ein kräftezehrender, steiler Anstieg, denn auf den nächsten 2,5 km geht es über 250 Höhenmeter aus dem grünen Flusstal hinaus.

Anschließend geht es am Fuß des Gurátjåhkkågipfels (1.167 m) ❹ nun mit etwas moderaterem Anstieg weiter das Flusstal des Gurájåkå aufwärts in nordwestliche Richtung. Dabei sind einige, schmale Gebirgsbäche zu überqueren, was aber in der Regel keine Probleme bereiten sollte. Weiter oben wird das Gelände einfacher zu wandern und Sie erreichen einen Bergsee, an dessen Ufer die ☒ Schutzhütte Kurajaure liegt ❺.

Der weitere Streckenverlauft bringt Sie durch steiniges Gelände erst am Ufer des Gurájavvre, dann am Fuß des Juovvabuolldaberges (1.400 m) entlang weiter in westliche Richtung und hinab ans Nordufer des Vájmok, wo die Vaimokhütte liegt.

⌂ Vaimok Fjällstuga, STF, 26 Schlafplätze, 🐕, GPS N 67°02.821' E 016°53.073'. Die Hütte umfasst ein großes Schlafzimmer mit zehn Betten, vier Vierbettzimmer und einen Trockenraum sowie eine große Gemeinschaftsküche.

Dichter Unterwuchs im Birkenwald im Tarradalen

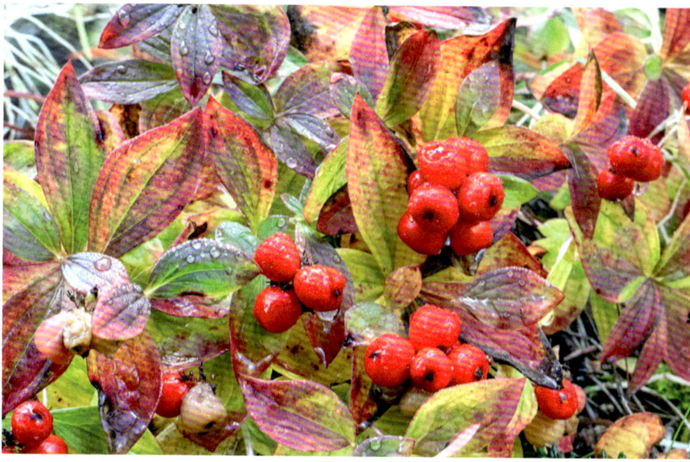

3. Etappe (Nordkalottleden): Vaimok Fjällstuga – Pieskehaure Fjällstuga

18,5 km, 6 Std. 30 Min., ↑ 430 m, ↓ 690 m, ⇧ 595-1.115 m

0,0 km	⇧ 860 m	Vaimok Fjällstuga ⌂
4,3 km	⇧ 865 m	Brücke über den Fluss im Vájmokvággital
11,1 km	⇧ 877 m	Abzweig der abkürzenden Querverbindung
15,4 km	⇧ 650 m	Watstelle
18,5 km	⇧ 595 m	Pieskehaure Fjällstuga ⌂

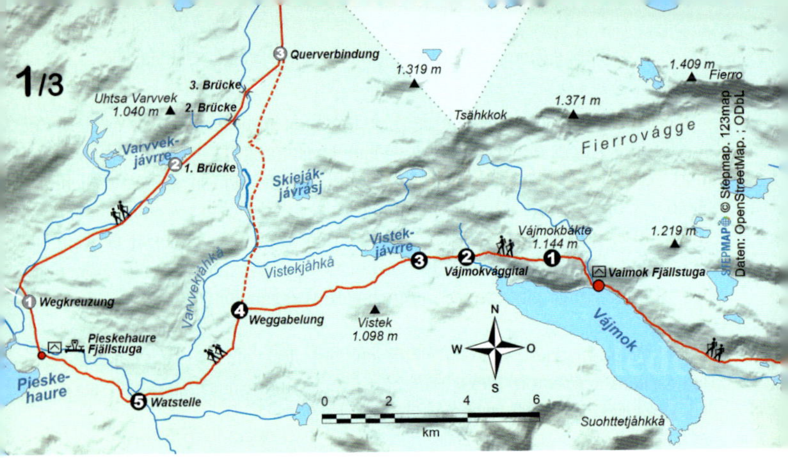

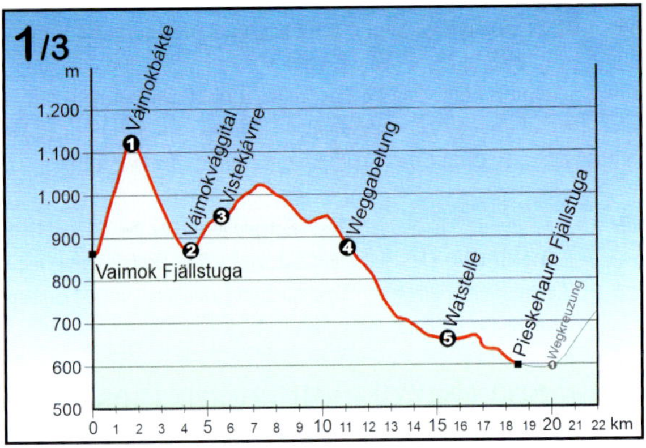

Nach einem kurzen, aber steilen Anstieg zu Etappenbeginn führt die Strecke in das Vájmokvággital, wo der Fluss sicher auf einer Brücke überquert werden kann. Die zweite Etappenhälfte führt dann durch einfach zu laufendes Gelände immer leicht bergab zur Pieskehaurehütte mit einem genialen Blick über die Sulitjelmagletscher.

Es besteht durchgehend kein Empfang.

Direkt hinter der Hütte ist ein kleiner Gebirgsbach zu queren, aber zumindest im Spätsommer bleiben die Füße trocken, da man von Stein zu Stein hüpfen kann.

Anschließend entfernen sich die Markierungen vom Seeufer und es steht der steile Anstieg über die Ostflanke des Vájmokbáktebergs (1.144 m) an. Der Pfad führt nördlich um den Gipfel herum ❶ und verläuft dann in westliche Richtung hinab zur Brücke über den Fluss im Vájmokvággital ❷. Am gegenüberliegenden Ufer geht es wieder leicht bergauf zwischen dem Gipfel des Vistek (1.098 m) zur Linken und dem Vistekjávrresee ❸ zur Rechten gen Westen. Auf dem Höhenzug des Muorannjunnje gibt es eine unscheinbare Weggabelung ❹.

Der unmarkierte Pfad nach Norden führt direkt am Flussufer entlang, ohne den Schlenker über die Pieksehaurehütte nach Stáddájåhkå, und trifft nach gut 7,5 km auf die folgende 4. Etappe bei km 11,9.

Bis zur Pieksekhaurehütte verläuft der Nordkalottleden nun nur noch bergab. Die ersten Höhenmeter sind recht steil, dann wandern Sie durch einfaches, kontinuierlich abfallendes Gelände zum Varvvekjåhkå und zu einer Watstelle über einen Seitenfluss ❺. Das Etappenfinale bringt Sie parallel zum Varvvekjåhkå in leichtem Auf und Ab zur Pieskehaure Fjällstuga am Südufer des Flusses mit einem fantastischen Blick auf das Sulitjelmamassiv im Nordwesten.

Pieskehaure Fjällstuga, STF, 26 Schlafplätze, Sauna, GPS N 67°01.900' E 016°31.808'. Die Hütte umfasst ein großes Schlafzimmer mit zehn Betten, vier Vierbettzimmer und einen Trockenraum sowie eine große Gemeinschaftsküche. Die Unterkunft des Hüttenwarts dient im Winter als Sicherheitsraum.

4. Etappe (Nordkalottleden): Pieskehaure Fjällstuga – Stáddájåhkå

29,4 km, 9 Std. 45 Min., ↑ 480 m, ↓ 370 m, ⇧ 595-1.008 m

0,0 km	⇧	595 m	Pieskehaure Fjällstuga
1,5 km	⇧	600 m	Wegkreuzung
7,4 km	⇧	800 m	1. Brücke
11,9 km	⇧	815 m	Eintreffen der abkürzenden Querverbindung
13,7 km	⇧	811 m	Watstelle Gállojåhkå
22,0 km	⇧	1.008 m	höchster Etappenpunkt
28,8 km	⇧	710 m	Zusammentreffen mit E1
29,4 km	⇧	700 m	Stáddájåhkå

Vom Panorama über die Sulitjelmagletscher bringen Sie einige Brücken und zwei größere Watstellen hinein in den Padjelanta-Nationalpark. Sie wandern durch ein einsames, langes und imposantes Tal hinab zum Treffpunkt mit der aus Ny-Sulitjelma kommenden E1-Variante (☞ Start auf dem E1, 2. Etappe: Sorjushytta – Sårjåsjaurestugan – Stáddájåhkå) kurz vor den malerisch am Fluss gelegenen Stáddájåhkåhütten.

Es besteht durchgehend kein Empfang.

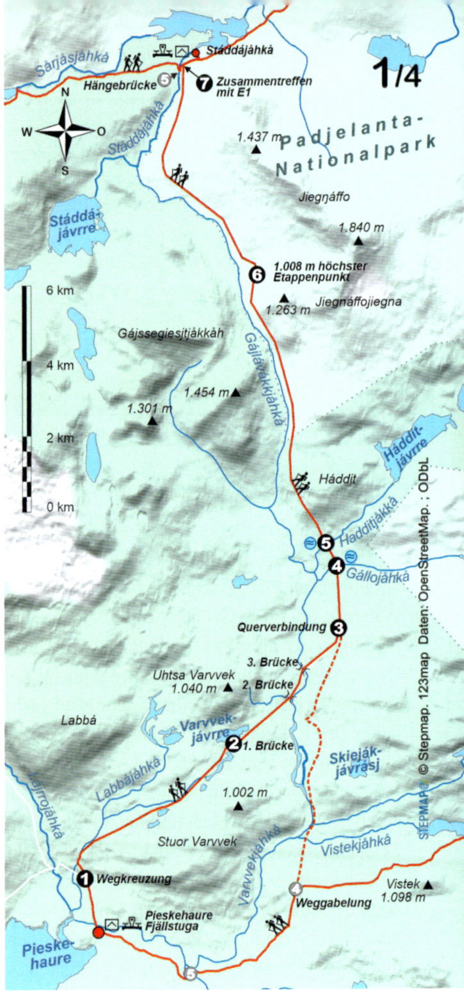

Von der Pieskehaurehütte starten Sie mit tollem Blick auf das Sulitjelmamassiv nach Norden, laufen über die Brücke und erreichen nach knapp 1,5 km eine Wegkreuzung ❶. Der Weg nach links führt in westliche Richtung gen Norwegen, der Nordkalottleden führt weiter geradeaus und macht dann vor dem Ufer eines breiteren Gebirgsflusses einen Bogen in nordöstliche Richtung.

Sie gewinnen noch für etwa 3 km kontinuierlich an Höhe, dann wird das Terrain flacher. Sie laufen aber weiter in nordöstlicher Richtung vorbei an mehreren Seen. Die Querung der kreuzenden Wasserläufe ist in der Regel problemlos.

Am Ufer des Varvvekjávrre, hinter dem am gegenüberliegenden Ufer der Uhtsa Varvvek (1.040 m) aufragt, erreichen Sie eine erste Brücke ❷, der im Abstand von 2 km und dann 1 km noch zwei weitere folgen.

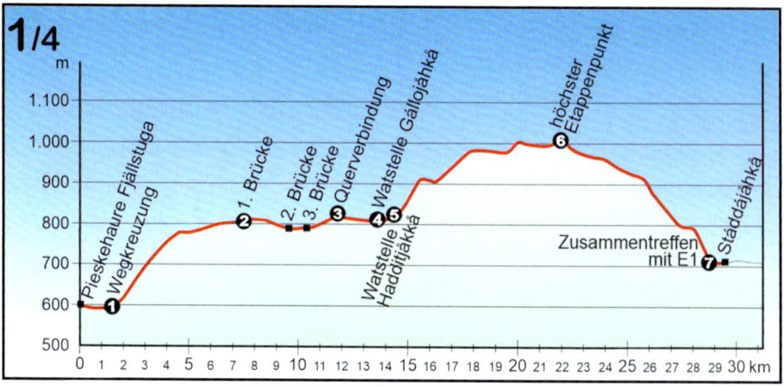

Etwa 1,5 km nach der Hängebrücke über den Varvvekjåhkå trifft von rechts die aus südlicher Richtung kommende Querverbindung von der vorherigen Etappe ein ❸ (☞ 3. Etappe (Nordkalottleden): Vaimok Fjällstuga – Pieskehaure Fjällstuga) und der Pfad biegt nach Norden ab. Er bringt Sie 2 km weiter an die Watstelle über den Gállojåohkå ❹. Die Socken können ausbleiben, denn nur gut 500 m weiter muss der Hadditjåkkå überquert werden.

Der Weg verläuft nun in nordwestliche Richtung und die folgenden Querungen der kleinen, kreuzenden Bäche sind nicht mehr der Rede wert. Rund 3 km hinter der Furt über den Hadditjåkkå ❺ ist der Padjelanta-Nationalpark erreicht. Sie laufen nun am Ufer des Gájlávákkjåhkå entlang über die 1.000-m-Höhenmarke. Vom höchsten Punkt ❻ geht es dann auf der gegenüberliegenden Seite hinein in das enge Gájlávággetal und Sie folgen dem sich langsam weitenden Tal in nordwestliche Richtung am Westhang des Jiegŋáffo (1.840 m).

Nach einem Bogen in nordöstliche Richtung laufen Sie am Stáddájåhkå entlang, der über beeindruckenden Stromschnellen ins Tal rauscht. Unten treffen Sie dann auf die Gabelung ❼, an der aus westlicher Richtung über die Hängebrücke der E1 aus Ny Sulitjelma eintrifft. Sie halten sich rechts und laufen durch hüfthohes Weidegestrüpp zum wohlverdienten Etappenziel.

⌂ Stáddájåhkå, BLT, 18 Schlafplätze, 12 V, GPS N 67°14.422' E 016°35.503'. Die Hütte umfasst eine große und zwei kleine Hütten mit insgesamt 18 Schlafplätzen. In der Hauptsaison (Ende Juni bis Anfang September) ist ein Hüttenwart (gleich in der ersten Hütte direkt am Weg) anwesend, der auch einen kleinen Proviantverkauf anbietet. Hütte Nummer 2 dient als ganzjährig geöffnete Sicherheitshütte.

5. Etappe (E1/Nordkalottleden): Stáddájåhkå – Stáloluokta

12,2 km, 3 Std. 15 Min., ↑ 90 m, ↓ 200 m, ⇧ 590-710 m

0,0 km	⇧ 705 m	Stáddájåhkå
2,5 km	⇧ 700 m	Rentiersammelstelle
8,7 km	⇧ 630 m	Hängebrücke über den Viejejåhkå
11,1 km	⇧ 640 m	Kreuzung Padjelantaleden
12,1 km	⇧ 590 m	Hängebrücke über den Gieddejåhkå
12,2 km	⇧ 590 m	Stáloluokta

Diese einfach zu laufende Etappe folgt dem Flusstal des Stálojåhkå, der sich seinen Weg zur Mündung in den Virihaure nach Nordosten sucht, und führt durch eine einsame, weite und archaische Landschaft. Kurz vor Schluss trifft die Route auf den bekannten Padjelantaleden und endet an der beliebten und komfortablen Stáloluoktahütte mit Sauna und Kiosk.

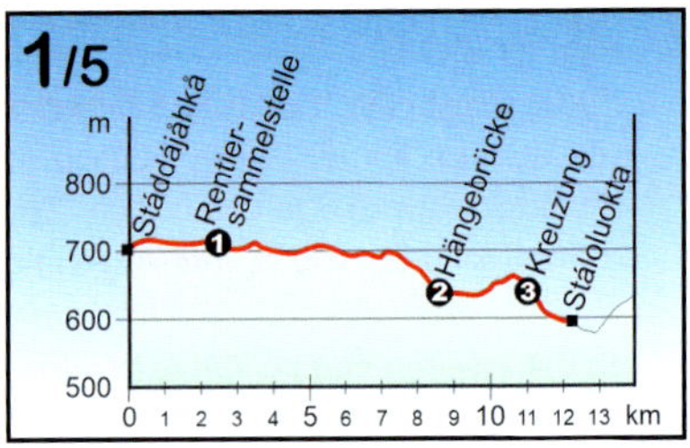

Es ist durchgehend kein Empfang

Unweit der Stáddájåhkåhütte vereinigen sich die beiden Flüsse Stáddájåhkå und Sårjåsjávrre zum See Gáhpesluoppal und Sie wandern in einiger Entfernung zum südlichen Seeufer weiter. Nach rund 2 km, auf Höhe einer kleinen Insel, auf der sogar ein

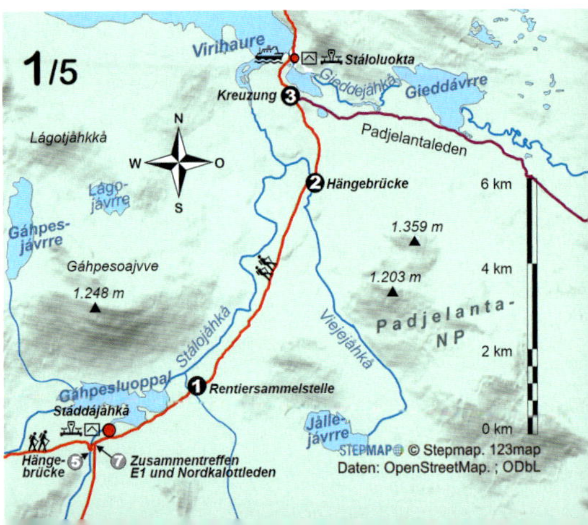

paar Bäume wachsen, verengt sich der See wieder zum Fluss, der nun unter dem Namen Stálojåhkå gen Nordosten fließt. Nachdem ein kleiner Seitenbach überquert ist, erreichen Sie bald eine Rentiersammelstelle ❶ und eine Infotafel, die über die Rentierhaltung der Sami informiert.

Der Pfad führt durch nur leicht hügeliges Gelände und ist einfach zu wandern. Der Verlauf ist klar zu erkennen und zusätzlich vorbildlich mit weithin sichtbarer orangener Farbe markiert. Dank Bohlenstegen über die feuchteren Abschnitte bleiben sogar die Füße trocken.

An der Hängebrücke über den Viejejåhkå ❷ haben Sie bereits zwei Drittel dieser kurzen Etappe hinter sich gebracht und laufen bald einen kleinen Höhenzug hinauf. Oben dehnt sich zu Ihren Füßen die Stáloluoktabucht als südöstlicher Zipfel des riesigen Virihaure/Virihávre aus. Nach wenigen Schritten erreichen Sie eine Wegkreuzung mit Wegweiser ❸, an der E1 und Nordkalottleden auf den aus östlicher Richtung von den Duottarhütten kommenden Padjelantaleden treffen.

Sie steigen durch ein lichtes Birkenwäldchen hinab zur Hängebrücke über den Gieddejahka. Für die direkte Fortsetzung der Wanderung können Sie dem Pfad am Flussufer vorbei an den beiden Helilandeplätzen folgen. Die Hütte liegt rechter Hand ca. 100 m vom Weg entfernt.

In der zweiten Etappenhälfte erreicht der Weg das Ufer des Viejejåhkå

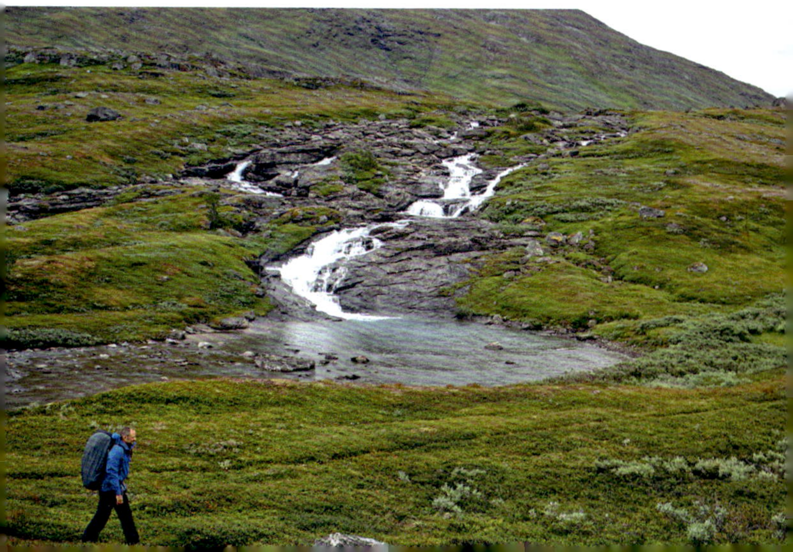

„Luokta" ist die samische Bezeichnung für Bucht und „Stallo" ist ein furchterregender Riese der samischen Mythologie. Entgegen der Ortsbezeichnung ist Stáloluokta aber ein ganz bezaubernder Flecken im Fjäll. Die Stáloluoktabucht im südöstlichen Teil des Bergsees Virihaure ist im Frühjahr und von Juni bis August das Sommerlager der Tuorpon-Samen, die mit über 5.000 Rentieren die größte Gemeinde in der Kommune Jokkmokk bilden. 1942 wurde die erste Übernachtungshütte für Touristen gebaut, heute zählt die Anlage zu den beliebtesten Zielen im Padjelanta-Nationalpark und während der Sommermonate gibt es sogar einen fahrplanmäßigen Helikopterverkehr nach Ritsem und Kvikkjokk.

Stáloluokta, BLT, 42 Schlafplätze, 12 V, Sauna, GPS N 67°19.099' E 016°41.866'. Die größte Hüttenanlage im Padjelanta-Nationalpark verfügt über insgesamt 42 Betten in einer großen Hütte mit sechs Vierbettzimmern, einem Zweibettzimmer, zwei VIP-Räumen mit jeweils zwei Betten und eigener Küche sowie einer Hütte mit zwei Sechsbetträumen, von denen einer das ganze Jahr über offen ist. Ein Hüttenwart ist von Ende Juni bis Anfang September anwesend. Die Sauna direkt am Flussufer ist ein Traum und perfekt, um dem wandermüden Körper etwas Entspannung zu gönnen.

Parfas Kiosk, +46/73/812 16 49, www.facebook.com/parfaskiosk, katarina@parfa.org. Katarina Parfa Koskinen und Ronny Koskinen betreiben einen gut sortierten Krämerladen, der von ihren Großeltern vor rund 70 Jahren begonnen wurde, und wissen, was Wanderer brauchen. Das reichhaltige Sortiment reicht von Nudeln und Reis über Dosenkonserven bis hin zu Trekkingtrockennahrung und Keksen, Süßigkeiten sowie Getränken und selbstverständlich sind auch samische Spezialitäten wie getrocknetes Rentierfleisch, Fladenbrot oder geräucherter Fisch im Angebot. Wer gegen Saisonende unterwegs ist, sollte vor der Wanderung trotzdem kurz Kontakt aufnehmen, um sicherzustellen, dass das Gewünschte noch vorrätig ist.

Kirchenkote (Kyrkkåta), die 1971 geweihte Kirche unweit der Fjällstuga, ist nach dem Vorbild einer traditionellen samischen Kote errichtet und auf den ersten Blick macht nur der hölzerne Glockenturm nebenan darauf aufmerksam, dass es sich bei dieser Lehmkote um eine Kapelle mitten in der Wildnis handelt.

In der Hochsaison verkehrt einmal pro Tag jeweils ein Helikopter nach Ritsem bzw. Kvikkjokk. Der Preis für den Flug von Stáloluokta nach Ritsem oder Kvikkjokk beträgt ca. SEK 1.600 pro Person (inklusive 20 kg Gepäck). +46/973/400 32, booking@fiskflyg.se, www.fiskflyg.se.

Im Dorf lässt sich bei Bedarf ein Bootstransport über den Virihaure zum nächsten Etappenendpunkt Árasluokta organisieren.

6. Etappe (E1/Nordkalottleden/Padjelantaleden): Stáloluokta – Árasluokta

10,5 km, 3 Std. 45 Min., ↑ 240 m, ↓ 230 m, ⇧ 578-764 m

0,0 km	⇧ 590 m	Stáloluokta
1,5 km	⇧ 645 m	Infotafel
6,3 km	⇧ 764 m	höchster Etappenpunkt
9,6 km	⇧ 590 m	Hängebrücke über den Árasjåhkå
10,5 km	⇧ 578 m	Árasluokta

Diese kurze Etappe beginnt mit einem kräftigen Anstieg und führt von der Stálaluoktahütte und Samisiedlung um das weit in den Virihaure hineinragende Bergmassiv Stuor Dijdder herum und bietet wunderschöne Ausblicke auf den riesigen See und die dahinter aufragenden norwegischen Berge. Ebenso steil wie die Etappe begonnen hat, geht es am Ende auch wieder hinab zur nächsten Bucht mit der Übernachtungshütte an der Samisiedlung Árasluokta.

Bohlenweg auf der Westseite des Stuor Djijdder Massivs

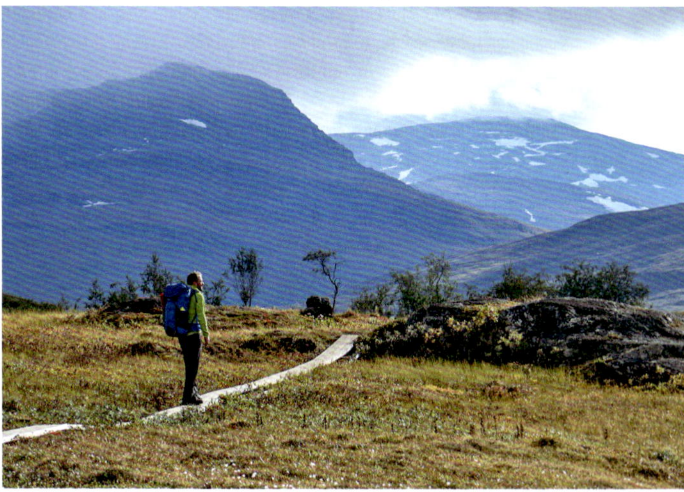

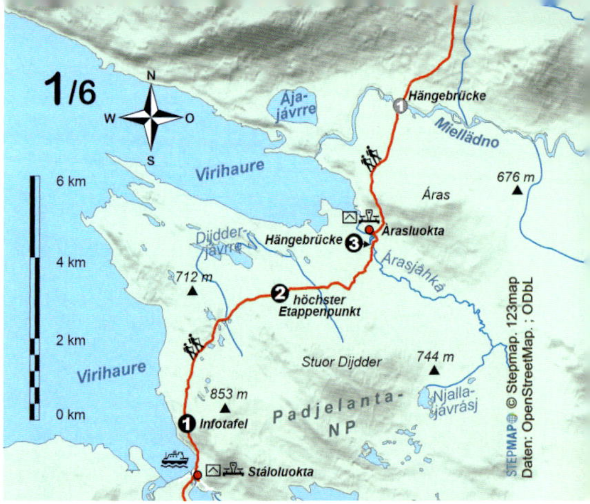

Es ist durchgehend kein Empfang.

Von der Übernachtungshütte laufen Sie am Seeufer entlang vorbei an den Helikopterlandeplätzen und unterhalb von Parfas Kiosk entlang und weiter auf dem Bohlensteg parallel zum Strand. Vor den Hütten der Samisiedlung folgen Sie dem Bohlenweg nach rechts und es geht durch einen lichten Birkenwald kräftig bergan. Bald ist die Baumgrenze überschritten. Sie erreichen eine Laponia-Infotafel ❶ und es bietet sich ein fantastisches Panorama über die schier endlose Wasserfläche des Sees zu Ihren Füßen.

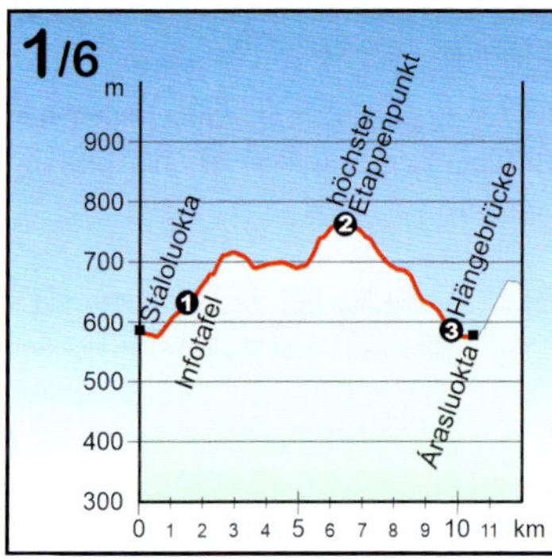

Der Pfad wendet sich nun nach Nordosten und klettert noch auf etwa 720 m. Anschließend laufen Sie vorübergehend auf einer Höhe über eine mit runden Bergkuppen und Seen durchsetzte Hochfläche. Ein paar recht tief eingeschnittene, aber trockene Flussrinnen, die zu queren sind, bringen ein paar zusätzliche Höhenmeter, bevor es schließlich zum höchsten Punkt der Etappe hinaufgeht ❷ und voraus rückt die Àrasluoktabucht mit den Übernachtungshütten und der Samisiedlung in den Blick.

Schließlich wendet sich der Pfad in Richtung Nordosten und der nun folgende Abstieg ist mit einigen leichteren Kletterpassagen gespickt, da einige größere Absätze und steile, eventuell rutschige Felsen zu überwinden sind. Die von lang gezogenen Felsrücken durchsetzte Heidelandschaft erinnert an eine Schärenküste – mit Zwergbirkensträuchern dazwischen statt Meer.

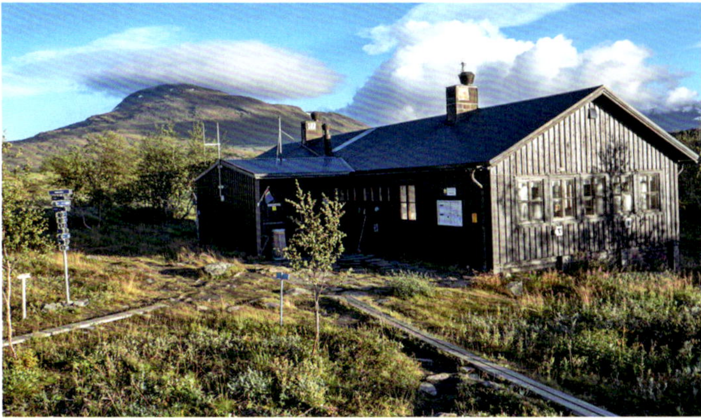

Stáloluokta-Hütte

Am Ende laufen Sie durch einen schmalen Birkenwaldstreifen zur Hängebrücke über den Árasjåhkå ❸ und dann in einem Bogen nach links zu den Hüttengebäuden.

Àrasluokta, BLT, 32 Schlafplätze, 12 V, GPS N 67°22.439' E 016°48.026'. Es gibt zwei Vierbetthütten und vier Sechstbetthütten, eine der Hütten ist ganzjährig geöffnet. Die Árasluoktahütten werden seit Jahrzehnten von Familie Länta betreut und während der Wandersaison von Ende Juni bis Anfang September versorgen Svea und Rickard ihre Gäste mit frisch gebackenen Keksen, geräuchertem Fisch, getrocknetem Rentierfleisch und Kleinigkeiten wie Schokolade, Würstchen oder Nudeln.

7. Etappe (E1/Nordkalottleden/Padjelantaleden): Árasluokta – Låddejåhka

13,0 km, 4 Std. 15 Min., ↑ 400 m, ↓ 400 m, ⇧ 570-890 m

0,0 km	⇧ 575 m	Árasluokta
3,8 km	⇧ 606 m	Hängebrücke über den Mielládno
7,9 km	⇧ 885 m	Flussquerung/Sattel
8,8 km	⇧ 845 m	Steinformation
12,4 km	⇧ 575 m	Hängebrücke über den Låddejåhka
13,0 km	⇧ 580 m	Låddejåhka

Die Etappe beginnt mit einem kurzen Anstieg und führt dann durch eine Heidelandschaft hinab zur Hängebrücke über die schäumenden Stromschnellen des aus dem Sarek kommenden Mielládno. Anschließend ist ein langer Anstieg zwischen dem Gipfeln von Mulkka (1.264 m) im Westen und Huornnásj (1.212 m) im Osten hindurch auf den Pårkasattel, den höchsten Punkt der Etappe mit knapp 900 m, zu bewältigen. Nach einer in der Regel einfachen Flussfurt im Kahlfjäll geht es zum Ende der Etappe rund 300 Höhenmeter hinab in das Flusstal des Låddejåhka.

Es ist durchgehend kein Empfang.

Von den Árasluoktahütten laufen Sie ein kurzes Stück zurück nach Osten, biegen dann nach links in nördliche Richtung ab und gewinnen auf dem Westhang des Áras schnell an Höhe. Zur Linken öffnet sich das Panorama über den See und unten am Ufer tupfen die Hütten der Sami blaue, graue und rote Farbkleckse in die Landschaft.

Árasluokta-Hütten

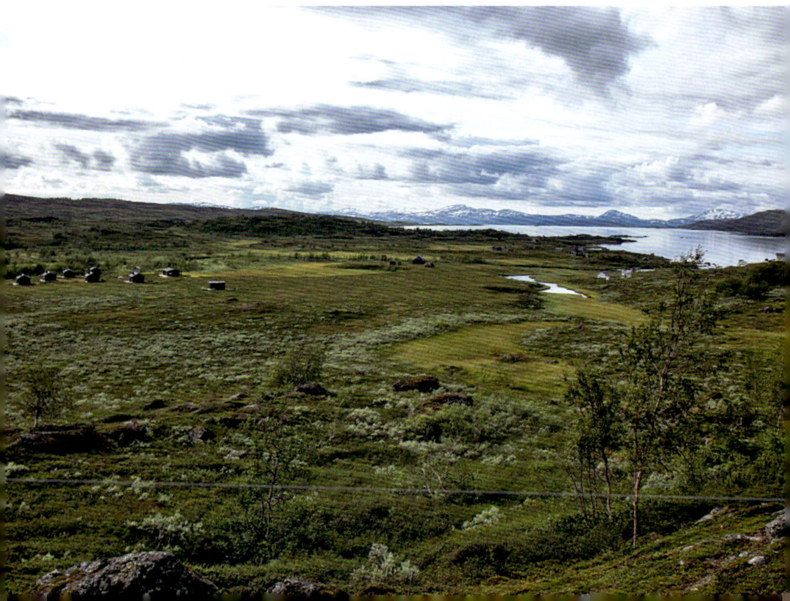

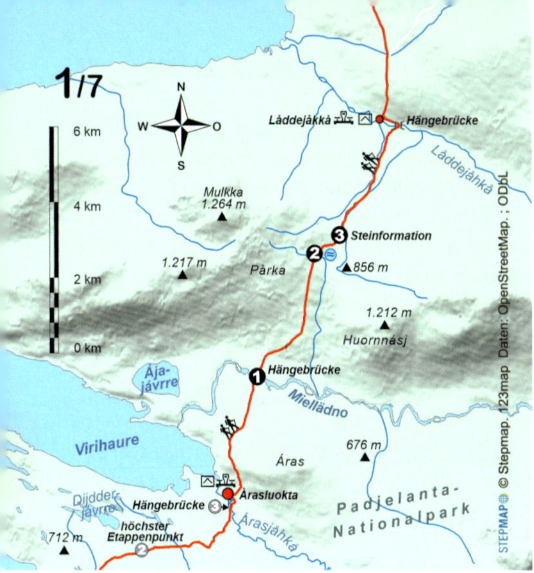

Der einfach zu laufende Pfad bringt Sie nun durch eine Heidelandschaft mit Zwergbirkensträuchern hinab zum Mielládno. Das Donnern der über mehrere Stromschnellen in die Tiefe stürzenden Wassermassen ist gewaltig. Eine imposante Hängebrücke ❶ bringt Sie sicher ans gegenüberliegende Ufer, wo der Anstieg hinauf zum Pårkasattel beginnt.

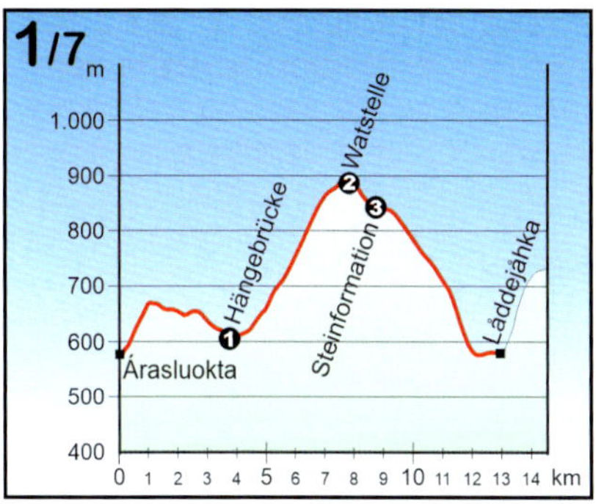

Der Pfad führt parallel zum Rentierzaun in nordöstliche Richtung und gewinnt stetig, aber nicht übermäßig steil an Höhe. Ringsherum erheben sich mächtige Berggipfel, im Osten ist der Sarek nicht weit. Bei einer Verschnaufpause lohnt sich der Blick zurück auf das Panorama des sich in weiten Schleifen vor dem Árasgipfel entlang in die riesige Wasserfläche des Virihaure dahinwindenden Mielládno.

Am höchsten Punkt biegt der Pfad nahezu im rechten Winkel nach Osten ab und führt Sie eine einfache Furt über einen namenlosen, nicht allzu breiten oder tiefen Gebirgsbach ❷. Auf der gegenüberliegenden Seite verkündet der Wegweiser, dass Sie noch 5 km vom Etappenziel Låddejåhka trennen.

Sie steigen nun langsam durch das baumlose, karge Hochfjäll, das von schroffen Felsblöcken durchwachsen ist, gen Nordosten in Richtung Låddejåhka ab. Auf etwa 845 m Höhe zieht eine markante, von den Elementen geformte, etwa 2 m hohe Kalksteinformation am linken Wegesrand den Blick auf sich ❸. Schaut man aus dem richtigen Winkel, meint man fast, einen menschlichen Kopf zu erkennen.

Der Weg schwenkt leicht nach rechts und führt hinab zur Hängebrücke über den Låddejåhka. Am gegenüberliegenden Ufer halten Sie sich links und laufen für etwa 600 m am Rentierzaun entlang und passieren als erstes die Hüttenwartunterkunft (*stugvärd*).

Låddejåhka, BLT, 34 Schlafplätze, 12 V, GPS N 67°27.846' E 016°54.102'. Das Hüttenensemble liegt idyllisch auf einem Schwemmkegel, den die Gletscher auf dem Rückzug am Ende der letzten Eiszeit zurückgelassen haben, und das Panorama über den Fluss und die mächtigen Gipfel Mulkka (1.264 m) und Máhttoavve (1.467 m) ist einfach fantastisch. Die große Hütte umfasst fünf Vierbettzimmer, ein Zweibettzimmer sowie einen großen Gemeinschaftsraum mit Küche. Zusätzlich gibt es zwei Sechsbetthütten, von denen eine ganzjährig geöffnet ist. Von Ende Juni bis Anfang September ist ein Hüttenwart anwesend und verkauft je nach Saison Kleinigkeiten wie geräucherten Fisch, Dosenwürsten, Nudeln oder Schokolade.

Die imposante Hängebrücke vor dem Anstieg hinauf zum Pårkasattel

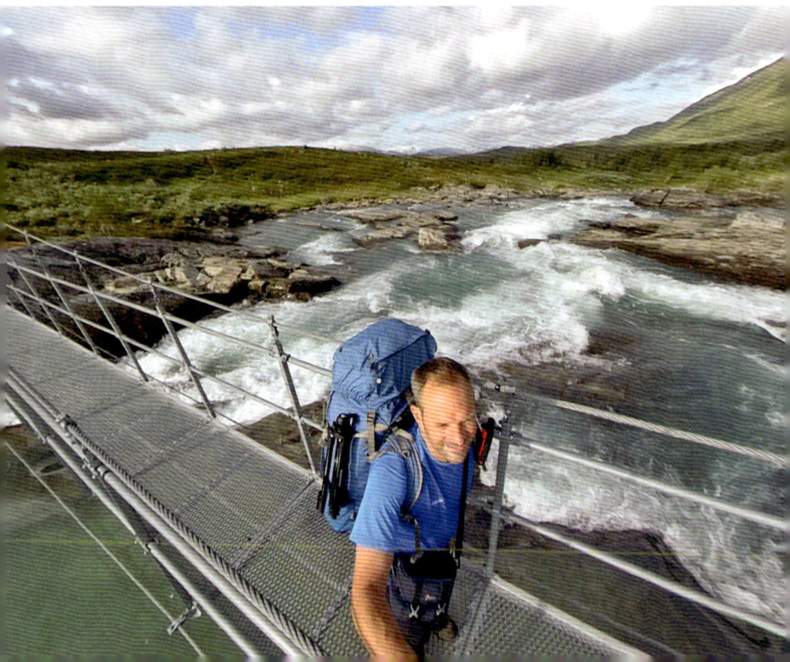

8. Etappe (E1/Nordkalottleden): Låddejåhka – Kutjaure Fjällstuga

17,6 km, 5 Std. 30 Min., ↑ 260 m, ↓ 290 m, ⇧ 540-760 m

0,0 km	⇧ 580 m	Låddejåhka
1,7 km	⇧ 720 m	Abzweig Gamla leden
5,0 km	⇧ 750 m	Flussquerung nach Rentierscheideplatz
11,1 km	⇧ 545 m	Hängebrücke über den Vuojatädno/Abzweig Padjelantaleden
17,6 km	⇧ 560 m	Kutjaure Fjällstuga

Mit einem kurzen, aber knackigen Anstieg verlassen Sie das Flusstal des Låddejåhka und können bald eine großartige Aussicht über den Vastenjaure genießen. An der Hängebrücke über den Vuojatädno trennen sich E1/Nordkalottleden vom Padjelantaleden und Sie laufen durch eine Zwergstrauchheide in nordwestliche Richtung zur Hängebrücke über den Sieberjåhkå, mit der Sie auch dem Padjelanta-Nationalpark den Rücken kehren.

Es ist durchgehend kein Empfang.

Wegweiser

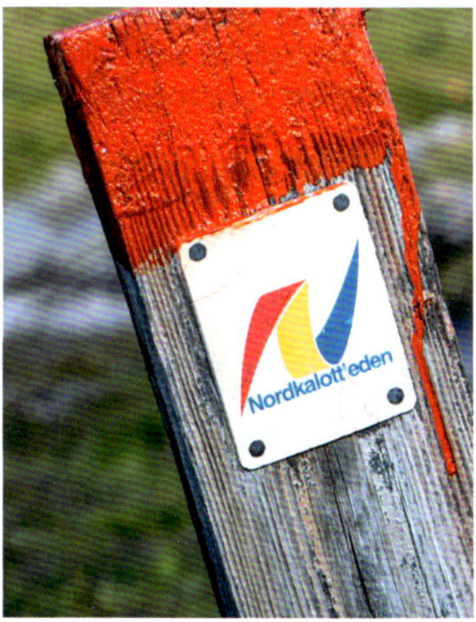

Vor den Låddejåhkahütten folgen Sie dem Wegweiser „Sáluhávrre 11 km" in nördliche Richtung und ein kurzer, aber knackiger Anstieg führt Sie aus dem Flusstal heraus. Sobald Sie den ersten Bohlensteg erreicht haben, eröffnet sich ein fantastischer Ausblick auf das jadegrün schimmernde Mündungsdelta des Låddejåhkå in den Vastenjaure/Vásstenjávrre zu Ihren Füßen.

Etwa 1,7 km nach dem Start erreichen Sie die Furt über den recht breiten, aber flachen Vierttjajågåsj ❶. Auf der gegenüberliegenden Seite zeigt ein Wegweiser in nordöstliche Richtung den alternativen Weg zu den

Gisurishütten am Padjelantaleden („Gamla leden") an. E1, Nordkalottleden und Padjelantaleden dagegen verlaufen parallel zum Seeufer weiter geradeaus in nördliche Richtung.

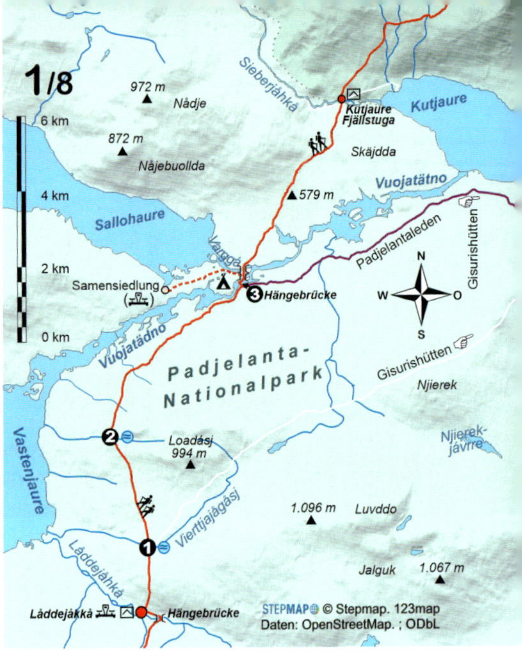

Es geht nun nur noch leicht bergauf durch eine baumlose Heidelandschaft an den westlichen Ausläufern des Loadásj (994 m) bis zu einem Gatter im Rentierzaun. Nur 200 m weiter folgt ein zweites Gatter und anschließend ist der nächste, wiederum flache Gebirgsbach zu queren ❷.

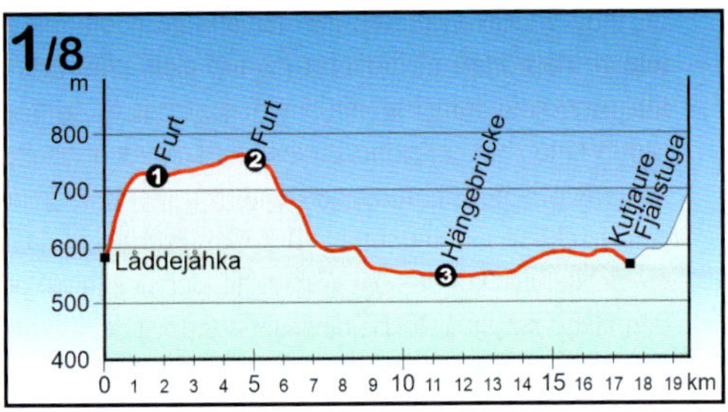

Der Pfad schwenkt nun nach Nordosten, verläuft parallel zum Vuojatädno und es beginnt der gemächliche Abstieg zu dessen Ufer. Das Auge schweift über ein breites Mosaik aus grauen Kiesfeldern entlang der Ufer, grünen Inseln im Wasser und den Häusern der Samensiedlung Sáluhávrre auf einer Landzunge, die den Vuojatädno von dem dahinterliegenden Sallohaure/Sáluhávrre trennt. Gestört wird die Idylle nur, wenn gerade ein Hubschrauber vorbeiknattert.

Nach gut 11 Wanderkilometern ab Etappenstart erreichen Sie die schon lange im Voraus sichtbare, imposante Hängebrücke über den Vuojatädno ❸ und der E1 und Nordkalottleden trennen sich vom Padjelantaleden; während letzterer dem Südufer des Flusses in nordöstliche Richtung folgt, biegen E1 und Nordkalottleden über die Brücke ans gegenüberliegende Ufer ab.

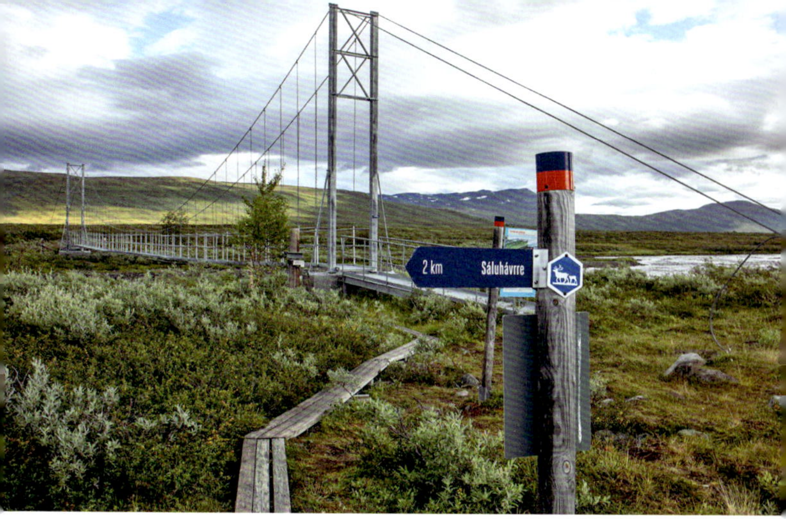

Brücke zum Nordufer des Varggá

Die ebenen Grasflächen auf der Inselspitze bieten einen traumhaften Zeltplatz.

Über zwei weitere Hängebrücken wechseln Sie ans Nordufer des Varggá (vor der letzten Hängebrücke führt ein Pfad nach links zur etwa 2 km entfernten Samensiedlung, in der im Sommer Brot verkauft wird) und der Pfad führt durch knie- bis hüfthohe Birken- und Weidenbüsche und z. T über Bohlenstege in nordöstliche Richtung und entfernt sich immer weiter vom Fluss. Voraus ragt das mächtige Gebirgsmassiv des Gasskahtjåhkkå (1.130 m) über den Horizont.

Schließlich kündigt ein Wasserfall, der sich in einiger Entfernung links des Weges den Hang hinunterstürzt, das nahe Etappenziel an und Sie laufen hinab zur Hängebrücke über den Sieberjåhkå und der Kautjarehütte am gegenüberliegenden Ufer. Mit der Hängebrücke verlassen Sie den Padjelanta-Nationalpark und folgerichtig handelt es sich bei der Kutjaure Fjällstuga um eine vom STF unterhaltene Hütte.

Kutjaure Fjällstuga, STF, 20 Schlafplätze, , GPS N 67°35.118' E 017°01.976'. Die Hütte ist in zwei Zehnbettzimmer mit jeweils zwei Schlafnischen und einen Küchenbereich (mit tollem Blick aus dem Fenster über die weiten Padjelanta-Hochflächen) unterteilt. Der mittlere Hüttenteil wird in der Saison vom Hüttenwart bewohnt. Einer der beiden Hüttenräume ist ganzjährig als Sicherheitsraum zugänglich und hier sind auch Hunde zugelassen.

9. Etappe (E1/Nordkalottleden): Kutjaure Fjällstuga – Vaisaluokta Fjällstuga/Fjällstation Ritsem

17,6 km, 5 Std. 45 Min., ↑ 360 m, ↓ 470 m, ⇧ 460-830 m

0,0 km	⇧ 560 m	Kutjaure Fjällstuga
2,6 km	⇧ 760 m	Hängebrücke
3,9 km	⇧ 780 m	Hängebrücke
6,9 km	⇧ 809 m	Schutzhütte Kårsåjaure
15,9 km	⇧ 465 m	Hängebrücke über den Sjváltajåhkå
17,6 km	⇧ 465 m	Vaisaluokta Fjällstuga

Zu Etappenbeginn ist schnell das Kahlfjäll erreicht und Sie wandern auf einem recht gut zu laufenden Pfad und über einige kleinere Blockfelder zur Schutzhütte am Kårsåjaure. Bald öffnet sich voraus das Panorama über den Akkajaure und der recht steile, aber unproblematische Abstieg parallel zum tief eingeschnittenen Canyon des Guossjájåhkå hinunter ans Seeufer beginnt. Unten angekommen sind die verbleibenden 2 km bis zur Hütte aufgrund des stark verblockten Geländes dann noch einmal eine Herausforderung.

Erst am Etappenende nach der Kårsåjaure-Schutzhütte beim Abstieg zum Akkajaure gibt es Empfang. Am Seeufer selbst besteht dann guter Empfang.

Der Wanderpfad führt links an der Hütte vorbei und durch ein Birkenwäldchen bergan. Sie gewinnen kontinuierlich an Höhe und bald ist die Umgebung wieder baumfrei. Zur Rechten schweift der Blick über die Wasserfläche des Kutjaure/Guvtjávvre bis zu den vergletscherten Gipfeln des Áhkkámassivs.

Gut 2,5 km und 200 Höhenmeter nach dem Start bringt Sie eine Hängebrücke über einen ersten breiteren Gebirgsbach ❶. Kurz darauf ist die Kletterpartie geschafft und es geht durch ein nur noch leicht hügeliges Hochtal mit zahlreichen Bergseen und am Himmel kreisen keckernd ein paar Möwen.

Die Landschaft wird schroffer und vor der nächsten Hängebrücke weist eine Infotafel am Wegesrand ❷ auf den Pfad hinunter zur Samisiedlung am Westufer des Kutjaure hin, wo man im Sommer Brot und Fisch einkaufen sowie einen Bootstransport hinüber ans Ostufer zum Padjelantaleden organisieren kann.

Der E1/Nordkalottleden führt über die Brücke weiter. Mehr und mehr Steine und das ein oder andere Blockfeld erschweren das Vorankommen. Gut 7 km nach dem Start bietet dann die ☒ Kårsåjaure-Schutzhütte (außer zwei Pritschen gibt es keine weitere Ausstattung) eine willkommene Gelegenheit zur Pause ❸.

Anschließend geht es in leichtem Auf und Ab zwischen dem Ufer des Guossjájávvre zur Linken und dem Westhang des Gasskatjåhkkå (1.130 m) auf einem steinigen Pfad in nordöstliche Richtung. Im weiteren Verlauf tritt der tief eingeschnittene Canyon des Guossjájåhkå an Ihre linke Seite ❹ und der Abstieg zum Ufer des Akkakaure/Áhkájavrre beginnt.

Die weite Wasserfläche des großen Sees wird von zahlreichen Inseln unterteilt und es geht recht steil bergab. Weiter unten laufen Sie durch einen Birkenwald und erreichen bald die ersten Hütten der Samensiedlung und dann eine Wegkreuzung. Der Weg nach rechts führt zur etwa 6 km weiter östlich gelegenen Bootsanlegestelle Änonjálmme am Einstiegs- bzw. Endpunkt des Padjelantaleden. Zur Vaisaluoktahütte laufen Sie nach links über die Hängebrücke ❺.

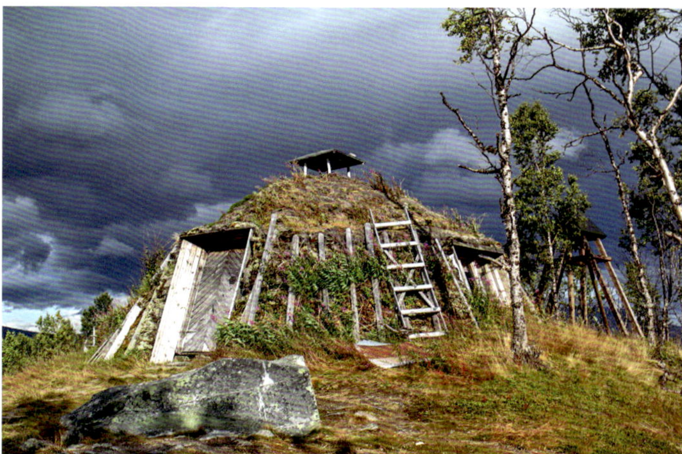

Historische Kota im Samendorf Vaisaluokta

Am gegenüberliegenden Ufer liegt rechts am Wegesrand die Kirchenkote (*kåtakyrka*). Die erste Kirche an dieser Stelle wurde 1947 von dem samischen Schriftsteller Paulus Utsi errichtet, das heutige Bauwerk stammt aus dem Jahr 1984.

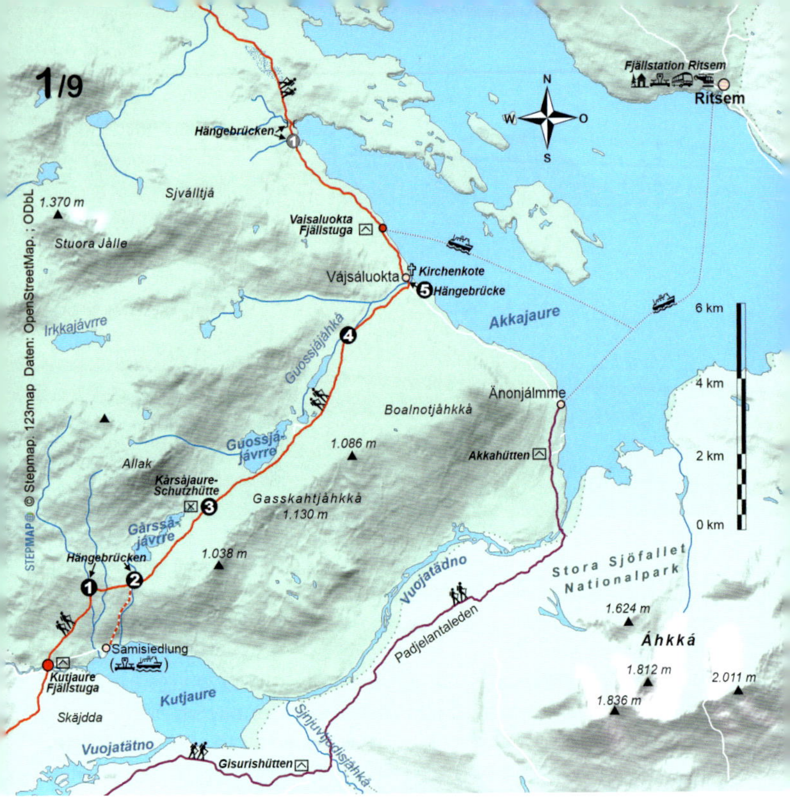
1/9
Fjällstation Ritsem
Ritsem
N
W
O
S
Hängebrücken
Sjválltjá
1.370 m
Stuora Jålle
Vaisaluokta Fjällstuga
Kirchenkote
Vájsáluokta
Hängebrücke
Akkajaure
6 km
4 km
2 km
0 km
Irkkajávrre
Guossjájåhkå
Änonjálmme
Boalnotjåhkkå
1.086 m
Guossjá-jávrre
Akkahütten
Allak
Kårsåjaure-Schutzhütte
Gasskahtjåhkkå
1.130 m
Gårssá-jávrre
1.038 m
Hängebrücken
Vuojatädno
Stora Sjöfallet Nationalpark
1.624 m
Áhkká
Samisiedlung
Padjelantaleden
Kutjaure Fjällstuga
1.812 m
2.011 m
1.836 m
Kutjaure
Skäjdda
Vuojatätno
Gisurishütten
Sjnjuvtjudisjåhkå
STEPMAP © Stepmap. 123map Daten: OpenStreetMap.; ODbL

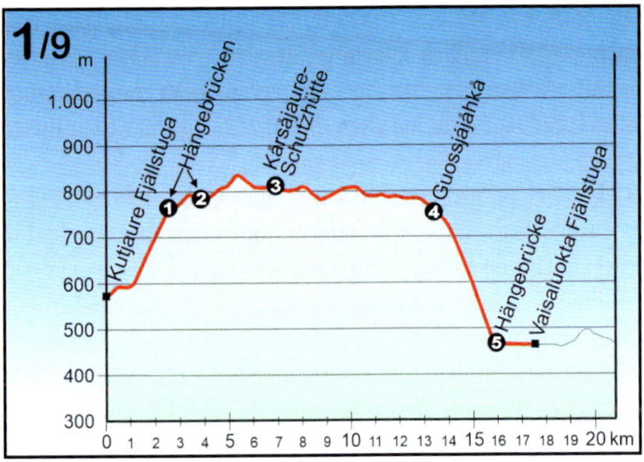
1/9
m
1.000
900
800
700
600
500
400
300
0 1 2 3 4 5 6 7 8 9 10 11 12 13 14 15 16 17 18 19 20 km
Kutjaure Fjällstuga
Hängebrücken
Kårsåjaure-Schutzhütte
Guossjájåhkå
Hängebrücke
Vaisaluokta Fjällstuga

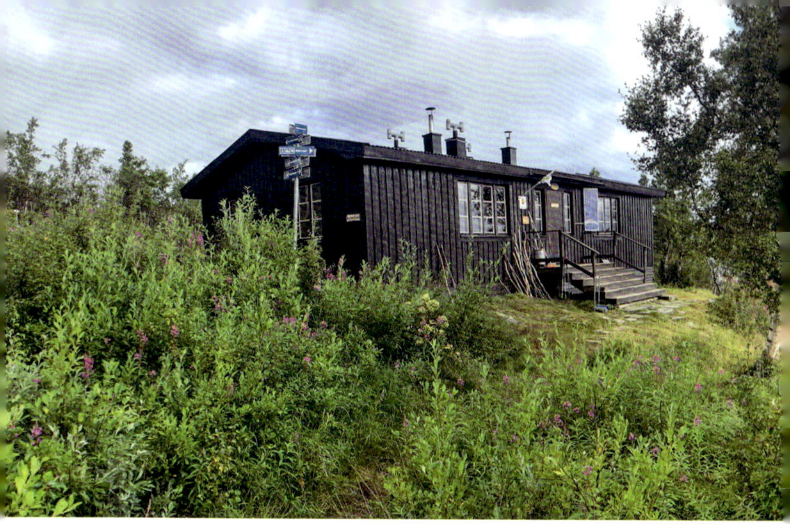

Die restlichen 1,5 km haben es in sich. Der Pfad führt zwar immer auf einer Höhe durch den Birkenwald am Seeufer entlang, allerdings ist das Gelände z. T. stark verblockt und steinig. Schließlich aber ist es geschafft und die Hütte erreicht.

Vaisaluokta Fjällstuga, STF, 20 Schlafplätze, 🐕, GPS N 67°41.294' E 017°15.045'. Die Hütte umfasst zwei Zehnbettzimmer mit Küche und zwei Schlafnischen. In einem der beiden Hüttenteile sind auch Hunde erlaubt und er ist als Sicherheitsraum ganzjährig geöffnet. Im Sommer ist ein Hüttenwart anwesend, der den Raum im mittleren Hüttenteil bewohnt.

Ausstieg nach Ritsem

Soll die Wanderung hier beendet werden oder muss der Proviant aufgefüllt werden, kann man u. a. mit dem Schiff M/S Storlule nach Ritsem übersetzen.

Der Bootsanleger ist am Strand direkt unterhalb der Hütte zu finden. Die Bootsüberfahrt in die Fjällwildnis erfolgt nach Fahrplan und in der Saison gibt es zwei Abfahrten mittags und nachmittags von Vaisaluokta nach Ritsem. Die M/S Storlule verkehrt nur von Ende Juni bis Anfang September. Anschließend wird der Bootsverkehr eingestellt, da dann die Herbststürme zu kräftig blasen. Den genauen Abfahrtsfahrplan, die aktuellen Preise und weitere Transportmöglichkeiten über den Akkajaure finden Sie unter:

www.swedishtouristassociation.com/facilities/stf-ritsem/boat-traffic.

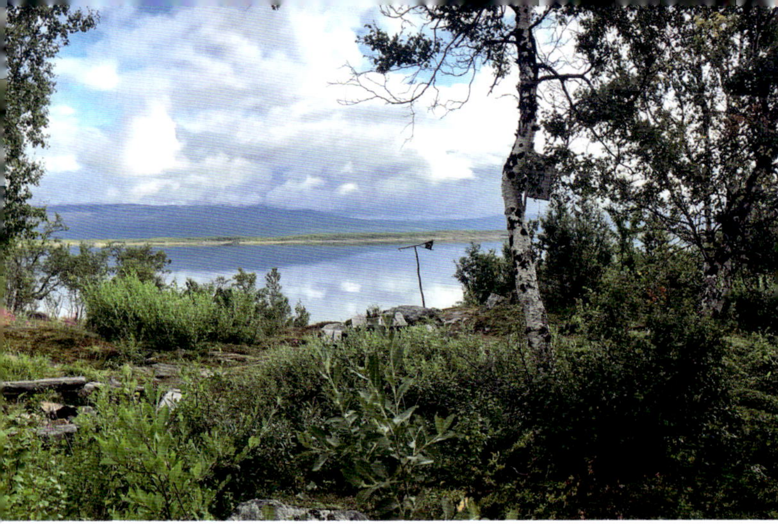

Vaisaluokta Fjällstuga

Ritsem

Die Fjällstation Ritsem (STF) ist ein beliebter Ausgangspunkt für Unternehmungen in Sarek-, Padjelanta- und Stora-Sjöfallet-Nationalpark. Die Aussicht vom Gemeinschaftsraum auf das Áhkkámassiv ist phänomenal. ☏ +46/97/34 20 30, ritsem@stfturist.se, Winter: Anfang März-Anfang Mai, Sommer: Ende Juni-Mitte September, insgesamt 40 Betten in 14 Zimmern, , , Sauna, WLAN, Frühstück

von Mitte Juni bis Anfang September Linie 93 (Gällivare – Stora Sjöfallet – Ritsem), in der Hochsaison zweimal pro Tag, in der Nebensaison nur eine Abfahrt, aktuelle Fahrpläne unter www.ltnbd.se

Im Sommer täglich zwei Hubschrauberflüge von Ritsem nach Stáloluokta. Der Preis für die Strecke von Ritsem oder Kvikkjokk nach Stáloluokta beträgt ca. SEK 1.500 pro Person (inklusive 20 kg Gepäck). Fiskflyg AB, www.fiskflyg.se, ☏ +46/973/400 32, booking@fiskflyg.se

2. Von Vaisaluokta/Ritsem nach Abisko

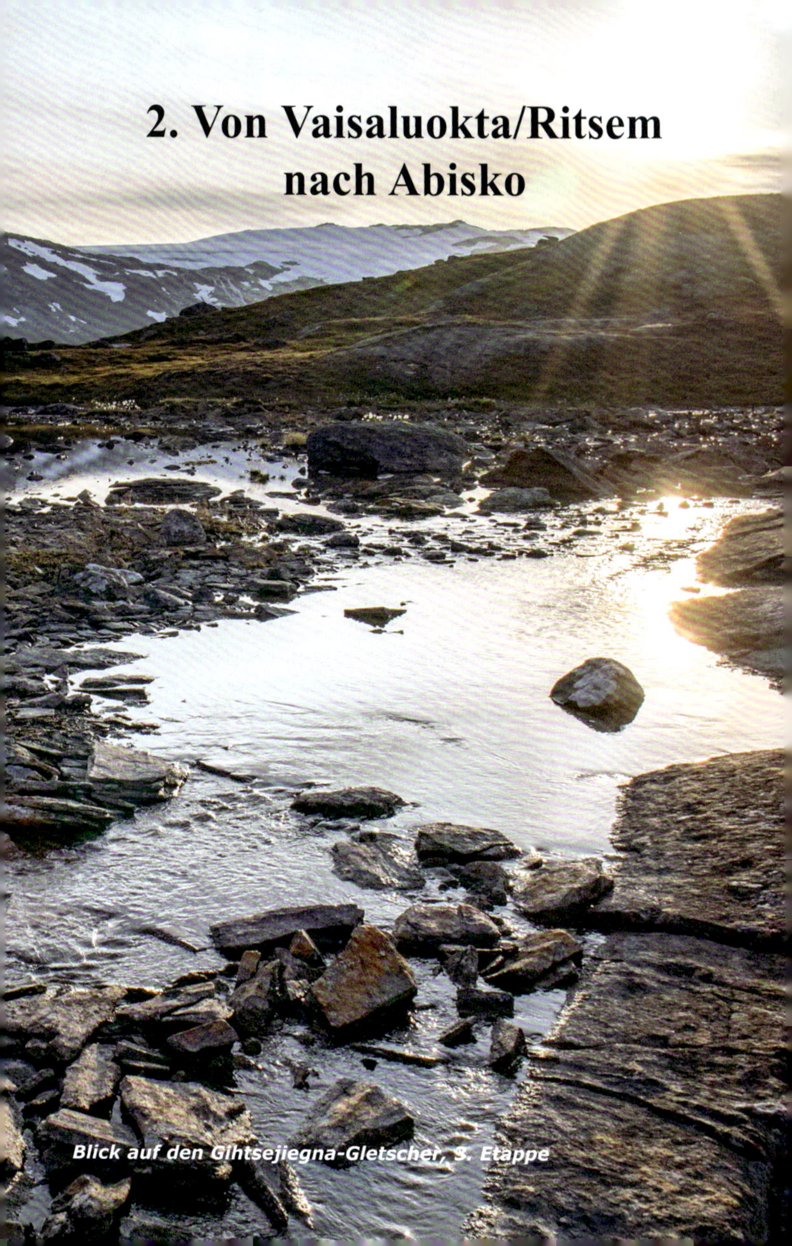

Blick auf den Gihtsejiegna-Gletscher, 5. Etappe

Länge: ca. 215 km (E1) bzw. ca. 235 km (Nordkalottleden)
Dauer: mind. 10 Tage
Karten: Fjällkartan BD07: Sitasjaure – Ritsem 1:100.000, Calazo Fjällkarte Kebnekaisefjällen 1:100.000 (hier wird allerdings der Bereich zwischen Røysvatn-, Pauro- und Sitashytta nicht abgedeckt)
Proviant: (Ritsem Fjällstation), STF-Hütten Sälka und Alesjaure (Nordkalottleden) bzw. Unna Allakas (E1) sowie STF-Hütte Abiskojaure, Abisko-Fjällstation und Supermarkt in Abisko
Übernachtung: Zelt, STF- und DNT-Hütten

Von Vaisaluokta schlägt der Wegverlauf einen weiten Bogen nach Westen in die einsame norwegische Bergwelt. Die abgeschiedene Strecke ist vergleichsweise wenig begangen und nur mäßig markiert. Nicht immer ist der Weg klar ersichtlich, aber mit etwas Bedacht und Erfahrung lässt sich die Route dank der aufgestellten Steinmännchen doch gut meistern.

An der Gautelishütte trennen sich E1 und Nordkalottleden. Während der E1 bis zur Unna-Allakas-Hütte weiter auf norwegischem Gebiet bleibt, wendet sich der Nordkalottleden nach Osten und führt zurück nach Schweden, wo er an der Sälkahütte auf den bekannten Kungsleden trifft.

Die Wiedervereinigung von E1 und Nordkalottleden erfolgt an der Abiskojaurehütte und die letzte Tagesetappe folgt einem einfach zu laufenden, von den zahlreichen Kungsleden-Wanderern breit ausgetretenen Pfad ohne nennenswerte Höhenunterschiede erst am See-, später am Flussufer entlang nach Abisko.

Moltebeere

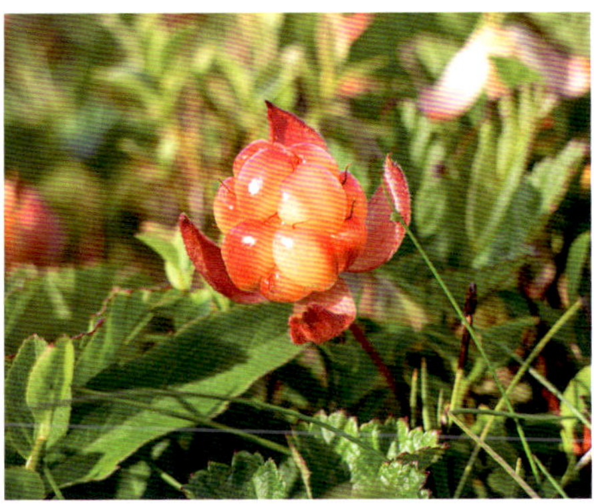

Insbesondere die große Distanz vom Ausgangspunkt bis zur ersten Hütte macht für diesen Abschnitt die Mitnahme eines Zelts erforderlich. Für eine reine Hüttentour kann man alternativ von Ritsem nach Norden starten, um über die Sitasjaurehütte zur Hukejaurehütte am Nordkalottleden zu laufen.

1. Etappe (E1/Nordkalottleden): Vaisaluokta Fjällstuga/Ritsem – Valldajåhkå

29,6 km, 10 Std., ↑ 370 m, ↓ 275 m, ⇧ 460-610 m

0,0 km	⇧ 465 m	Vaisaluokta Fjällstuga
3,7 km	⇧ 470m	1. Hängebrücke
13,3 km	⇧ 485 m	Rávddajávrre-Schutzhütte
21,0 km	⇧ 560 m	Hängebrücke
28,5 km	⇧ 566 m	Hängebrücke über den Suollagajåhkå
29,6 km	⇧ 550 m	ebenes Flussufer am Valldajåhkå

Da zwischen der Vaisaluokta- und der Røysvatnhütte eine große Lücke im Netz der Berghütten klafft, stellt der Auftakt des 2. Abschnitts eine ziemliche Herausforderung dar und erfordert (mindestens) eine Übernachtung im Zelt. Die 1. Etappe verläuft wenig spektakulär durch Birkenwald und über Moorflächen bis in das Flusstal des Valldajåhkå, wo sich gut geeignete, ebene Stellen am Ufer zum Zeltaufschlagen finden.

Nur zu Etappenbeginn an der Vaisluokta Fjällstuga besteht Empfang. Schon nach wenigen Kilometern hat man keinen Empfang mehr.

Beim Start in Ritsem können Sie entweder mit dem Boot nach Vaisaluokta übersetzen (☞ 1. Abschnitt, Etappe 7) oder direkt von der STF-Fjällstation am Nordufer des Akkajaure auf dem Gränsleden in nordwestliche Richtung laufen. Kurz vor der Røysvatnhütte treffen Sie dann wieder auf den E1/Nordkalottleden.

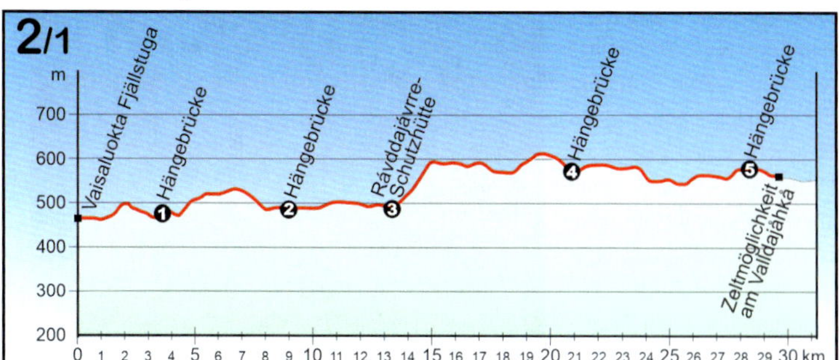

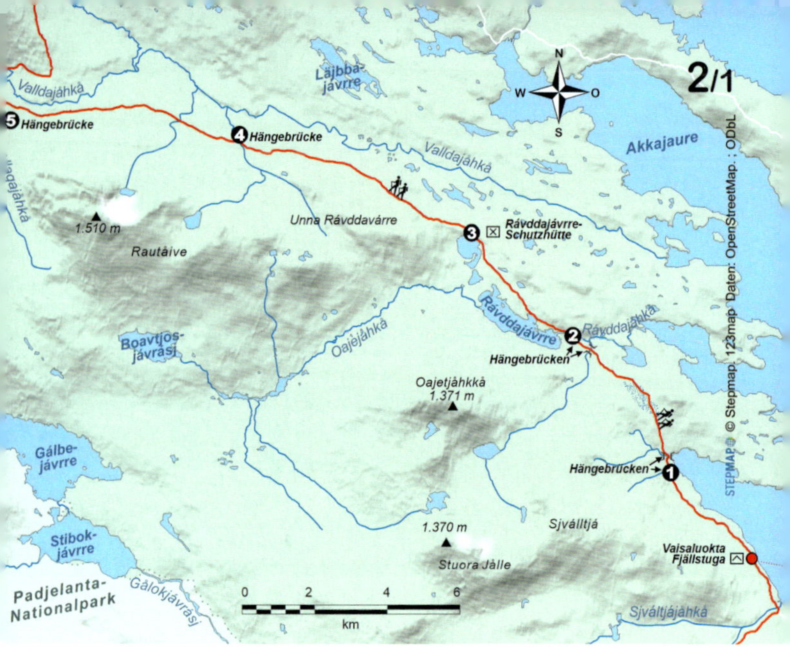

Für die Fortsetzung der Wanderung auf dem Nordkalottleden laufen Sie zwischen der Hütte und unterhalb der Toiletten weiter entlang des Akkajaure-Südwestufers. Auf den ersten 500 m bleibt das verblockte Gelände unangenehm zu laufen. Nachdem Sie die roten Holzhütten passiert haben, ist der Untergrund zwar weniger steinig, bleibt aber unwegsam. Die Bohlenstege über die sumpfigen Abschnitte sind in schlechtem Zustand und stehen zum Teil unter Wasser oder sind vermodert und auf den trockeneren Passagen ist der Weg von brusthohen Weiden überwuchert.

Zur Entschädigung gibt es aber hin und wieder einen Blick auf den Akkajaure zur Rechten. Sie erreichen eine erste Hängebrücke ❶, der in kurzem Abstand nach knapp 500 m eine zweite folgt. Anschließend führt der Weg abwechselnd durch Birkenwald und über offene Moorflächen und nach gut 4 km ist die nächste Hängebrücke erreicht.

Die Landschaft öffnet sich und voraus erheben sich die Gipfel der Ausläufer des Narvikfjell über dem Horizont und eine weitere Hängebrücke ❷ bringt Sie sicher über den breiten Råvddajåhka. Zur Linken blitzt die Wasserfläche des Rávddajávrre zwischen den Birkenstämmen hervor und Sie erreichen am Ufer eines zweiten, kleineren Sees die ☒ Rávddajávrre-Schutzhütte mit Plumpsklo ❸.

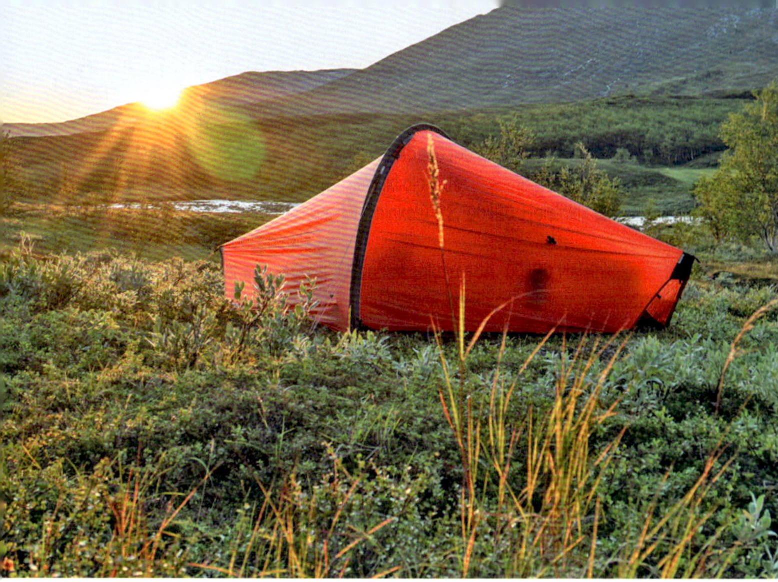

Vor der Watstelle über den Valldajåhkå finden sich gute Zeltmöglichkeiten

Die Wanderung bleibt beschwerlich, aber Stück für Stück kämpft sich der Pfad aus dem Walddickicht heraus und führt unterhalb des Unna-Rávddavárre-Höhenzugs zur Linken in nordwestliche Richtung. Nach einer ersten Passage oberhalb der Baumgrenze geht es noch einmal zurück in den Wald und gut 7,5 km nach der Schutzhütte zur nächsten Hängebrücke über einen weiteren Gebirgsfluss ❹. Sie laufen nun oberhalb eines Gebirgsbaches weiter und vom steilen Hang des Rautaive-/Rávdoajvvemassivs rauscht ein Wasserfall die Felswand zur Linken herunter.

Sie wechseln auf das gegenüberliegende Ufer des kleinen Gebirgsbaches, überqueren eine kleinere Stromschnelle auf einem Holzsteg und laufen noch ein letztes Mal durch den Unterholzdschungel. Dann aber ist es geschafft und das offene Fjäll ist erreicht. Ein recht klarer Pfad führt Sie durch die Zwergbirkenheide mit weitem Blick über die umliegenden Berggipfel. Besonders beeindruckend ist der schneebedeckte Gipfel des Tjårok (1.375 m). Eine Hängebrücke bringt Sie über den Suollagajåhkå ❺.

Zu Ihren Füßen mäandert auf der rechten Seite der Valldajåhkå in ruhigen Schleifen durch ein breites Tal und nach knapp 1 km erreichen Sie das Flussufer.

⛺ Ein Stück weiter am Weg Richtung Hellmobotn finden sich ebene Grasflächen, die sich gut zum ⛺ Zeltaufschlagen eignen.

2. Etappe (E1/Nordkalottleden): Valldajåhkå – Røysvatnhytta

➲ 24,6 km, ⌛ 9 Std. 45 Min., ↑ 650 m, ↓ 400 m, ⇧ 550-790 m

0,0 km	⇧ 550 m	ebenes Flussufer am Valldajåhkå ⛺
0,9 km	⇧ 550 m	Flussquerung Valldajåhkå
2,7 km	⇧ 555 m	Wegweiser
9,3 km	⇧ 660 m	Flussquerung Skájdejåhkå
14,3 km	⇧ 650 m	Flussquerung Rikkekjåhkå
17,9 km	⇧ 535 m	Flussquerung Sårgåjávrre-Zufluss
21,2 km	⇧ 670 m	Kreuzung Gränsleden
24,6 km	⇧ 775 m	Røysvatnhytta ⌂

Die 2. Etappe zeigt sich zwar nicht übermäßig lang, dafür aber sehr anspruchsvoll. Mehrere, je nach Wasserstand z. T. kniehohe, Flussquerungen und zahlreiche An- und Abstiege, die sich zu einigen Höhenmeter addieren, stellen Aufmerksamkeit und Kondition auf eine harte Probe.

Durchgehend besteht kein Empfang.

An der vorgeschlagenen Zeltmöglichkeit kurz vor der schwedisch-norwegischen Landesgrenze wendet sich der Nordkalottleden nach Nordosten, um den Fluss zu durchqueren, während der Hauptweg geradeaus in nordwestliche über die Grenze nach Norwegen und weiter in den Ort Hellmobotn (ca. 11 km) führt.

Der Abzweig des Nordkalottleden ist nicht eindeutig markiert und wenn Sie den Wegweiser „Røysvatn 25 km" erreichen, der zurück in die Richtung zeigt, aus der Sie gekommen sind, sind Sie bereits daran vorbeigelaufen.

Um die Furt über den Valldajahkå ❶ zu erreichen, wenden Sie sich an der vorgeschlagenen Zeltstelle, d. h. dort, wo der Pfad nahe ans Flussufer herantritt, scharf nach rechts und laufen ein kurzes Stück in südöstliche Richtung. Dann schwenkt der Trampelpfad nach Nordost zur Furt. Die Querung ist im Sommer nicht übermäßig schwierig. Zwar ist der Fluss recht breit, aber nicht besonders tief und die Strömung nur seicht. Am gegenüberliegenden Ufer wenden Sie sich nach Nordosten. Der Weg führt nun durch einige sumpfige Senken und ist nur schwer zu erkennen, sodass Sie ganz genau Ausschau halten müssen, um das nächste aufgestellte Steinmännchen zu entdecken. Schnell aber gewinnen Sie an Höhe und der Wegverlauf ist wieder besser zu erkennen.

Es geht gemächlich, aber beständig bergan und Sie erreichen einen Wegweiser, der nach rechts einen alternativen Pfad zur Vaisaluoktahütte anzeigt (33 km). Hier wenden Sie sich nach links. Laut Wegweiser sind es zwar „nur" noch 21 km bis zur Røysvatnhütte, die aber haben es definitiv in sich.

Steinpyramide

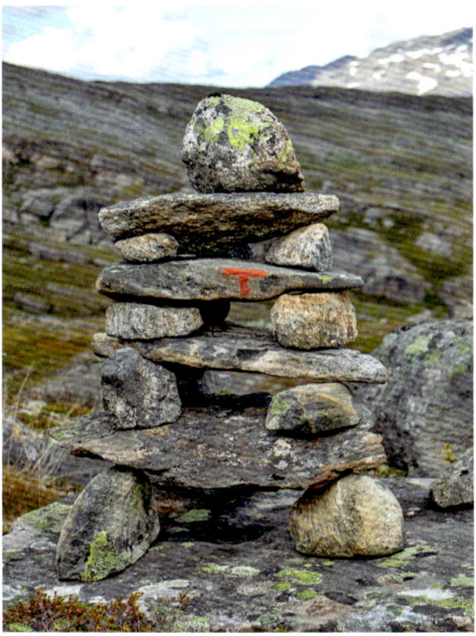

Die Steinpyramiden führen Sie nun am Osthang des Skájdevárre (1.121 m) nach Norden und mit jedem gewonnenen Höhenmeter wird das Terrain verblockter und das Panorama beeindruckender. Das weite Tal zur Rechten ist erfüllt mit dem Mosaik des durch zahlreiche Inseln zerklüfteten Sårgåjávrre und voraus erheben sich schroffe, kahle Gipfel.

Obwohl der Skájdejåhkå eine recht zügige Strömung aufweist, sollte dessen Querung ❷ keine größeren Probleme bereiten, denn er ist nicht allzu tief. Anschließend steigen Sie neben einem schmalen Bachlauf steil bergan und erreichen die kahle Mondlandschaft der Gájssemierrohochebene mit sanft gerundeten Felsen und bis auf ein paar kleinere Grasflecken ist die Umgebung praktisch vegetationslos.

Die Markierungen führen Sie weiter in nordöstliche Richtung und nachdem Sie den höchsten Punkt überschritten haben, wird die Landschaft wieder etwas grüner. Die verbleibenden rund 13 km der Etappe stellen das Durchhaltevermögen auf eine besonders harte Probe, denn immer wieder sind kleine, quer zum Weg liegende Bachtäler zu überwinden. Die Auf- und Abstiege sind zum Teil sehr steil und rutschig und das ständige Auf und Ab zehrt an den Kräften.

Nachdem Sie den Rikkekjåhkå gefurtet haben ❸, steigen Sie über den Hang des Rikkek steil hinab zur Watstelle über den Zufluss des Sårgåjávrre ❹. Der Weg ans gegenüberliegende Ufer gestaltet sich selbst im Sommer nicht ganz einfach, denn die Strömung ist flott und das Wasser knietief.

Dort angekommen geht es wieder kräftig bergan und Sie erreichen die Wegkreuzung mit dem Gränsleden ❺. Nach rechts geht es Richtung Ritsem, der Weg nach links führt zum Hafen Sørfjorden/Slabávuodna (24 km). Ihr Weg geht geradeaus weiter.

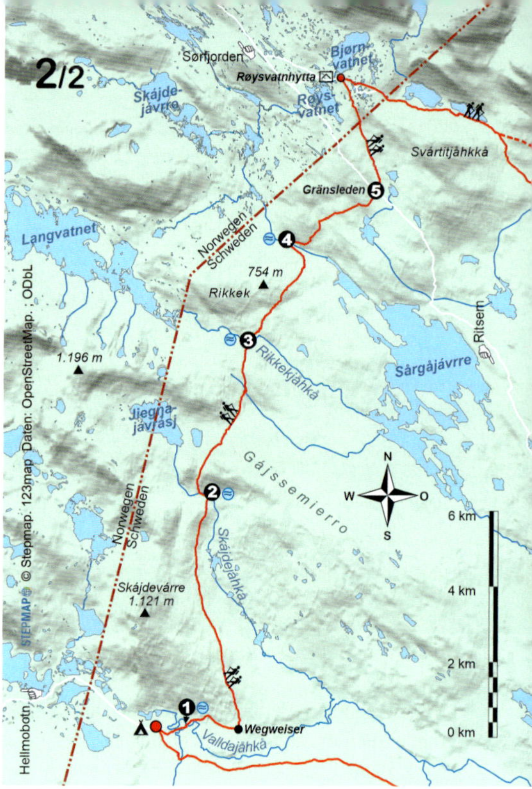

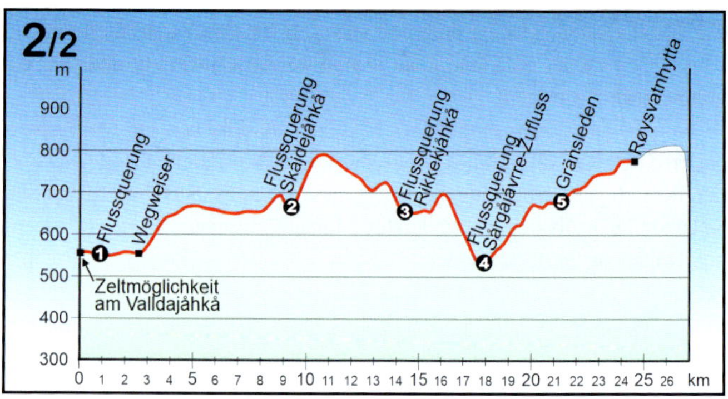

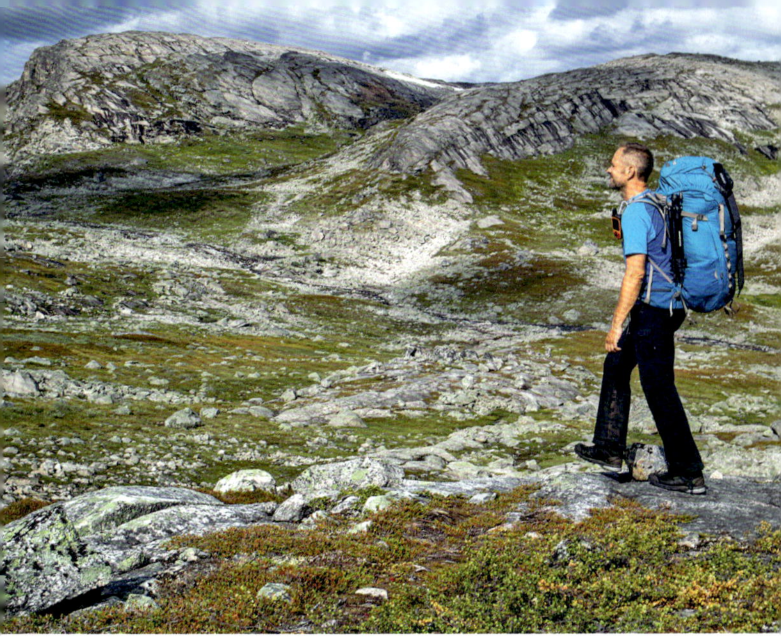

Unterwegs im kargen Kahlfjell

Der Wegweiser, der nur noch in Teilen auf dem Boden liegt, beziffert die Entfernung zur Røysvattnhütte recht optimistisch mit 2 km. Realistisch sind wohl eher 3,5 km.

Zum Schlussspurt geht es noch mal ordentlich bergan und leider sind die Markierungen nicht immer klar zu erkennen. Nachdem Sie ein kurzes Stück durch eine kleine Klamm gelaufen sind, geht es scharf nach rechts aus dieser heraus und dann gleich wieder links und dann in nordwestliche Richtung über die Landesgrenze nach Norwegen.

Nun dehnen sich zu Ihren Füßen bald die Wasserflächen von Bjørnvatnet/Biernajávrre und Røysvatnet/Muvrrajávrrenjust aus. Die Hüttengebäude liegen östlich der flussartigen Verbindung zwischen diesen beiden Seen, allerdings sind die Gebäude beim Abstieg erst im letzten Moment zu sehen, da sie von einem kleinen Höhenzug verdeckt werden.

Røysvatnhytta, DNT, 14 Schlafplätze, Sauna, GPS N 67°57.633' E 016°50.011'. Neben der großen Haupthütte mit zwölf Betten gibt es zwei weitere Betten in der kleinen Hütte sowie ein Servicegebäude mit Sauna und Holzschuppen.

3. Etappe (E1/Nordkalottleden): Røysvatnhytta – Paurohytta

➲ *27,8 km, ⧗ 10 Std., ↑ 490 m, ↓ 590 m, ⇧ 620-810 m*

0,0 km	⇧ 775 m	Røysvatnhytta ⌂
7,6 km	⇧ 627 m	Hängebrücke über den Svártijåhkå
10,0 km	⇧ 630 m	Strandbeginn am Ostufer des Skuogejávrre
15,3 km	⇧ 703 m	Flussquerung Márggojåhkå
23,2 km	⇧ 715 m	Hängebrücke Noaidejávri
26,4 km	⇧ 690 m	Hängebrücke über Seeenge des Bovrojávri/Båvrojávrre
27,8 km	⇧ 695 m	Paurohytta ⌂

Die nicht nur aufgrund der Länge anspruchsvolle 3. Etappe führt von der Røysvatnhütte zurück nach Schweden und durch einsame Fjällwildnis am Ufer des Skuogejávrre entlang. Nach der Querung des Márggojåhkå geht es am See Kåbtåjaure zurück nach Norwegen und in luftiger Höhe auf einer wackeligen Hängebrücke über einen Abfluss des Noaidejávri. Am Ende der Etappe führt dann eine komfortable Stahlseilhängebrücke, die zwei dicht beieinanderliegende Landzungen miteinander verbindet, zur Paurohütte am Nordufer des Bovrojávri.

Es ist durchgehend kein Empfang.

Da das felsige Terrain rund um die Røysvatnhütte sehr unübersichtlich ist, ist der weitere Wegverlauf nicht auf den ersten Blick ersichtlich. Sie folgen dem im spitzen Winkel zur Etappe vom Vortag verlaufenden und mit Steinmännchen markierten Pfad, der Sie in ostsüdöstliche Richtung bald über die Staatsgrenze zurück nach Schweden bringt.

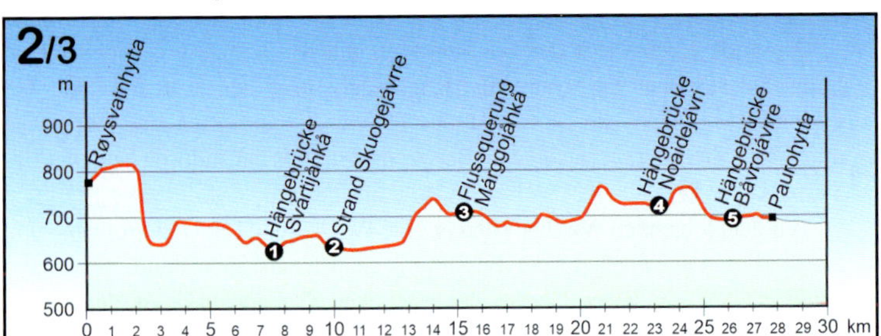

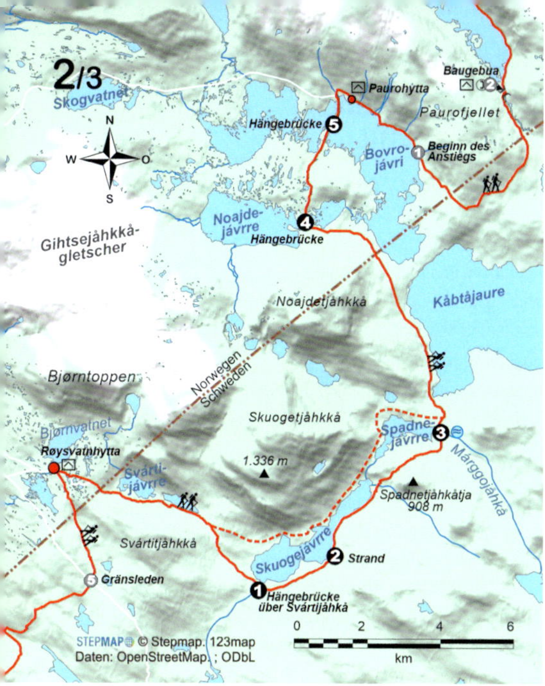

Nachdem Sie den felsigen und von einigen Seen durchsetzten Höhenzug überwunden haben, öffnet sich voraus zwischen den Massiven Skuogetjåhkkå im Norden und Svártitjåhkkå im Süden ein Hochtal, dessen Sohle vom See Svártijávrre eingenommen wird. Sie laufen am Nordhang des Svártitjåhkkå über einige kleine Blockstrecken hinab zum Seeufer und dann in einiger Entfernung davor auf etwa einer Höhe weiter.

↳ **Alternative Strecke**: Wenn der Wasserstand es zulässt, lässt sich der Abfluss des Svártijávvre an der zweiten Steinreihe von unten recht gut queren und Sie können dem unmarkierten Pfad über die Uferterrassen auf der Nordseite des Skuogejávrre folgen. Diese Variante ist etwa 2 km kürzer als der Nordkalottleden. Am Ende ist am Nordufer des Spadnejávrre dann eine weitere Flussquerung erforderlich, um zurück auf den Hauptweg zu gelangen.

Am Ende verengt sich der See zum Fluss und ein klar zu erkennender Pfad bringt Sie aus dem Tal heraus zur Hängebrücke über den Svártijåhkå ❶. Am gegenüberliegenden Ufer schwenkt der Pfad nach Nordosten und bringt Sie durch eine Zwergstrauchheide zum Beginn des Strands am südöstlichen Ufer des Skuogejávrre ❷.

Auf dem folgenden Abschnitt bereitet die Wegfindung keinerlei Probleme und Sie spazieren unbehelligt vom Buschwerk einfach am Steinstrand weiter und genießen den grandiosen Anblick des mächtigen Skuogetjåhkkå auf der gegenüberliegenden Seenseite und seine Spiegelung im Wasser.

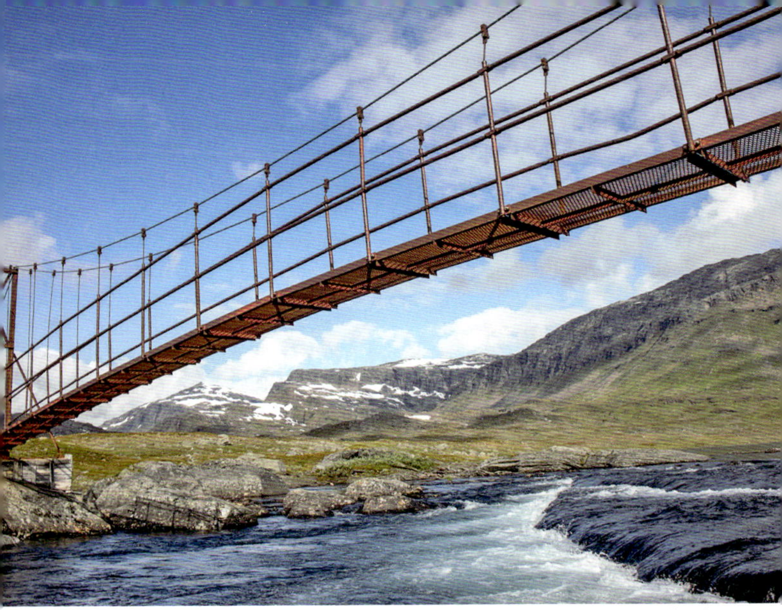

Hängebrücke über den Svártijåhkå

Nach rund 2 km führen die Markierungen nach rechts vom Strand weg. Nachdem ein seichter Gebirgsbach gequert wurde, steht eine kleine Kletterpartie auf den Pass westlich des markanten, kegelförmigen Spadnetjåhkåtja (908 m) an.

Oben führt der Pfad dann entlang der Rentierzaunpfähle zur Watstelle über den Márggojåhkå ❸, der sich in mehrere Arme auffächert. Kurz darauf rückt die Renwächterhütte am südlichen Ufer des Kåbtåjaure/Gåbddåjávrre in den Blick und die Markierungen geleiten Sie am Fuß des Noajdetåhkkå oberhalb der ausgedehnten Wasserfläche des Sees nach Norden.

Nach rund 4 km erreichen Sie die Landenge zwischen dem Kåbtåjaure/Gåbbdåjávri und dem nächsten See und unter der Aufsicht einer Renwächterhütte am gegenüberliegenden Ufer rauscht das Wasser über mehrere Kaskaden in die Tiefe. Die Steinpyramiden führen Sie am Südufer des Bovrojávri/Båvrojávrre vorbei zur Hängebrücke über den Noaidejávri/Noajdejávrre ❹.

Die wackelige Konstruktion führt in schwindelerregender Höhe über das Wasser und der weitere Wegverlauf ist hervorragend mit roter Farbe markiert. Es geht mit leichter Steigung einen Höhenzug hinauf und oben rücken die Gebäude der Paurohütte am gegenüberliegenden Ufer in den Blick.

Zunächst aber geht es wieder einige Höhenmeter hinab zur stabilen Stahlseilhängebrücke ❺, die an einer Seeenge die von Norden und Süden weit in den See hineinragenden Felszungen miteinander verbindet.

Am gegenüberliegenden Ufer sind dann nur noch ein paar Schritte zu tätigen, bis Sie sich auf dem gemütlichen Sofa vor dem Panoramafenster mit Blick auf den Gihccejiekna-/Gihtsejåhkkågletscher von den Mühen der langen Etappe erholen können.

⌂ Paurohytta, DNT, 12 Schlafplätze, Strom (12 V mit USB-Buchsen), GPS N 68°02.939' E 017°01.919'. Die große Hütte umfasst ein Standardetagenbett und zwei Doppeletagenbetten. Die Aussicht vom Aufenthaltsraum auf die umliegenden Gletscher ist phänomenal. Die kleine Hütte verfügt über zwei breite Doppelstockbetten.

4. Etappe (E1/Nordkalottleden): Paurohytta – Sitashytta

21,9 km, 8 Std., ↑ 510 m, ↓ 580 m, ⇧ 620-920 m

0,0 km	⇧ 695 m	Paurohytta ⌂
2,6 km	⇧ 690 m	Beginn des Anstiegs auf das Paurofjellet
9,4 km	⇧ 785 m	Baugebua ⌂
14,0 km	⇧ 870 m	Flussquerung
21,9 km	⇧ 625 m	Sitashytta ⌂

Nach dem Etappenauftakt am Ufer des Bovrojávri entlang in südöstliche Richtung klettert der Pfad allmählich vom Wasser weg aufwärts, um das Paurofjellet bei einem kurzen Abstecher auf schwedisches Territorium zu umrunden. Wieder zurück in Norwegen geht es am Ufer des Baugevatnet in nordwestliche Richtung zur Hängebrücke und der Notunterkunft Baugebua am gegenüberliegenden Ufer. Anschließend folgen Sie dem Seeufer weiter in nordwestliche Richtung und biegen dann nach Norden ab, um den Pass zwischen Filtinden und Baugefjellet zu erklimmen. Mit einem steilen, z. T. rutschigen Abstieg gelangen Sie am Etappenende hinab zur Straße am Nordufer des Sitasjaure und schnell ist die Sitashytta erreicht.

Es ist durchgehend kein Empfang.

Von den Hüttengebäuden der Paurohytta geht es in südöstliche Richtung am Seeufer weiter. Der Pfad ist gut zu erkennen. Er wird gelegentlich von einem kleinen Seitenbachtal unterbrochen und Sie laufen mal am Strand entlang, mal über grasbewachsene Uferterrassen.

Nach knapp 3 km entfernen sich die Markierungen allmählich vom Wasser ➊ und führen mit konstanter, aber nicht übermäßig steiler Steigung hinauf auf die Ostflanke des Paurofjellet.

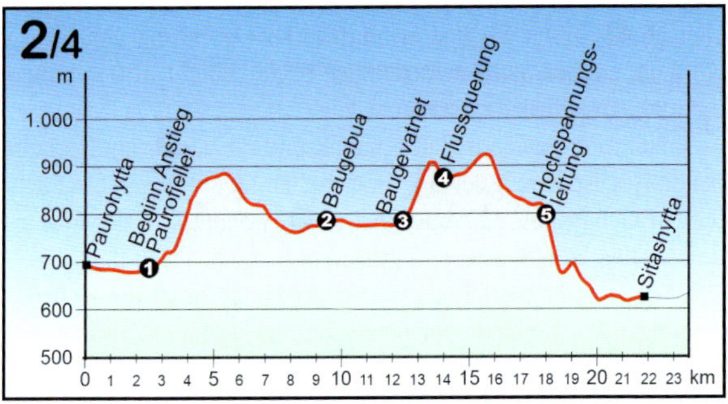

Die Aussicht wird weiter und das Terrain felsiger. Der Pfad bleibt aber gut zu laufen und klettert bis auf fast 900 m Höhe. Sie umrunden die Ostseite des Paurofjellet und steigen dann hinab in das Tal, an dessen Grund der Abfluss des Baugevatnet rauscht. Sie folgen nun dem Tal in nordwestliche Richtung und wechseln über die typisch norwegische Hängebrücke (hoch & wackelig) zur kleinen norwegischen Hütte auf der gegenüberliegenden Uferseite ➋.

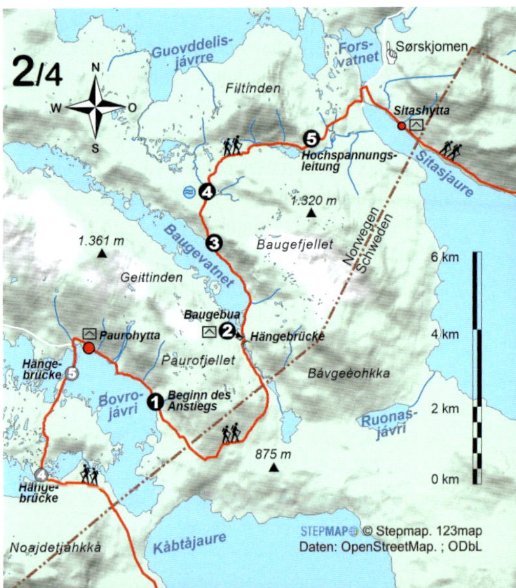

⌂ Baugebua, DNT, 2 Schlafplätze, GPS N 68°03.051' E 017°08.006'. Die kleine Schutzhütte ist mit einem Standard-DNT-Schloss verschlossen und liegt direkt hinter der Hängebrücke am Ostufer des Abflusses aus dem Baugevatnet. Es gibt Matratzen, aber keine Bettwäsche. Die weitere Ausstattung umfasst Holzofen, Gasherd sowie Geschirr.

Von der Hütte bringt Sie der Pfad ans Ufer des Baugevatnet, dem Sie nun für knapp 3 km ohne Probleme folgen. Anschließend biegt der Pfad nach rechts vom Ufer ab ❸, bringt Sie erst in nordwestliche Richtung und biegt dann Richtung Nord ab, um den Sattel zwischen den beiden über 1.300 m hohen Gipfeln Filtinden und Baugefjellet zu erklimmen.

Oben wird die Landschaft schroffer und die voraus am Horizont sichtbar werdende Hochspannungsleitung wirkt wie ein Fremdkörper. Nachdem Sie den recht breiten Gebirgsfluss überquert haben ❹, wendet sich der Pfad nach Osten und der Abstieg zum Sitasjaure/Sijdasjávrre beginnt. Dank der guten Markierung ist der Weg inmitten des felsigen und schroffen Geländes gut zu finden, allerdings ist der folgende Abschnitt sehr unwegsam und größere Absätze im Fels sowie das ein oder andere Restschneefeld erschweren das Vorankommen. Schließlich ist die Hochspannungsleitung erreicht ❺ und Sie laufen nun daran entlang talwärts.

☹ Bei der Recherche war der verbleibende Abschnitt durch Bauarbeiten an der Hochspannungsleitung in großen Teilen unter den Raupenspuren der Bagger begraben.

Nach einem letzten kurzen Gegenanstieg aus einer kleinen Bachniederung heraus taucht voraus der Sitasjaure/Sijdasjávrre auf und auch die Gebäude der Sitashytta sind am gegenüberliegenden Ufer schon zu erkennen. Der Pfad entlässt Sie auf eine Schotterpiste, die Sie in einer Kurve am Kraftwerktunnel vorbei und über eine Rohrbrücke bringt. Bei den Holzhütten treffen Sie auf den in nördliche Richtung nach links abzweigenden Wanderweg Richtung Sørskjomen. Sie folgen aber weiterhin der Schotterstraße und erreichen nach rund 1,5 km die am Seeufer gelegene Sittashytta.

⌂ Sitashytta, DNT, 8 Schlafplätze, 🔌 (12 V mit USB-Buchsen in der großen Hütte), GPS N 68°06.036' E 017°14.086'. Die Anlage umfasst eine große Hütte mit zwei Schlafzimmern mit insgesamt vier breiten Betten sowie zwei kleine Gebäude mit jeweils zwei breiten Betten.

5. Etappe (E1/Nordkalottleden): Sitashytta – Skoaddejávrehytta

20,5 km, 6 Std., ↑ 690 m, ↓ 320 m, ⇧ 620-1.040 m

0,0 km	⇧ 625 m	Sitashytta
6,4 km	⇧ 635 m	Schlagbaum
12,4 km	⇧ 673 m	Abzweig des Wanderpfads von der Schotterpiste
16,3 km	⇧ 964 m	Wasserfall
20,5 km	⇧ 995 m	Skoaddejávrehytta

Diese Etappe lässt sich grob in zwei Hälften teilen. Der erste Abschnitt verläuft problemfrei auf einer Schotterstraße, die sich entlang der norwegisch-schwedischen Grenze durch die Berge windet. Anschließend führt ein steiler Anstieg hinauf auf eine Hochebene und durch felsiges, hügeliges Gelände erreichen Sie die malerisch am namensgebenden Bergsee gelegene Skoaddejávrehytta.

Auf dem Streckenabschnitt vom Schlagbaum bis zum Rentierscheideplatz besteht recht zuverlässiger Mobilfunkempfang.

Die ersten 12,5 km dieser Etappe sind ein Spaziergang. Sie folgen durchgehend der Schotterstraße, die sich zunächst am Seeufer entlang windet. Nach gut 3,5 km wendet sich die Straße vom See ab ❶ und führt zwischen den links und rechts aufragenden Bergen mit leichtem Anstieg bis zu einem Schlagbaum ❷.

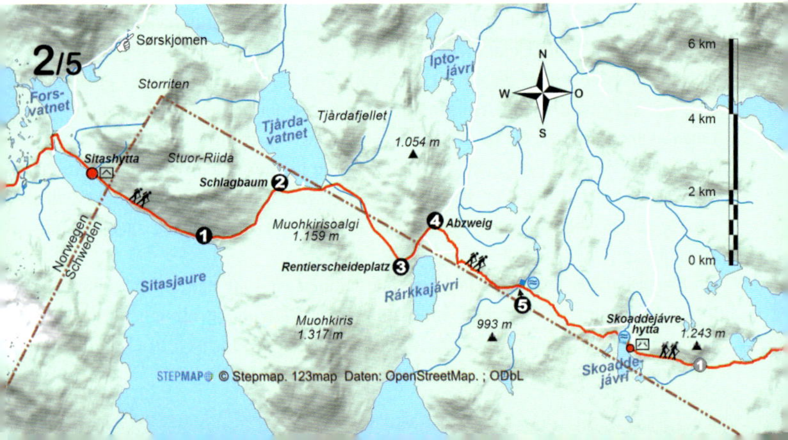

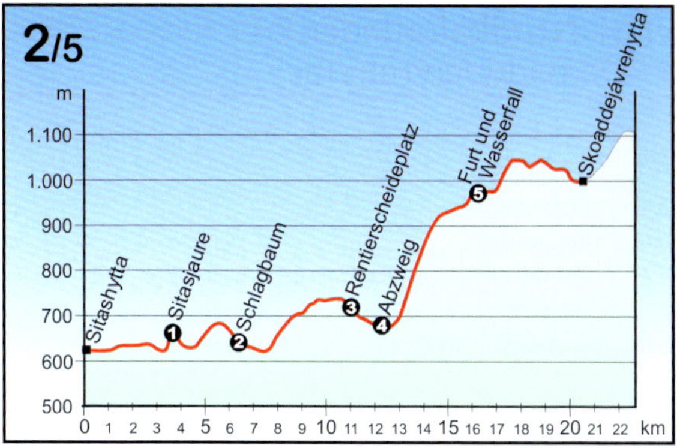

An der Kreuzung dahinter laufen Sie nach rechts weiter. Die Straße schlängelt sich nun mal auf schwedischer, mal auf norwegischer Seite in südöstliche Richtung und rund 4,5 km nach dem Schlagbaum passieren Sie einen Rentierscheideplatz auf der rechten Straßenseite ❸. Die Straße beschreibt eine Linkskurve und ein gelbes Schild am Straßenrand markiert einmal mehr die Staatsgrenze. Für den Rest der Etappe bleiben Sie nun in Norwegen. Noch vor dem nächsten Gebäude am Straßenrand erreichen Sie den Wegweiser „Skoaddejavrehytta 8 km" ❹, der Sie nach rechts von der Straße herunterleitet, und Sie laufen direkt auf die schroffe, steil in den Himmel ragende Felswand zu.

Sie wandern unter der Stromleitung durch und der ruhige Etappenpart liegt hinter Ihnen. Nun geht es kräftig bergauf und der Weg erfordert die volle Aufmerksamkeit. Es geht über Blockfelder und der ein oder andere Absatz im Fels erfordert auch eine kleine Klettereinlage. Insbesondere bei nasser Witterung besteht erhöhte Rutschgefahr! Schnell haben Sie einige Höhenmeter gewonnen und der Weg wird wieder einfacher. Sie queren einen ersten Bachlauf unterhalb eines kleinen Wasserfalls ❺ und bald darauf einen zweiten.

Zum Ende der Etappe hin wird das Gelände hügelig, bleibt aber felsig und ist z. T. recht feucht. Der Weg ist aber klar zu erkennen und gut markiert. Lediglich bei Nebel oder bei tiefhängenden Wolken hat man etwas Mühe, die nächste Steinpyramide zu finden.

Nachdem ein letzter Höhenzug überwunden ist, tauchen am gegenüberliegenden Seeufer die Hüttengebäude auf. Die Markierungen führen Sie in einem kleinen Bogen zu einer Engstelle, an der Sie über große Felsen trockenen Fußes gut hinüber ans andere Ufer gelangen.

Skoaddejávrehytta, DNT, 12 Schlafplätze, GPS N 68°03.529' E 017°35.558'. Die Hütte liegt am nordöstlichen Ufer des Skoaddejávri. Die Haupthütte bietet insgesamt zehn Betten in drei Schlafabteilen. Zwei weitere Betten gibt es in der kleinen Hütte.

6. Etappe (E1/Nordkalottleden): Skoaddejávrehytta – Gautelishytta

17 km, 5 Std. 30 Min., ↑ 340 m, ↓ 490 m, ⇧ 860-1.110 m

0,0 km	⇧ 995 m	Skoaddejávrehytta
7,5 km	⇧ 900 m	Schotterstraße
9,7 km	⇧ 865 m	Damm
12,1 km	⇧ 904 m	Abzweig direkter Weg zur Cáihnavággihytta ()
17,0 km	⇧ 860 m	Gautelishytta

Von der Skoaddejávrehytta bringt Sie der Nordkalottleden in östliche Richtung zu einer Schotterstraße, die zum Damm am Nordende des regulierten Gautelisvatnet führt. Die zweite Tourenhälfte bringt Sie dann zurück in die Berge und am Tourenende lockt die malerisch am östlichen Seeufer gelegene Gautelishytta mit einer Sauna.

Es ist durchgehend kein Empfang.

Von der Skoaddejávrehytta starten Sie in südöstliche Richtung und laufen noch ein Stück am Ufer des Skoaddejávri entlang. Das Gelände ist zwar felsig, aber recht gut zu laufen und ebenso gut markiert. Von einem kleinen Höhenzug ❶ öffnet sich in östliche Richtung eine karge Gebirgslandschaft mit einigen Seen, die von hohen Gipfeln umringt werden.

Am Wegesrand

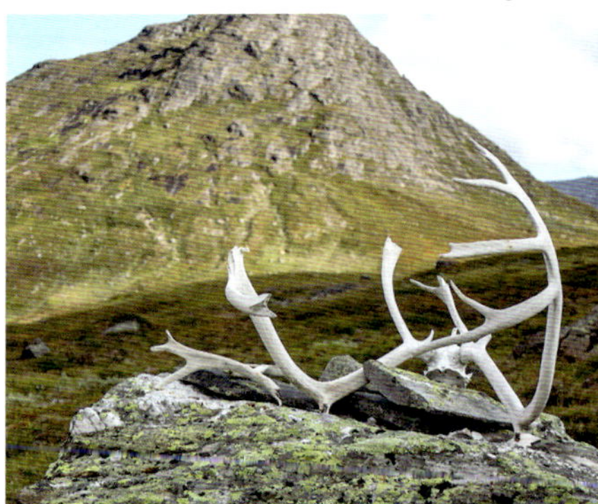

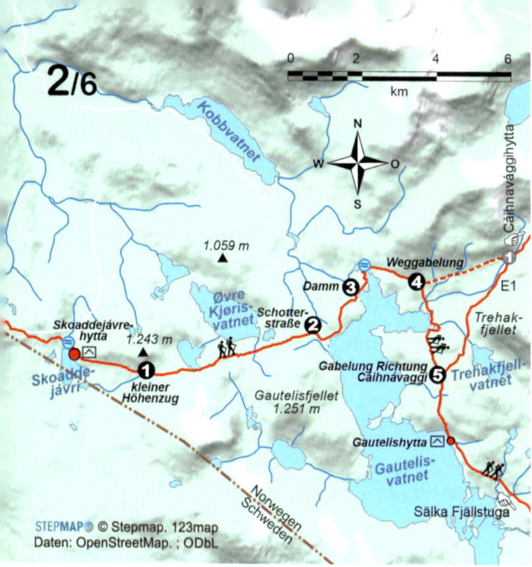

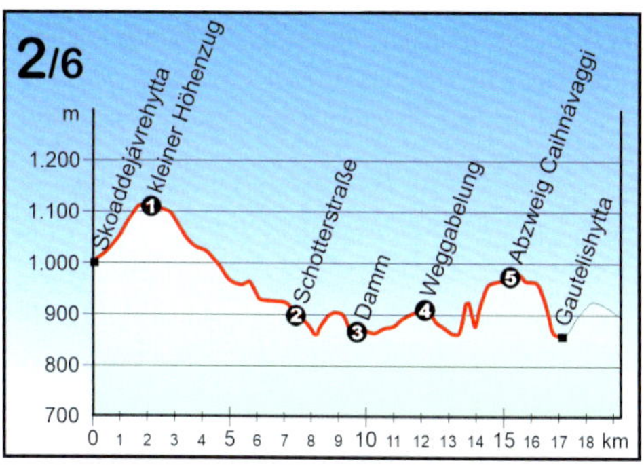

Sie laufen ohne größere Höhenunterschiede weiter und gelangen schließlich durch eine Wiesen- und Zwergstrauchheide zur Schotterstraße ❷. Dieser folgen Sie nach rechts und es geht in einer Kurve hinunter zum Ufer des regulierten Gautelisvatnet.

Die Straße gewinnt wieder etwas an Höhe und am Ende laufen Sie am Schlagbaum nach rechts weiter zum und über den Damm am Nordwestende des Sees ❸. Auf der gegenüberliegenden Seite empfängt Sie eine holprige Piste und auf den Felsriegeln unterhalb eines kleineren Betondamms überqueren Sie einen zweiten, schmaleren Seeabfluss. Bei hohem Wasserstand finden Sie ein Stück weiter auch eine Hängebrücke.

Ein Pfad durch Bergwiesen bringt Sie um den nordwestlichen Seezipfel herum und der Anstieg ins Fjäll beginnt. Sie laufen auf das charakteristische hoch aufragende Trehakfjelletmassiv zu und die Landschaft wird zusehends karger.

Nach Überwinden der ersten Blockfelder erreichen Sie eine Weggabelung ❹, an der Sie entscheiden müssen, wie es weitergeht. Für die Fortsetzung der Wanderung auf dem E1 können Sie geradeaus weiterlaufen und treffen nach etwa 2,7 km auf die folgende Etappe (☞ 6.Etappe), um die Cáihnavággihytta auf direktem Weg zu erreichen (Skoaddejávrihytta – Cáihnavággihytta, ➲ ca. 22 km,

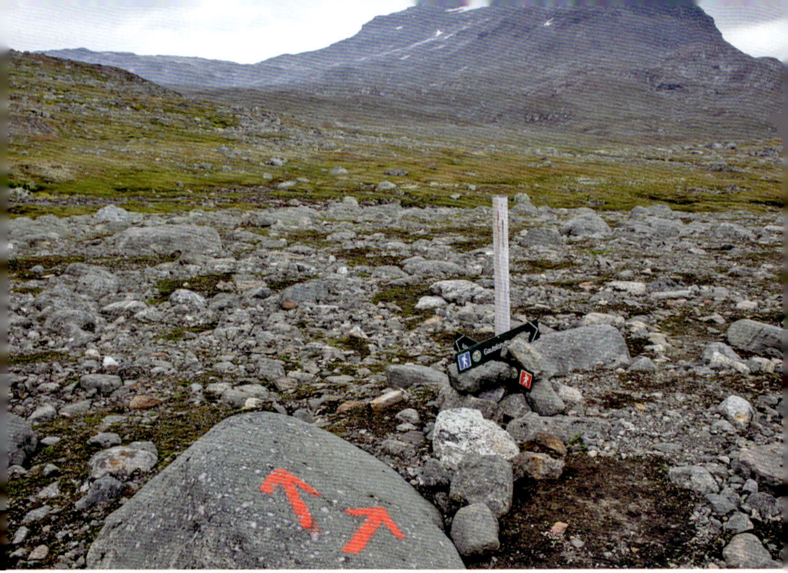

Rechts ab zur Übernachtung in der Gautelishytta, links geht es auf direktem Weg zur Cáihnavággihytta

⌛ etwa 8 Std). Möchten Sie vor der anstrengenden Überwindung des Cáihnavággipasses noch eine Übernachtung einlegen oder Ihre Wanderung auf dem Nordkalottleden fortsetzen, halten Sie sich rechts, um zur Gautelishütte zu gelangen.

Der Weg zur Gautelishütte führt Sie durch leicht hügeliges Gelände in südliche Richtung und nach etwa 3 km ist der Abzweig des Pfades in nordöstliche Richtung erreicht ❺, dem Sie bei einer Wanderung auf dem E1 am folgenden Tag zur Cáihnavággihytta folgen werden. Von hier sind es geradeaus noch etwa 2 km bis zu den Gautelishütten. Die sind schon lange im Voraus zu erkennen und das Panorama über die ausgedehnte Wasserfläche des Gautelisvatnet ist famos. Trotzdem sollte der Blick fest auf den Pfad gerichtet bleiben, denn der letzte Abhang hinunter zum Seeufer ist sehr steil.

⌂ Gautelishytta, DNT, 12 Schlafplätze, Sauna, GPS N 68°02.335' E 017°50.244'. Die Gautelishytta liegt am nordöstlichen Ufer des Gautelisvatnet/Guovdelisjávri. Die Hüttengebäude umfassen eine große Hütte mit insgesamt sechs Betten in drei Schlafzimmern und eine kleine Hütte mit vier Betten. In einem weiteren Gebäude sind dic Sauna sowie ein Schlafraum mit zwei zusätzlichen Betten untergebracht.

7. Etappe (E1): Gautelishytta – Cáihnavággihytta

12,7 km, 5 Std. 30 Min., ↑ 400 m, ↓ 240 m, ⇧ 860-1.210 m

0,0 km	⇧ 860 m	Gautelishytta
1,9 km	⇧ 986 m	Abzweig Pfad Richtung Cáihnavággihytta
5,7 km	⇧ 1.077 m	Wegkreuzung mit dem direkten Pfad von der Skoaddejávrehytta
7,8 km	⇧ 1.205 m	Cáihnavággipass
11,6 km	⇧ 1.006 m	Flussquerung
12,7 km	⇧ 1.000 m	Cáihnavággihytta

Der Weg von der Gautelishytta zur Cáihnavággihytta hat es in sich. Die Etappe ist zwar vergleichsweise kurz, aber der Weg über den Cáihnavággipass ist steinig. Das Vorankommen in dem unwegsamen Gelände ist anstrengend und insbesondere bei nasser Witterung und beim Abstieg sind erhöhte Aufmerksamkeit und Vorsicht geboten.

Blockfelder soweit das Auge reicht auf dem Cáihnavággipass

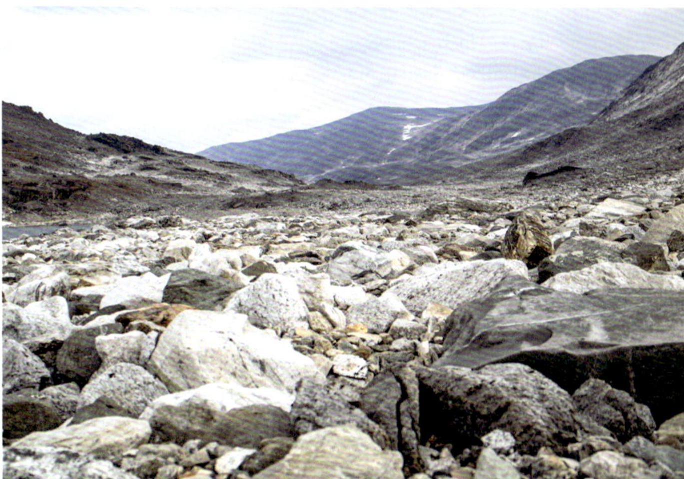

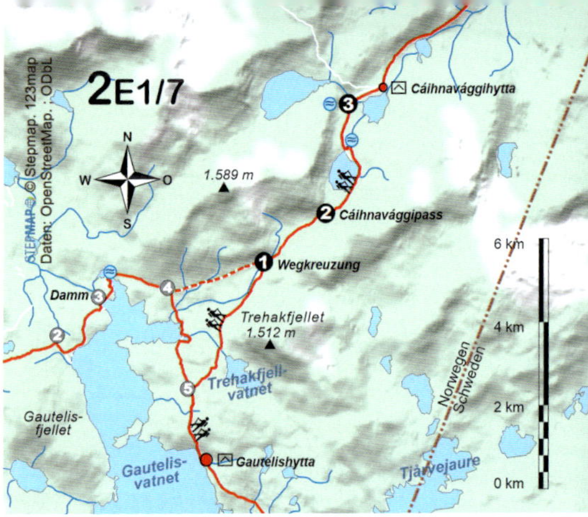

Es ist durchgehend kein Empfang.

Auf den ersten 2 km müssen Sie zunächst den steilen Hang, auf dem Sie am Vortag herabgestiegen sind, wieder hinaufklettern. An der bereits bekannten Wegkreuzung halten Sie sich rechts und es geht kontinuierlich weiter bergan.

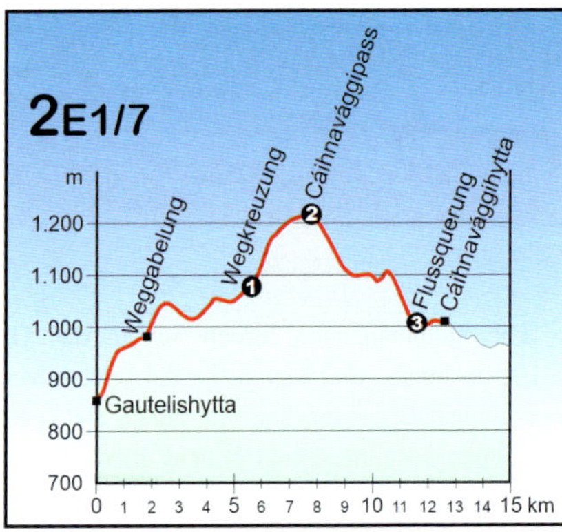

Das Gelände wird zusehends unwirtlicher und felsiger. Kurz vor der Etappenhalbzeit ist dann die Wegkreuzung erreicht ❶, an der von links aus westlicher Richtung der direkte Pfad von der Staumauer am Nordufer des Gautelisvatnet (☞ 5. Etappe) eintrifft, und für die Fortsetzung der Wanderung in Richtung Cáihnavággipass geht es geradeaus weiter bergan.

Auch wenn die Steigung hinauf auf den Cáihnavággipass nicht übermäßig steil ausfällt und keinerlei technische Schwierigkeiten zu erwarten sind, ist der folgende Abschnitt enorm anstrengend. Bis kurz vor die Cáihnavággihütten führt der Weg praktisch durchgehend durch Blockfelder und Sie müssen unentwegt balancierend über Felsen kraxeln.

Ist der Aufstieg geschafft ❷, erwartet Sie oben eine karge Steinwüste und der Weg bleibt für kurze Zeit auf einer Höhe. Wirklich erholen können sich die Füße aber nicht und auch beim Abstieg wird der Untergrund nicht besser.

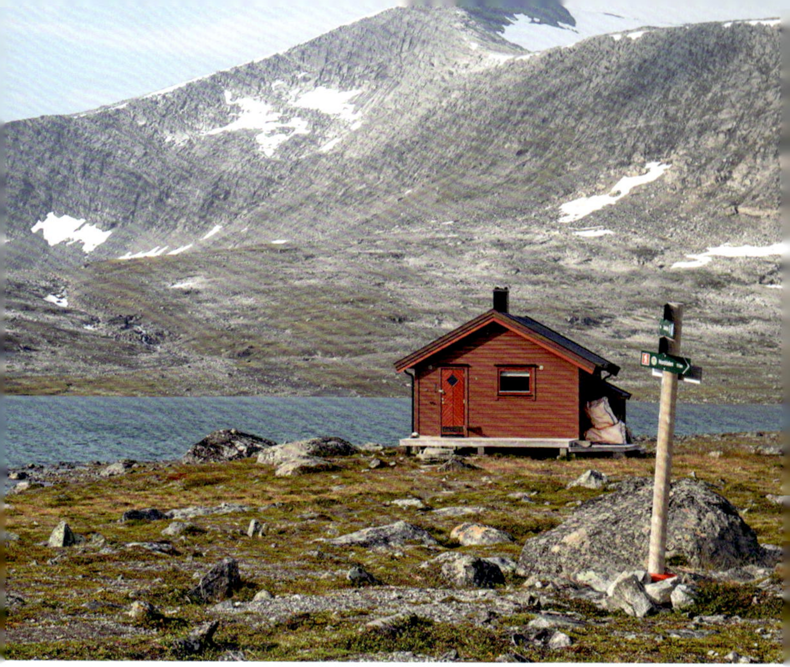

Cáihnavággihytta

Die Steinmännchen führen Sie an das Ostufer eines Bergsees auf etwa 1.100 m hinab. Hier furten Sie die seichte Verbindung zu dem kleineren, sich östlich anschließenden See und laufen am Seeufer weiter und müssen dann am nördlichen Seeende seinen Abfluss überqueren.

Mit den Hütten zu Ihren Füßen bereits im Blick werden die Felsbrocken langsam kleiner. Der Weg bleibt zwar bis zu den Hüttengebäuden steinig, wird aber immer besser zu laufen. Bevor das Etappenziel erreicht wird, ist dann noch ein größerer Bach zu queren ❸, der sich aus dem links den Berghang hinabstürzenden Wasserfall speist.

Cáihnavággihytta, DNT, 12 Schlafplätze, GPS N 68°07.139' E 017°56.843'. Die Anlage umfasst insgesamt drei Hüttengebäude. Im Hauptgebäude sorgen Solarzellen für elektrisches Licht. Am gemütlichsten aber ist die Dreibetthütte, die man aus westlicher Richtung kommend als erstes erreicht, denn vom Sofa im gemütlichen Wohnzimmer bietet sich ein fantastischer Blick auf die Berge und den See.

8. Etappe (E1): Cáihnavággihytta – Cunojávrihytta – Unna Allakas Fjällstuga

19,5 km, 7 Std., ↑ 150 m, ↓ 460 m, ⇧ 680-1.010 m

0,0 km	⇧ 1.000 m	Cáihnavággihytta
6,1 km	⇧ 700 m	Hängebrücke über den Čáihnajohka
8,6 km	⇧ 690 m	Furt über den Gállanjohka
11,8 km	⇧ 705 m	Hängebrücke über den Ákšoluoppal
13,2 km	⇧ 713 m	Cunojávrihytta
14,0 km	⇧ 725 m	Hängebrücke über den Sealggajohka
19,5 km	⇧ 705 m	Unna Allakas Fjällstuga

Diese landschaftlich reizvolle und recht einfach zu laufende Etappe führt durch das Čáihnajohkatal hinab und dann ohne größere Höhenunterschiede mit zwei Hängebrücken und einer Flussquerung zum Cunojávri. Von den dortigen Hütten ist es nicht mehr weit zur schwedischen Grenze und der Unna-Allakas-Hütte, die mit Proviantverkauf und Sauna lockt.

Es ist durchgehend kein Empfang.

Abschied von den Cáihnavággihütten

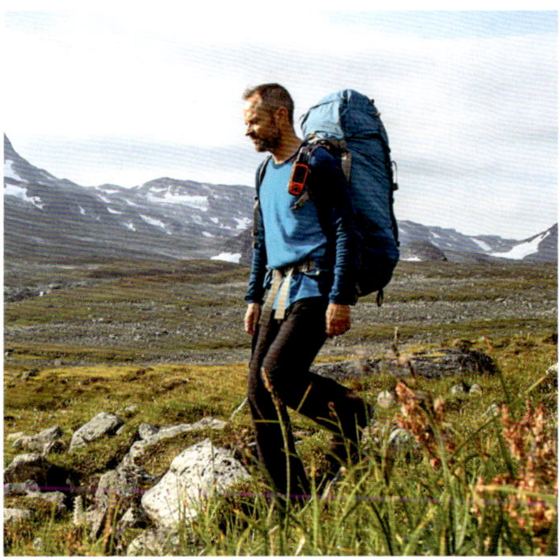

Hinter den Cáihnavággihütten laufen Sie auf einem klar zu erkennenden Pfad durch die Zwergstrauchheide oberhalb des rauschenden Čáihnajohka, der sich einen tiefen Canyon gegraben hat, langsam talwärts. Es lohnt sich der Blick zurück auf den imposanten Anblick der Hüttengebäude, die sich hinter dem See an den Fuß der dahinter steil aufragenden, grauen und schneebedeckten Gipfel ducken.

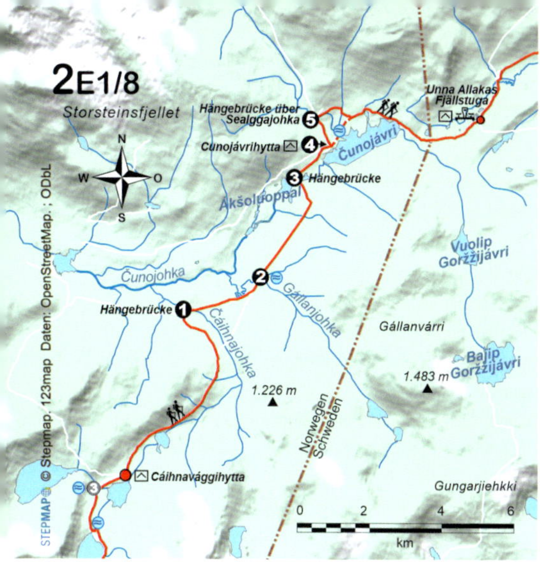

Nach gut 4 km schwenkt das Flusstal in nordwestliche Richtung um den Nordhang des Čáihnavárrimassivs herum und voraus bestimmen die vergletscherten Gipfel des Storsteinsfjellet den Horizont. Der Pfad wird nun feuchter und sumpfiger und wird von Weidegebüsch gesäumt, sodass das Vorankommen bis zur Hängebrücke über den Čáihnajohka ❶ etwas beschwerlicher ist. Der Weg geradeaus führt in westliche Richtung weiter zur Lossihütte, der E1 aber biegt über die Hängebrücke nach Nordosten ab.

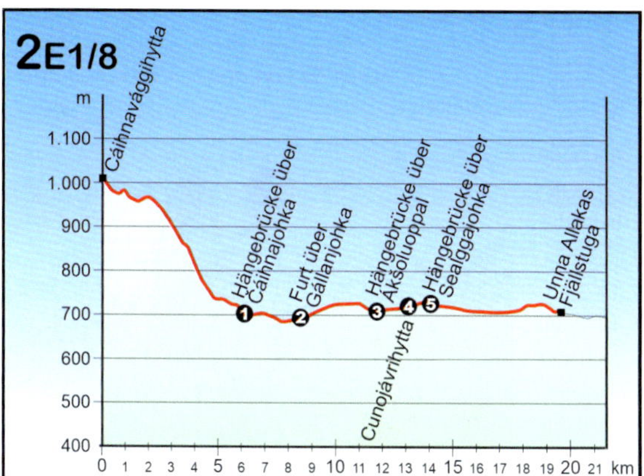

Am gegenüberliegenden Ufer erwartet Sie dann wieder eine offenere Landschaft und der leicht bergan führende Pfad ist gut zu erkennen und einfach zu laufen. Dann muss der Gállanjohka überquert werden ❷. Auch danach kommt man gut voran und auf Höhe einer einzelnen roten Hütte am Hang zur Linken knickt der Wegverlauf nach Norwesten ab und bringt Sie über felsiges Terrain zur nächsten, recht windschiefen und wackeligen Hängebrücke ❸ über den Ákšoluoppal.

Am gegenüberliegenden Ufer halten Sie sich rechts. Voraus sind schon die Hütten am Ufer des Čunojávri zu sehen und der Pfad führt durch leicht hügeliges Gelände in nordöstliche Richtung direkt darauf zu ❹.

Cunojávrihytta, DNT, 10 Schlafplätze, 12 V, GPS N 68°11.866' E 018°05.057'. Die Hüttengebäude liegen am Westufer des Čunojávri und die Haupthütte umfasst drei Schlafzimmer mit insgesamt sechs Betten. Neben der kleinen Hütte aus dem Jahr 2017 wurde im August 2019 eine weitere Hütte errichtet.

Für den weiteren Wegverlauf zur schwedischen Unna-Allakas-Hütte sind in der norwegischen Karte zwei Wegvarianten eingezeichnet. Der Wegweiser „Abisko 45" führt auf die Wegvariante direkt am Seeufer entlang. Dabei muss allerdings der Sealggajohka gefurtet werden, was je nach Wasserstand nicht ganz einfach und recht schnell gefährlich wird.

Blick in das weite Tal des Čáihnajohka

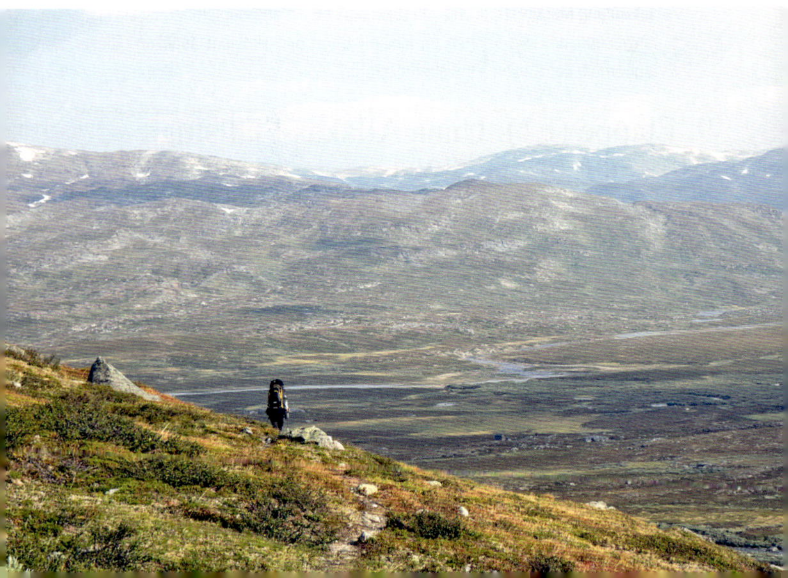

Die alternative Strecke führt daher von den Cunojávrihütten nach Nordwesten in Richtung Katterat zur Hängebrücke über den Sealggajohka ❺. An der Wegkreuzung auf der gegenüberliegenden Seite wenden Sie sich dann nach rechts, allerdings verloren sich bei der Recherche die Markierungen des zunächst klaren Wegs in einem Feuchtgebiet. Hier müssen Sie dann von Bult zu Bult hüpfend parallel zum Seeufer weiterlaufen, bis Sie näher am Seeufer wieder auf Markierungen treffen.

Anschließend führt der Weg an einer privaten Hütte vorbei zu einem Strand am Nordostufer des Čunojávri, dem Sie nach etwa 50 m den Rücken kehren, um nun wieder auf einem deutlich ausgetretenen Pfad durch die Heidelandschaft zu laufen.

Bald kennzeichnet eine gelb angemalte Steinpyramide in einiger Entfernung zum Weg die Staatsgrenze zu Schweden und voraus werden bald die roten Gebäude der Unna-Allakas-Hütte sichtbar, die sich malerisch oberhalb einer von Inseln durchsetzten Wasserfläche an den Ausläufern eines Hangs postieren.

Unna Allakas Fjällstuga, STF, 18 Schlafplätze, Sauna, GPS N 68°12.247' E 018°11.129'. Die Hütte bietet insgesamt 18 Betten in drei Zimmern, die sich um den großen Gemeinschaftsraum mit Küche und Holzofen gruppieren. In der Saison (Anfang März bis April und von Ende Juni bis Anfang September) ist ein Hüttenwart anwesend und Sie können im kleinen Shop den Proviant auffüllen. Dieser dient außerhalb der Saison als Sicherheitsraum.

9. Etappe (E1): Unna Allakas Fjällstuga – Abiskojaure Fjällstuga

23,2 km, 7 Std. 15 Min., ↑ 190 m, ↓ 400 m, ⇧ 500-720 m

0,0 km	⇧ 705 m	Unna Allakas Fjällstuga
1,2 km	⇧ 692 m	Abzweig Richtung Katterjåkk
8,2 km	⇧ 632 m	Brücke über den Vállfojohka
13,7 km	⇧ 593 m	Brücke
16,0 km	⇧ 590 m	Wegweiser Querverbindung Kungsleden/Nordkalottleden
17,6 km	⇧ 550 m	Brücke über den Hoiganjohka
21,3 km	⇧ 500 m	Brücke über den Boazojohka
23,2 km	⇧ 500 m	Abiskojaure Fjällstuga

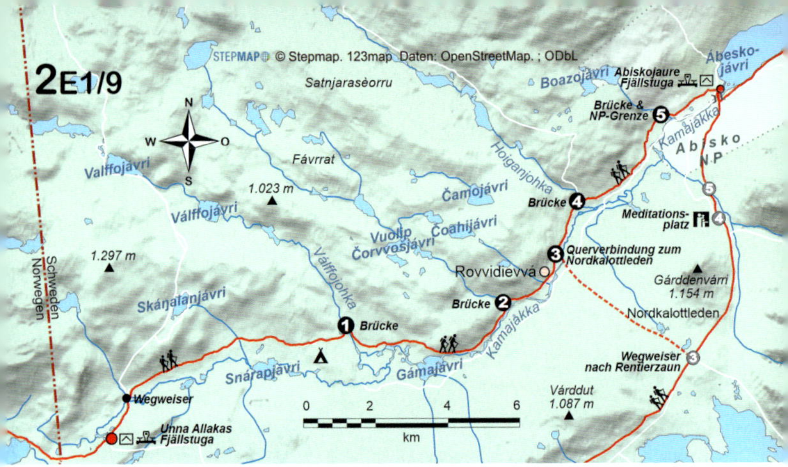

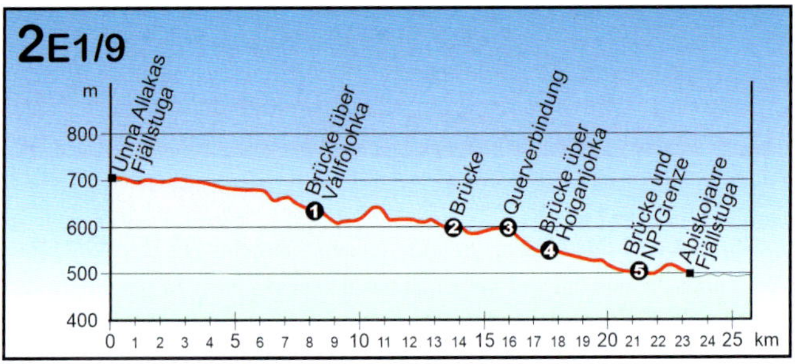

Diese zwar lange, aber einfach zu laufende Etappe führt ohne nennenswerte Anstiege durch Birkenwald am Flusslauf des Kammajåkka entlang. In der zweiten Etappenhälfte prägt das Gironmassiv (1.543 m) die Landschaft und am Ende der Etappe trifft der E1 bei der Abiskojaurehütte auf den Kungsleden (und damit auch wieder auf den Nordkalottleden).

Durchgehend kein Empfang. An der Abiskojaurehütte können Sie gegen Gebühr das Telefon des Hüttenwarts nutzen.

Sie setzen Ihre Wanderung vorbei an der Unterkunft des Hüttenwarts fort. Auf den ersten Metern verläuft der breite Pfad entlang der für Schweden typischen roten Andreaskreuze, mit denen die Winterroute markiert ist. Etwa 1 km nach dem Start erreichen Sie einen Wegweiser. Der Weg geradeaus folgt dem Dossagemvággital nach Katterjåkk (ca. 32 km).

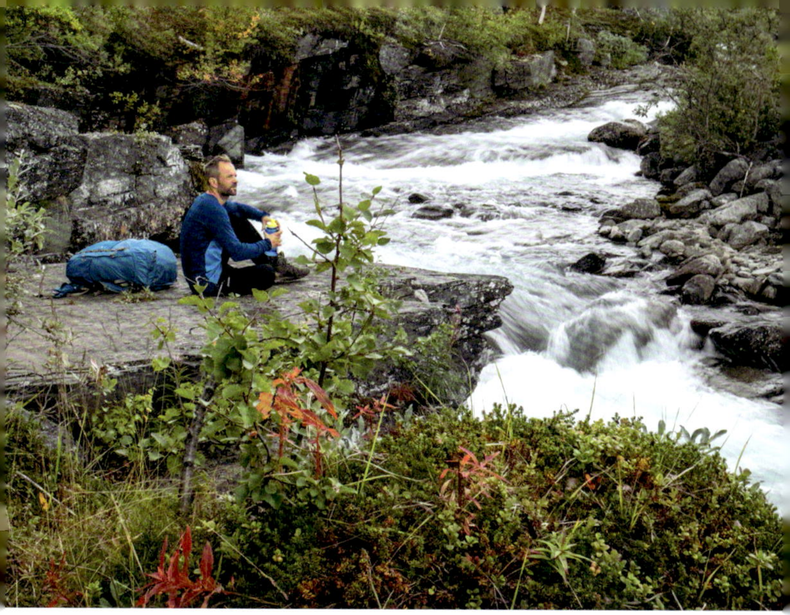

Pause am Ufer des Vállfojohka

Für den Weg zur Abiskojaurehütte biegen Sie rechts ab. Der Weg führt durch Weidenbüsche und hin und wieder ist ein kleines Bächlein zu queren. In der Ferne erhebt sich schon die schwarze Silhouette des Gironmassivs über dem Horizont.

Schließlich tritt der Pfad in den Birkenwald ein und eine Holztreppe bringt Sie über einen Rentierzaun. Dann erreicht der Weg das Ufer des Kamajåkka und es finden sich mehrere traumhafte Flächen, um das ⛺ Zelt aufzuschlagen. Nach der Brücke über den Vállfojohka ❶ wird der Pfad zu einer breiten Fahrspur. Nachdem die nächste Brücke ❷ Sie über einen weiteren Seitenfluss gebracht hat, sind die ersten Gebäude der Samensiedlung Rovvidievvá erreicht.

An deren Ende zeigt ein Wegweiser ❸ nach rechts den Weg zur Brücke über den Kammajåkka und damit eine mögliche ↬ Querverbindung zum Kungsleden/Nordkalottleden an. Der Weg führt nach ca. 5 km auf die Etappe von der Alesjaurehütte zur Abiskojaurehütte (☞ 8. Etappe (Nordkalottleden)).

Für den direkten Weg zum Abiskojaure laufen Sie geradeaus weiter und die nächste Brücke ❹ bringt Sie über den Hoiganjohka. Der Weg bleibt breit und einfach zu laufen und führt abwechselnd durch Wald und mit Bohlenstegen über die nasseren Sumpfabschnitte.

Mit dem Holzsteg über den Boazojohka ❺ haben Sie den Abisko-Nationalpark erreicht und bald darauf empfängt Sie der Trubel an der Abiskojaure Fjällstuga.

⌂ Abiskojaure Fjällstuga, STF, 53 Schlafplätze, Zeltplatz, Sauna, Hund, GPS N 68°17.162' E 018°35.450'. Die kleinere Hütte im Wald, in der auch Hunde erlaubt sind, umfasst zwei Sechsbettzimmern. Das große Gästehaus ist mit zwei Küchenbereichen und vier Schlafzimmern mit zusammen 41 Betten ausgestattet. Sechs Betten davon sowie Sauna und Außentoilette sind über Rampen auch für Rollstuhlfahrer zugänglich. Der ganzjährig zugängliche Sicherheitsraum bietet zwei Betten. Zusätzlich gibt es eine Sauna, ein Servicehaus für Zelter und einen gut bestückten Laden.

7. Etappe (Nordkalottleden): Gautelishytta – Sälka Fjällstuga

32,3 km, 11 Std., ↑ 430 m, ↓ 430 m, ⇧ 780-1.000 m

0,0 km	⇧ 860 m	Gautelishytta ⌂
4,0 km	⇧ 918 m	Brücke über den Abfluss des Vuolip Čoarvejávri
7,5 km	⇧ 938 m	Landesgrenze
11,7 km	⇧ 940 m	Brücke über den Gearbiljohka
14,7 km	⇧ 966 m	Abzweig zur Hukejaure Fjällstuga (⌂, ca. 2,5 km in südwestliche Richtung)
19,3 km	⇧ 914 m	Flussquerung
27,5 km	⇧ 783 m	Brücke über den Tjäktajåkka
28,4 km	⇧ 835 m	Kreuzung mit Kungsleden
32,3 km	⇧ 865 m	Sälka Fjällstuga ⌂ Zeltplatz

Diese ausgedehnte, mittelschwere Etappe führt von Norwegen zurück nach Schweden und kann bei Bedarf mit einem Abstecher zur Hukejaurehütte halbiert und auf zwei Tage aufgeteilt werden. Die Gesamtstrecke verlängert sich damit um etwa 5 km. Die Strecke ist recht einsam, und da nur wenige Wanderer unterwegs sind, ist der Wegverlauf nicht immer auf Anhieb ersichtlich.

Durchgehend kein Empfang. An der Sälkahütte kann gegen Gebühr das Telefon des Hüttenwarts genutzt werden.

Von der Gautelishütte starten Sie in südöstliche Richtung. Es geht beständig leicht bergan und nach etwa 4 km bringt Sie eine Brücke ❶ über den rauschenden Abfluss des Vuolip Čoarvejávri. Sie laufen nun durch hügeliges Terrain westlich am See vorbei und es geht hinauf zur Landesgrenze ❷.

Auf schwedischer Seite erwartet Sie ein steiler Anstieg über einen Pass in 1.000 m Höhe, dann geht es hinab zur Brücke über den Gearbiljohka ❸ und weiter Richtung Südost bis zu einer Weggabelung ❹. Der Weg nach links führt direkt weiter zum Kungsleden.

Soll die lange und fordernde Etappe zur Sälkahütte am Kungsleden auf zwei Tage aufgeteilt werden, wenden Sie sich an der Kreuzung nach rechts. Etwa 1 km weiter erreichen Sie dann eine Brücke. Von hier ist die Hukejaurehütte am gegenüberliegenden Ufer am südlichsten Zipfel des Huvkijávri schon zu sehen und die letzten 1,5 km bis zum Etappenziel sind schnell gelaufen. Am nächsten Tag müssen Sie dann auf dem gleichen Weg wieder bis zur Kreuzung mit dem Nordkalottleden zurücklaufen.

Hukejaure Fjällstuga, STF, 20 Schlafplätze, 🐕, GPS N 67°56.126' E 017°58.049'. Eine Hütte mit zwei Zehnbettzimmern, die jeweils in zwei Schlafnischen aufgeteilt sind. Einer der beiden Hüttenteile ist auch für Hunde zugänglich. Der ganzjährig geöffnete Sicherheitsraum umfasst zwei Betten.

Hinter dem Abzweig zur Hukejaurehütte führt der Nordkalottleden für etwa 1,5 km nach Osten durch ein Mosaik aus vielen Bergseen. Dann schwenkt er nach Südosten und es sind mehrere schmalere Gebirgsbäche zu kreuzen, was aber in der Regel keine Probleme bereiten sollte. Vor dem größeren Bergsee Gaskkamus Čuhčajávri führt dann eine je nach Wasserstand mehr oder weniger anspruchsvollere Furt ❺ ans gegenüberliegende Ufer des Flusslaufs, der die einzelnen Seen miteinander verbindet. Nun folgen Sie dem Pfad an der Talsohle des Čuhčavággitals und ein steiler Abstieg führt Sie an den Vuolimus Čuhčajávri. Vom Ostufer des Bergsees geht es, nun wieder in gemächlicherem Abstieg, hinab ins grüne Tjäktjavaggetal und zur Brücke über den Tjäktajåkka/Čeakčajohka ❻.

Nach einem leichten Gegenanstieg treffen Sie gut 1 km weiter in nordöstliche Richtung auf den Kungsleden ❼. Diesem folgen Sie nach links in Richtung Norden, passieren zunächst ein Rentiergatter und überwinden dann auf zwei Brücken die Flussarme im Mündungsbereich des Gaskkasjohka. Nun sind es noch etwa drei einfach zu laufende Kilometer bis zum Etappenziel.

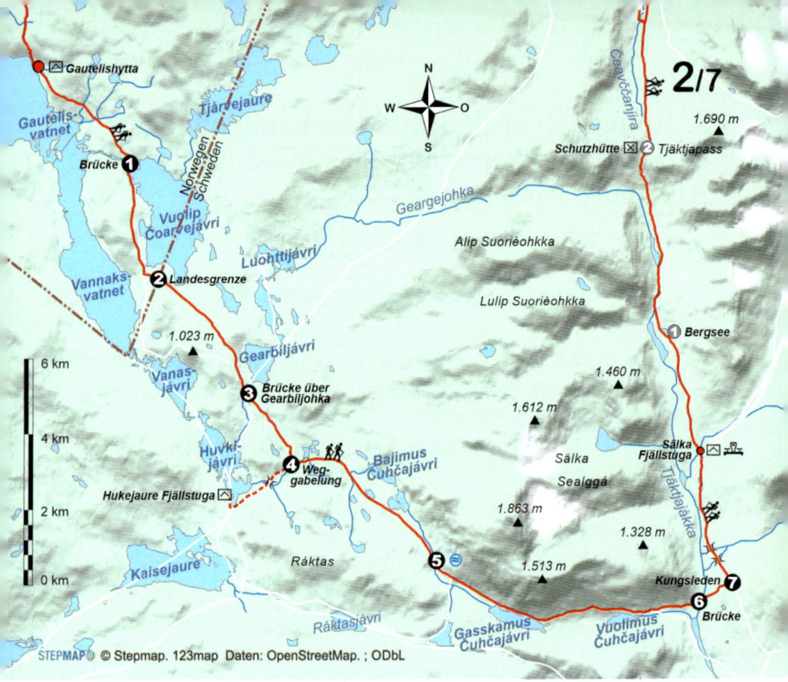

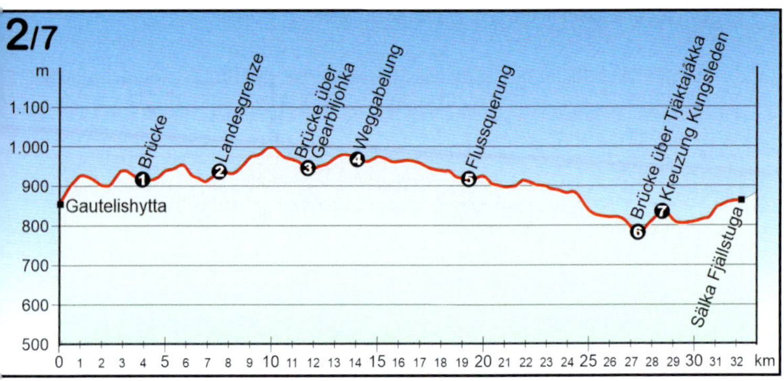

⊡ Sälka Fjällstuga, STF, 54 Schlafplätze, [Symbol], Sauna, [Symbol], GPS N 67°56.786' E 018°16.926'. Die große Hüttenanlage an der beliebten Kungsledenstrecke zwischen Abisko nach Nikkaluokta umfasst drei Übernachtungshütten, einen gut sortierten Laden sowie eine Sauna.

8. Etappe (Nordkalottleden/Kungsleden): Sälka Fjällstuga – Tjäktja Fjällstuga – Alesjaure Fjällstuga

26 km, 9 Std. 30 Min., ↑ 410 m, ↓ 500 m, ⇧ 780-1.130 m

0,0 km	⇧ 865 m	Sälka Fjällstuga
8,9 km	⇧ 1.130 m	Schutzhütte Tjäktjapass
12,1 km	⇧ 1.020 m	Hängebrücke am Abzweig zur Tjäktja Fjällstuga (, ca. 400 m vom Weg entfernt)
20,8 km	⇧ 860 m	Hängebrücke über den Bossusjåkka
26,0 km	⇧ 800 m	Alesjaure Fjällstuga

Nach einem kurzen Einlaufen an der Talsohle des Tjäktjavagge führt die Etappe über den gut 1.100 m hohen Tjäktapass. Bei Bedarf bietet die Tjäktjahütte auf der gegenüberliegenden Seite die Gelegenheit, die Etappe auf zwei Tage aufzuteilen. Die zweite Tourenhälfte verläuft dann ohne Schwierigkeiten auf einem einfach zu laufenden Pfad durch das weite Alisvággital zur Alesjaurehütte.

Durchgehend kein Empfang. An der Tjäktja- und Alesjaurehütte kann gegen Gebühr das Telefon des Hüttenwarts genutzt werden.

Für den Weg Richtung Tjäktjapass passieren Sie die Brücke nördlich der Sälkahütte, überwinden einen kleinen Höhenzug und erreichen nach gut 3,5 km das

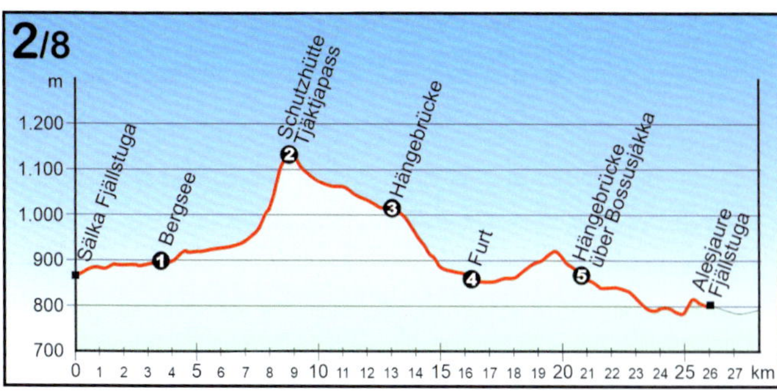

Ufer eines idyllischen, kreisförmigen Bergsees ❶. Anschließend folgen Sie dem Ufer des breiten Tjäktjajåkka für rund 5,5 km durch eine Moor- und Heidelandschaft am Boden des weiten U-Tals.

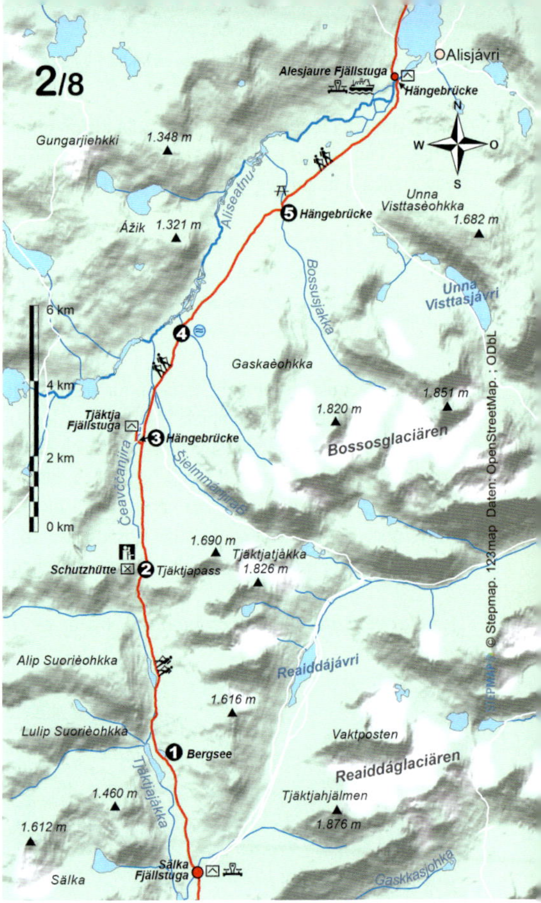

Dann beginnt der fordernde Aufstieg hinauf auf den Pass und bei nasser Witterung wird das Vorankommen durch den matschigen, von rutschigen Steinen durchsetzten Untergrund erschwert. Als Lohn für die Mühen gibt es oben ein fantastisches Panorama: Bei ruhiger Wetterlage lässt sich an der ☒ Schutzhütte ❷ eine Rast einlegen und eine der schönsten Aussichten auf dem nördlichen Kungsleden genießen. Man blickt auf eine gegensatzreiche Vegetation: ein grünes, artenreiches Tal in südlicher Richtung, ein spärlich bewachsenes Tal in nördlicher. Das ansprechende Landschaftsbild wird durch die unterschiedlichen Formen des Fjälls in dieser Region intensiviert: Sowohl abgerundete als auch steile, alpine Bergformen scheinen zum Greifen nahe.

Der Abstieg auf der Nordseite ist auf den ersten Metern besonders steil, dann wird das Gelände etwas flacher und Sie laufen über die Schotterfelder hinab zur Hängebrücke ❸ oberhalb der Tjäktjahütte.

Um die Etappe auf zwei Tage aufzuteilen und in der Tjäktjahütte zu übernachten, laufen Sie nach links auf der Hängebrücke über den rauschenden Čeavččanjira und am gegenüberliegenden Ufer dann flussabwärts bis zur Hütte.

Tjäktja Fjällstuga, STF, 20 Schlafplätze, 🐕, GPS N 68°03.144' E 018°14.502'. Die vergleichsweise kleine Hütte kann vor allem mit ihrer einmaligen Lage und freier Sicht auf die umliegende Bergwelt in alle Richtungen punkten. Außerhalb der Saison, wenn kein Hüttenwart anwesend ist, ist ein kleiner Notraum geöffnet.

Nach der Tjäktjahütte geht es noch für rund 3 km weiter talwärts. Auf Höhe der Renwachthütte ist ein schmaler Nebenfluss des Aliseatnu zu überqueren. Da er in der Regel nur wenig Wasser führt, lässt sich meist leicht eine gute Stelle zum Furten finden ❹, sodass man trockenen Fußes darüber hinwegkommt.

Rund 4,5 Wanderkilometer weiter in nordöstliche Richtung führt eine Hängebrücke über den rauschenden Fluss Bossusjåkka ❺ und in Richtung Südosten blicken Sie auf den beeindruckenden Bossusgletscher.

Der Etappenauftakt gibt sich moderat, bevor es steil zum Tjäktjapass hinauf geht

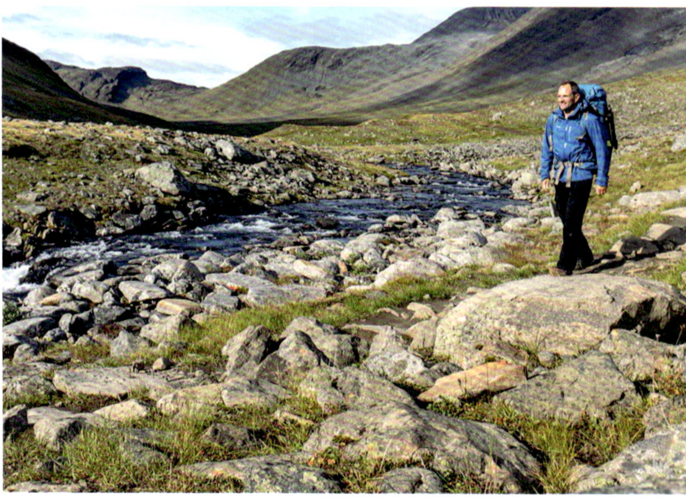

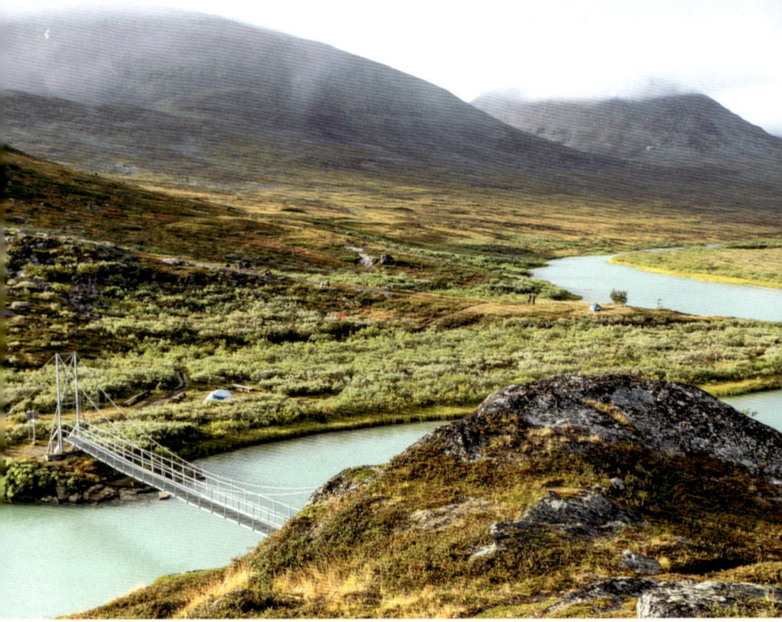

Hängebrücke über den Aliseatnufluss

Am gegenüberliegenden Ufer bietet der ⩚ Meditationsplatz des Dag-Hammarskjöldsleden eine gute Möglichkeit zur Rast.

Das Etappenfinale folgt der Sohle des breiten Alisvággitals, das von hohen Gipfeln eingerahmt wird, und die verbleibenden 5 km führen in beständigem Auf und Ab über eine lang gezogene Heide, die dank der Bohlenstege leicht zu erwandern ist.

Am Ende bringt Sie eine imposante Hängebrücke über den sich breit auffächernden Aliseatnufluss zur Alesjaurehütte, die am gegenüberliegenden Ufer auf einer Anhöhe zwischen dem Fluss im Südwesten und dem Alisjávrisee im Nordosten thront.

⌂ Alesjaure Fjällstuga, STF, 78 Schlafplätze, Sauna, , GPS N 68°08.207' E 018°24.851'. Die große Anlage umfasst insgesamt drei Hütten mit jeweils 26 Betten. Darüber hinaus gibt es einen gut sortierten Shop mit kleinem Café sowie eine Sauna. Eine Nothütte mit vier Betten ist ganzjährig geöffnet.

9. Etappe (Nordkalottleden/Kungsleden): Alesjaure Fjällstuga – Abiskojaure Fjällstuga

20,2 km, 6 Std. 15 Min., ↑ 130 m, ↓ 440 m, ⇧ 500-830 m

0,0 km	⇧ 800 m	Alesjaure Fjällstuga
5,9 km	⇧ 780 m	Bootsanleger Nordufer Alisjávri
12,3 km	⇧ 805 m	Querverbindung zum E1
17,3 km	⇧ 575 m	Brücke über den Šiellajohka
18,1 km	⇧ 525 m	Grenze Abisko-Nationalpark
19,9 km	⇧ 503 m	Hängebrücke über den Kamajåkka
20,2 km	⇧ 500 m	Abiskojaure Fjällstuga

Die ersten 6 km dieser Etappe folgen dem westlichen Seeufer des Alisjávri. Nach intensiven Regenfällen kann der steinige Weg unangenehm matschig und rutschig werden, ansonsten sind aber keine Schwierigkeiten zu erwarten. Anschließend führt der Pfad über eine baumlose Hochebene mit schroffen Gipfeln und schönen Bergseen. Vor dem Abstieg in den Abisko-Nationalpark bietet sich ein grandioses Panorama auf das vorausliegende Tal. Der folgende Abstieg ist bisweilen steil und schnell laufen Sie durch niedrigen Fjällbirkenwald zu den komfortablen Übernachtungshütten am südlichen Seeufer des Ábeskojávri.

Durchgehend kein Empfang. An der Abiskojaurehütte kann gegen Gebühr das Telefon des Hüttenwarts genutzt werden.

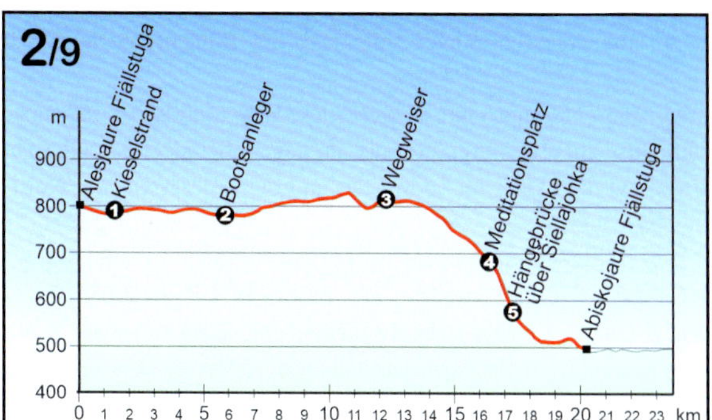

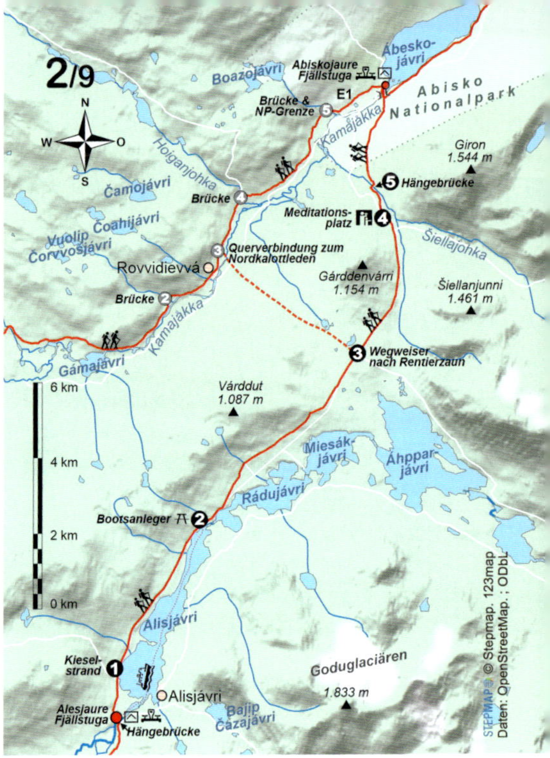

Während der Saison wird ein regelmäßiger Bootsservice über den Alisjávri angeboten, was die Möglichkeit eröffnet, etwa 6 Wanderkilometer einzusparen. Besteht ausreichend Platz an Bord, können Sie für den halben Fahrpreis auch nur den Rucksack mitnehmen lassen und den Etappenauftakt ohne schwere Last auf den Schultern genießen. Die Fahrt über den See ans nordwestliche Ufer dauert etwa 15 Min. und kostet SEK 350 pro Person. Der reguläre Fahrplan sieht vier Abfahrten an der Alesjaurehütte um 10:00, 15:00, 17:00 und 18:30 vor. Kontakt: Roland Enoksson, ☏ +46/70/634 34 39

Etwa 1,5 km nach dem Start an der Alesjaurehütte erreichen Sie einen herrlichen Strand mit groben Kieseln am Südwestufer des Alisjávri ❶. Der Weg entlang des Ufers birgt zwar keine großen Höhenunterschiede, allerdings verlangsamt der steinige Untergrund das Vorankommen und gerade bei nasser Witterung ist erhöhte Aufmerksamkeit gefragt, um auf dem glitschigen Boden nicht auszurutschen.

Nach knapp 6 km liegt keine 100 m vom Weg entfernt die kleine Rasthütte am Bootsanleger ❷. Der Pfad begleitet das Seeufer nun nur noch für kurze Zeit, biegt dann in nordnordöstliche Richtung ab und bringt Sie durch eine eindrucksvolle Hochebene mit fantastischem Panorama.

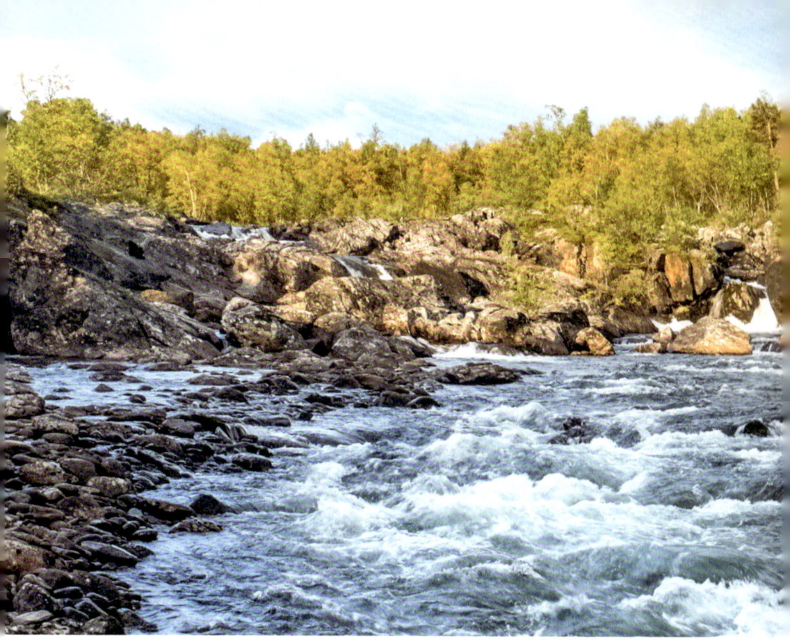

Zur Rechten spiegeln sich die abgeschliffenen Berggipfel, die selbst Ende August noch schneebedeckt sein können, in den spiegelglatten Bergseen, zur Linken breitet sich eine weite Hochfläche bis zum Horizont aus.

Etwa 1,3 km nachdem Sie den Rentierzaun zwischen den Samendörfern Rautasvuoma und Leavas überwunden haben – wobei unter „Samendorf" hier allerdings eher das Weideland der Rentierherden zu verstehen ist –, treffen Sie auf einen Wegweiser ❸, der nach links in nordwestliche Richtung die Querverbindung zum E1 (☞ 8. Etappe (E1): Unna Allakas Fjällstuga – Abiskojaure Fjällstuga) anzeigt.

Sie laufen geradeaus weiter. Bald beginnt der Abstieg und die Markierungen bringen Sie zwischen den Gipfeln von Gárddenvárri (1.154 m, im Westen) und Šiellanjunni (1.461 m, im Osten) zu einem weiteren Meditationsplatz des Dag-Hammarskjöld-Weges mit tollem Ausblicke über den Abisko-Nationalpark und das Flusstal im Norden ❹.

Kurz darauf überschreiten Sie die Baumgrenze und eine Hängebrücke ❺ bringt Sie in luftiger Höhe über den tosenden Gebirgsfluss Šiellajohka. Etwa 1 km weiter betreten Sie das Gebiet des Abisko-Nationalparks und noch einmal 1,5 km weiter informiert das Hinweisschild „Beredskapminne" über eine Verteidigungs-

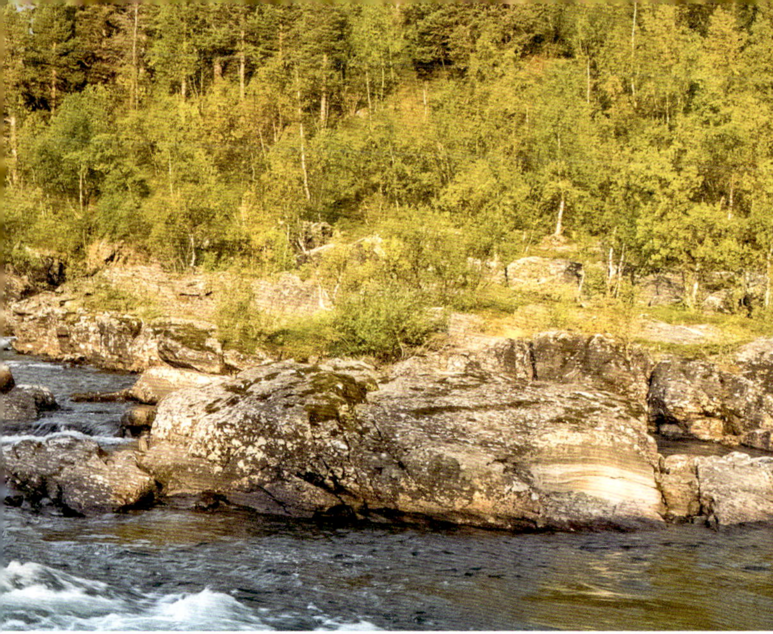

Stromschnellen am Abfluss des Abiskojåkka aus dem Abiskojaure

anlage aus dem Zweiten Weltkrieg. Sie war eine von vielen Befestigungen in der Gemeinde Kiruna, die die Erzbahn gegen die deutschen Angreifer verteidigen sollte.

Zum Etappenfinale geht es durch dichter werdenden Birkenwald nach Norden zur Mündung des Kamjåkka in den Ábeskojávri. Der Weg nach rechts bringt Sie auf der nächsten Etappe nach Abisko, für die Übernachtung in bzw. an der Abiskojaurehütte (im Abisko-Nationalpark ist das Wildzelten untersagt!) laufen Sie nach links über die Hängebrücke.

Abiskojaure Fjällstuga, STF, 53 Schlafplätze, Sauna, GPS N 68°17.162' E 018°35.450'. Die kleinere Hütte im Wald, in der auch Hunde erlaubt sind, umfasst zwei Sechsbettzimmern. Das große Gästehaus ist mit zwei Küchenbereichen und vier Schlafzimmern mit zusammen 41 Betten ausgestattet. Sechs Betten davon sowie Sauna und Außentoilette sind über Rampen auch für Rollstuhlfahrer zugänglich. Der ganzjährig zugängliche Sicherheitsraum bietet zwei Betten. Zusätzlich gibt es eine Sauna, ein Servicehaus für Zelter und einen gut bestückten Laden.

10. Etappe (E1/Nordkalottleden/Kungsleden): Abiskojaure Fjällstuga – Abisko Turiststation

13,6 km, 4 Std., ↑ 50 m, ↓ 170 m, ⇧ 350-500 m

0,0 km	⇧ 490 m	Abiskojaure Fjällstuga
0,3 km	⇧ 490 m	Hängebrücke über den Kammajåkka
7,9 km	⇧ 431 m	Hängebrücke über dem Ballinjohka
9,2 km	⇧ 395 m	Rastplatz Nissonjokk mit Zeltmöglichkeit
9,7 km	⇧ 400 m	Weggabelung Richtung Abisko Östra ( )
13,6 km	⇧ 375 m	Abisko Turiststation

Diese viel bewanderte Strecke führt auf breiten Wegen erst am Seeufer des Abiskojaure, später am Flussufer des Abiskojåkka entlang zum Einstiegspunkt des Kungsleden am See Torneträsk bei Abisko.

Erst ganz zum Schluss der Etappe kurz vor Abisko.

Etwa 300 m hinter der Hütte erreichen Sie die vom Vortag bekannte imposante Hängebrücke, die den Kamajåkka kurz vor seiner Mündung in den Abiskojaure/Ábeskojávri überspannt. Auf der gegenüberliegenden Seite halten Sie sich links und folgen nun einem breit ausgetretenen Weg am Seeufer entlang durch lichten Birkenwald.

Das Gelände ist größtenteils trocken, einige Streckenabschnitte führen jedoch durch Feuchtgebiete und müssen auf Planken durchquert werden. Die neu angelegten „zweispurigen" Bohlenwege zeugen von der Beliebtheit der Region und es sind viele Tageswanderer unterwegs.

Auf Höhe der Hüttengebäude ❶ nach gut 3,5 km ist das nordöstliche Seenende erreicht und Sie laufen zusammen mit den roten Andreaskreuzen der Wintermarkierung in nordöstliche Richtung. Stellenweise verläuft der Sommerweg etwas abseits der Winterroute, aber die Markierungen sind immer klar zu erkennen. Sie passieren ein einsam am Wegesrand stehendes Plumpsklo und erreichen die Hängebrücke über den Ballinjohka ❷.

Knapp 1,5 km weiter bietet der Rastplatz Nissonjokk ❸ eine Möglichkeit zur Pause oder auch zum Übernachten im eigenen Zelt. Im Nationalpark Abisko ist das Zelten nur an solchen ausgewiesenen Stellen erlaubt.

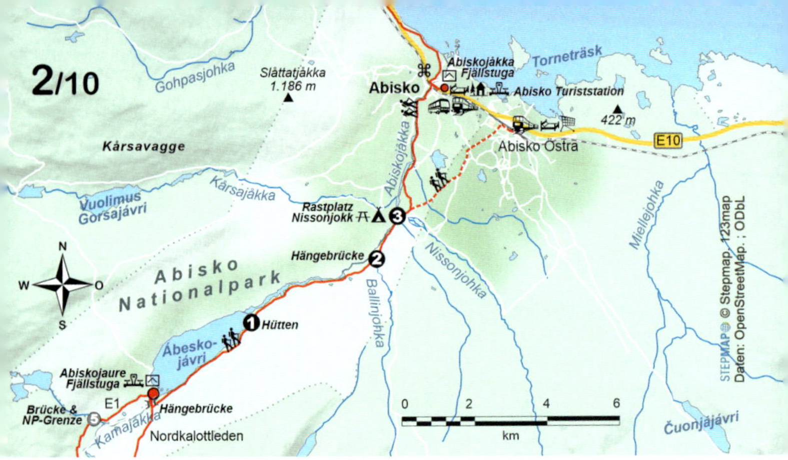

Kurz nach dem Rastplatz laufen Sie über eine weitere Hängebrücke und erreichen knapp 400 m weiter die Weggabelung. Der rechte Zweig führt nach Abisko Östra, wo es neben einem Bahnhof und mehreren Übernachtungsmöglichkeiten auch einen Supermarkt gibt (tgl. 10:00-21:00).

Für den Weg zur Abisko Turiststation halten Sie sich links. Vorbei an einer Station des Dag-Hammarskjöld-Wegs, eines Pilgerweges durch das schwedische Fjäll, erreichen Sie den beeindruckenden Canyon, den die mächtigen Stromschnellen des Abiskojåkka in den Fels gefressen haben.

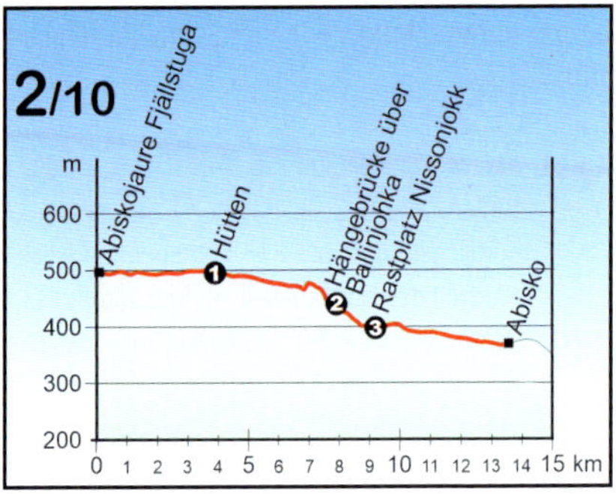

Sie bleiben auf dem Weg am Ufer, ignorieren den nach rechts abzweigenden Pfad und nachdem Sie am Ende der Stromschnellen unter der Straßenbrücke der E10 hindurchgelaufen sind, halten Sie sich rechts. Links vom Weg liegen die Abiskojåkka Fjällstuga und das ⌘ Grenzverteidigungsmuseum (Gränsförvarsmuseum), das über die Zeit des Kalten Krieges in den schwedischen Bergen informiert. Eine Besichtigung sollten Sie möglichst frühzeitig an der Rezeption der Abisko Turiststation vereinbaren.

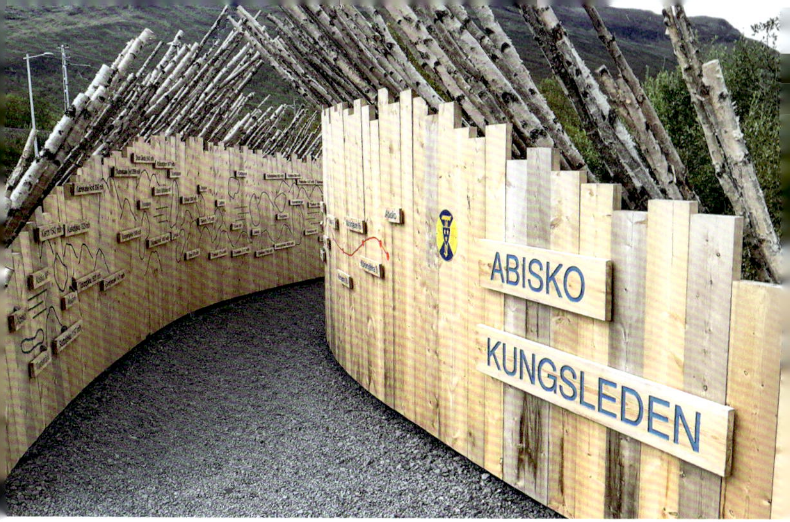

Vor der Abisko-Fjällstation führt das Kungsleden-Portal im Schnelldurchgang über den bekanntesten schwedischen Weitwanderwegs

Abiskojåkka Fjällstuga, STF, 18 Betten, GPS N 68°21.573' E 018°46.672'. Das ehemalige „Annexet" etwa 200 m von der Fjällstation entfernt wird vom STF inzwischen in Form einer Hütte mit insgesamt 18 Betten betrieben.

Anschließend passieren Sie einen Brettergang, der alle wichtigen Stationen des berühmten Kungsleden im Schnelldurchgang zeigt, und stehen vor der Abisko Turiststation.

Abisko Turiststation, +46/101/90 24 00, abisko@stfturist.se, STF, ca. 300 Betten, , , , Sauna, ganzjährig, GPS N 68°21.508' E 018°47.013'. Die nördlichste der vom STF betriebenen Fjällstationen lockt mit ihrer Lage ca. 250 km nördlich des Polarkreises am See Torneträsk mit Blick auf die charakteristische u-förmige Silhouette der „Lapporten" und der Gebirgskette mit dem Berg Nuolja Gäste aus der ganzen Welt an. Die große Anlage bietet Übernachtungsmöglichkeiten für jeden Geschmack. Zur Auswahl stehen Einzel- und Doppelzimmer im Hauptgebäude sowie Mehrbettzimmer mit Gemeinschaftsduschen im Keron Hostel. Zusätzlich gibt es Selbstversorgerhütten sowie einen separaten Zeltplatz. Der Shop bietet eine gut sortierte Auswahl, um sowohl fehlende Outdoor-Ausrüstung wie auch Proviant aufzustocken. Abgerundet wird das Serviceangebot durch Sauna, Restaurant und eine Möglichkeit zum Wäschewaschen.

⌘ Nur wenige Schritte von der Fjällstation entfernt informiert das Abisko Naturum (☏ +46/10/225 55 44, naturum.abisko@lansstyrelsen.se, im Sommer von Mitte Juni-Ende August tgl. 9:00-17:00, im September So, Mo geschlossen) über Natur und Kultur im nördlichen Norrbotten.

Die Buslinie 91 verkehrt mehrmals täglich in westliche Richtung nach Narvik bzw. in östliche Richtung nach Kiruna. Fahrpläne unter www.ltnbd.se/en/plan-trip

Abisko liegt an der Bahnstrecke zwischen Narvik und Kiruna. Der Bahnhof ist auf der gegenüberliegenden Seite der Fernstraße E10 zu finden. Fahrpläne unter www.sj.se

Das Sami-Camp bei Abisko zeigt, wie die Sami im späten 19.Jahrhundert gelebt haben

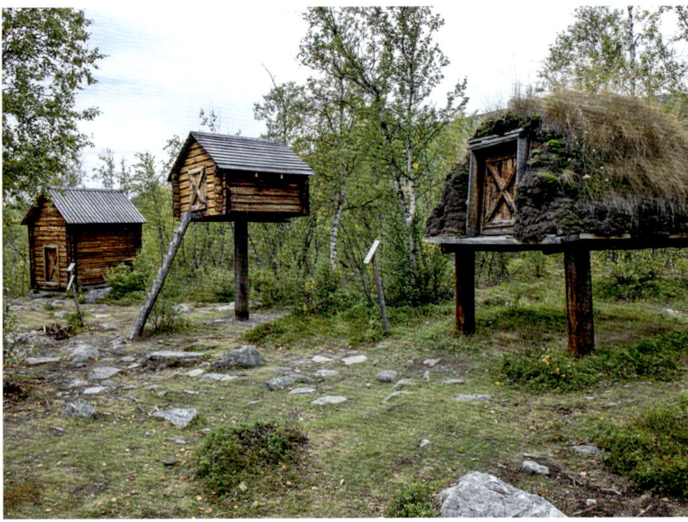

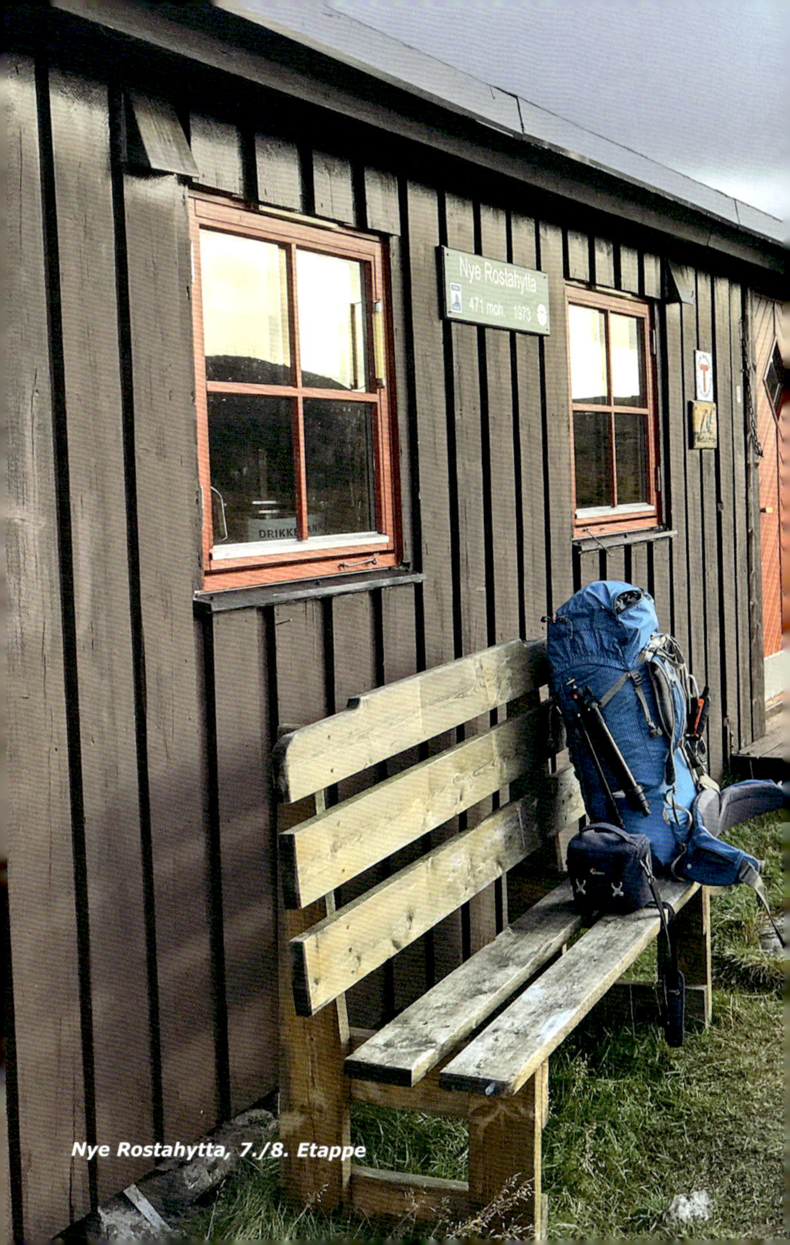

Nye Rostahytta, 7./8. Etappe

3. Von Abisko nach Kilpisjärvi

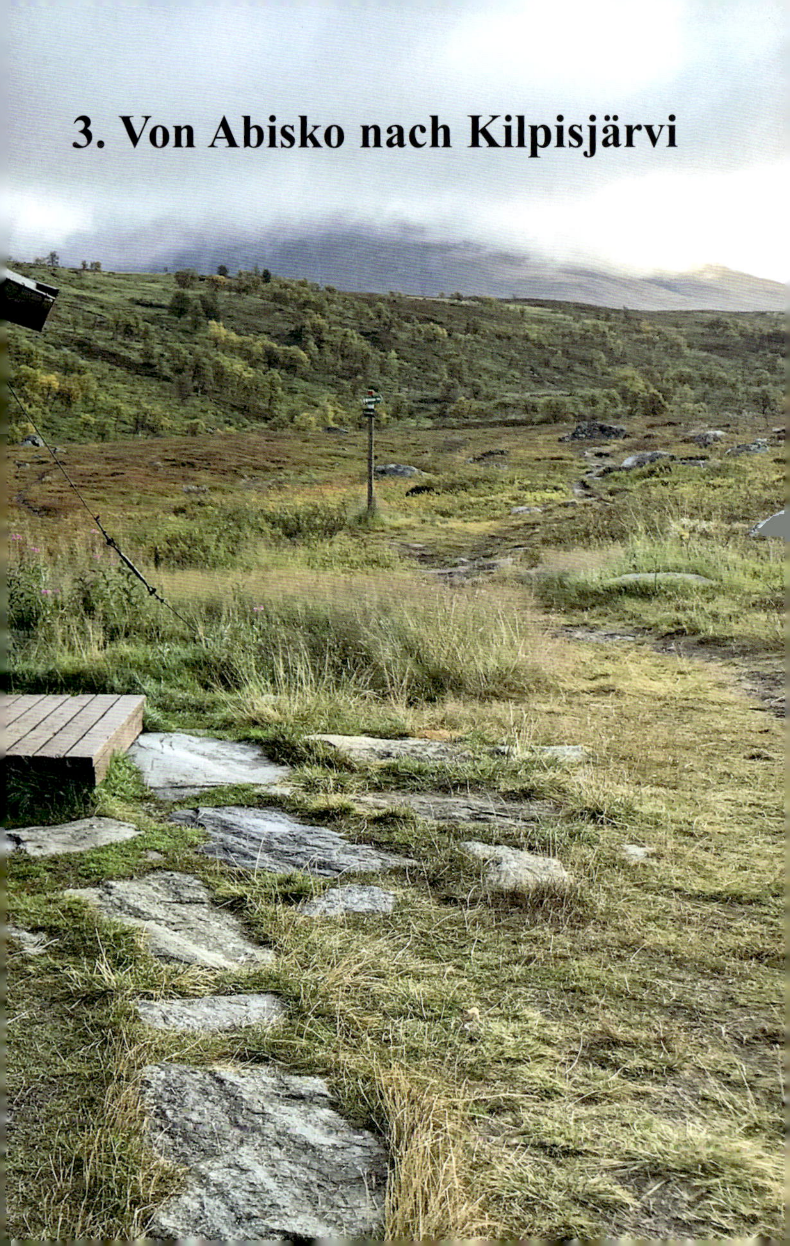

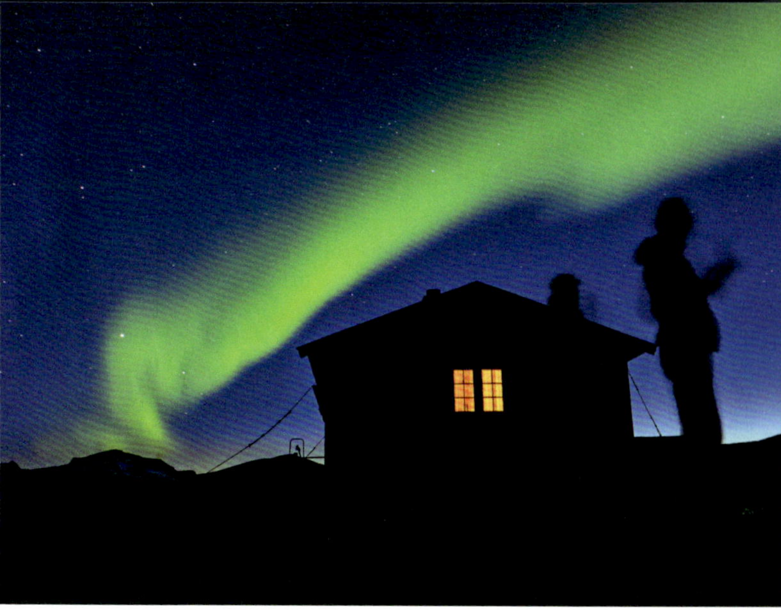

Nordlicht über der Gappohytta, 8./9. Etappe

Länge: 191 km (Nordkalottleden) bzw. 196 km (E1)
Dauer: mindestens 10 Tage
Karten: Calazo Fjällkarte Treriksröset, Abisko & Kiruna 1:100.000
Proviant: Einkaufsmöglichkeiten nur am Start (Fjällstation und Supermarkt in Abisko) bzw. am Ende (Supermarkt in Kilpisjärvi), unterwegs bestehen keine weiteren regulären Einkaufsmöglichkeiten.
Übernachtung: Diese Etappe ist als reine Hüttentour durchführbar. Abgesehen von den zwei schwedischen Hütten (Palnostuga, Pältsa Fjällstuga) und der frei zugänglichen finnischen Autiotupa Kuohkimajärvi am Dreiländereck werden die übrigen Hütten vom DNT verwaltet und es ist ein Schlüssel erforderlich.

Von Abisko folgen Sie dem sogenannten Rallarvägen, der mehr oder weniger dicht an der Bahnstrecke entlang verläuft und aus dem ursprünglichen Versorgungspfad der Erzbahn hervorgegangen ist, um den Torneträsksee herum nach Norwegen. Von dort geht es durch eine wilde und einsame (Hoch-)Gebirgslandschaft.

Landschaftliches Highlight ist der Øvre-Dividalen-Nationalpark mit einer Vielzahl breiter und enger Flusstäler, die von bis zu 1.500 m hohen Bergen umringt werden.

An der Rostahütte eröffnet sich dann einmal mehr die Wahl, entweder dem E1 durch das einsame, schroffe Isdalen auf norwegischer Seite zu folgen oder aber auf dem Nordkalottleden über die schwedische Pältsahütte zum Dreiländereck von Finnland, Schweden und Norwegen zu laufen. Die letzte, nun wieder gemeinsame Etappe von E1 und Nordkalottleden führt dann durch das Mallanaturschutzgebiet nach Kilpisjärvi.

1. Etappe (E1/Nordkalottleden): Abisko Turiststation – Lappjordhytta

24,5 km, 8 Std. 15 Min., ↑ 440 m, ↓ 350 m, ⇧ 350-530 m

0,0 km	⇧ 375 m	Abisko Turiststation
7,8 km	⇧ 410 m	Bahnhof Björkliden
10,0 km	⇧ 410 m	Rastplatz am Tornehamns Kyrkogård
13,1 km	⇧ 350 m	Rastplatz am Seeufer
15,1 km	⇧ 375 m	Fernstraße E10
17,9 km	⇧ 370 m	Brücke über den Njuoraeatnu
21,7 km	⇧ 355 m	Pålnostugan
24,5 km	⇧ 525 m	Lappjordhytta

Das erste Etappendrittel bringt Sie auf dem einfach zu laufenden Rallarvägen entlang von Torneträskufer und Bahnstrecke in den kleinen Skiort Björkliden. Von hier geht es auf einem einsamen Wanderweg weiter um das Westufer des Torneträsk herum und über die Fernstraße 10 zur kleinen, unbemannten schwedischen Hütte an der Pålnoluoktabucht im nordwestlichsten Zipfel des Sees. Nun ist es nicht mehr weit bis zur norwegischen Grenze, wo der finale Anstieg zur Lappjordhytta beginnt.

Auf dieser Etappe besteht durchgehend guter Mobilfunkempfang.

Von der Abisko-Fjällstation laufen Sie durch das vom Vortag bekannte Kungsledenportal, an dessen Bretterwänden alle wichtigen Stationen der bekanntesten schwedischen Weitwanderroute aufgeführt sind, zurück. An der Wegkreuzung hinter der ⛺ Abiskojåkka Fjällstuga und dem ⌘ Grenzmuseum biegt der Kungsleden nach links ab und führt unter der Fernstraße E10 hindurch nach Süden. Für die Wanderung auf dem Nordkalottleden laufen Sie hingegen geradeaus weiter auf dem Wanderweg Richtung Björkliden und überqueren den Abiskojåkka auf einer Brücke.

Der sogenannte „Rallarvägen" folgt dem einstigen Versorgungsweg der Erzbahn und ist, obwohl er immer in der Nähe der E10 und der Eisenbahnlinie zwischen Narvik und Kiruna verläuft, erstaunlich idyllisch. Er führt am Hang des Bergs Njullá entlang und immer wieder bieten sich schöne Ausblicke über den Torneträsk.

Nach knapp 8 km erreichen Sie die ersten Gebäude von Björkliden. Hier halten Sie sich rechts und laufen auf einer Brücke über den Gebirgsbach zur Straße, die Sie überqueren. Im Zentrum des kleinen Skiorts passieren Sie zunächst das Vandrarhem Davvi Dállu (www.vandrarhembjorkliden.com), dann das Hotel & Camping Gammelgården (www.laplandsresorts.se) und gelangen schließlich zum Bahnhof Björkliden ❶.

Bahnhof Björkliden

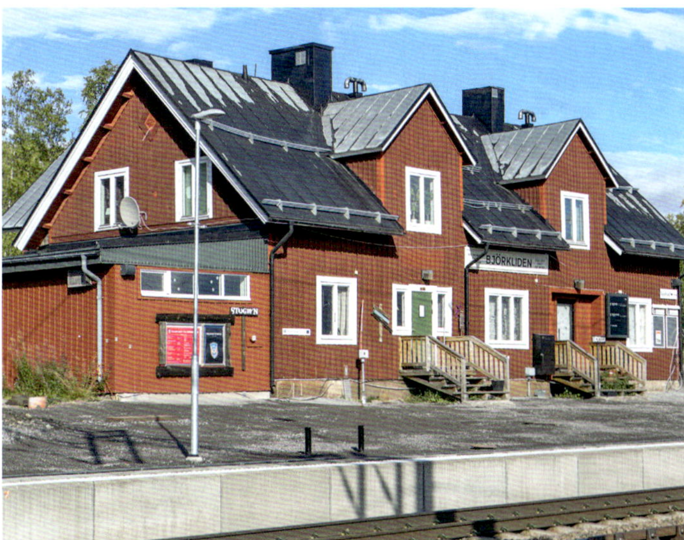

Hier biegen Sie noch vor den Schienen, aber hinter der Zufahrt zu den Glascontainern rechts ab und folgen dem Wegweiser Richtung „Tornehamn". Dort erwartet Sie am alten Friedhof ein schöner ⛼ Rastplatz mit Feuerstelle ❷. An der folgenden Gabelung halten Sie sich links und folgen dann dem südlichen Seeufer des Báktájohkaluobbalat zu einem schönen ⛼ Rastplatz mit Windschutz auf einer kleinen Landzunge. ❸

Gut 1 km weiter bringt Sie eine Brücke über die rauschende flussartige Verbindung zwischen den Bergseen und am gegenüberliegenden Ufer folgen Sie den leuchtend orangeroten Punkten nach rechts und erreichen über einen steinigen Pfad durch lichten Birkenwald die Fernstraße E10.

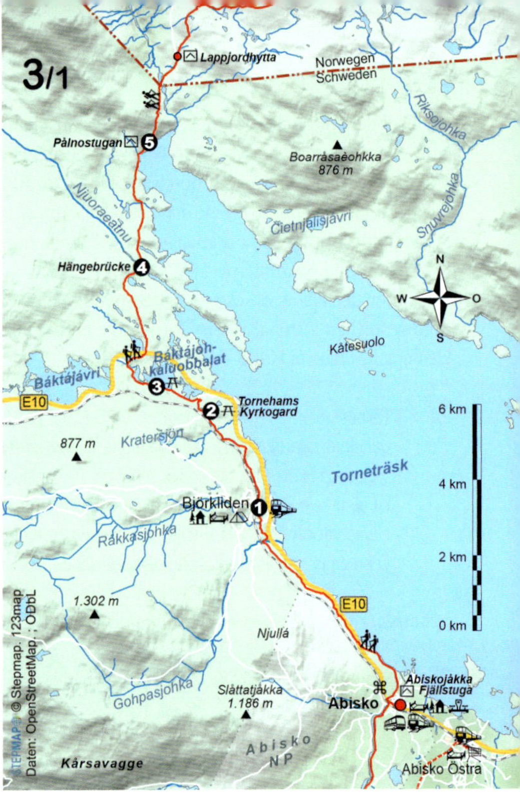

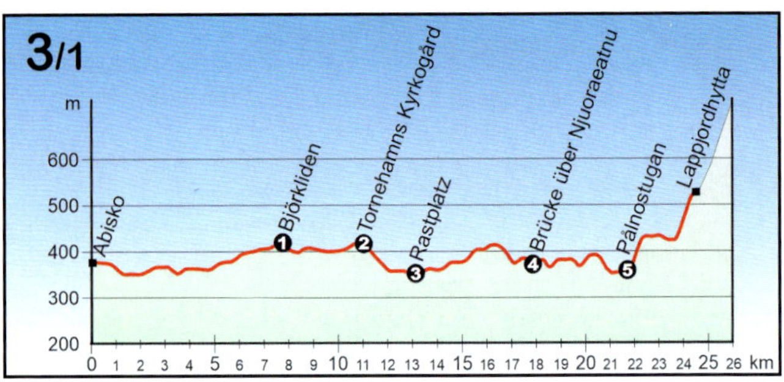

Nachdem diese überquert ist, wird die Landschaft mit jedem Schritt wilder und läuft einsam auf die norwegische Bergwelt zu. Es geht in einem beständigen und kräftezehrenden Auf und Ab durch die Hügel im Birkenwald und von den baumlosen Kuppen bietet sich eine fantastische Aussicht auf den Torneträsk und die markante u-förmige Lapportensilhouette zwischen den Gipfeln von Tjuonatjåkka (1.554 m) und Nissuntjårro (1.738 m).

Hinter der Hängebrücke über den Njuoraeatnu ❹ erreichen Sie das Ufer im nordwestlichen Ausläufer des Torneträsk und schließlich im Wald am Ufer die kleine schwedische Hütte Pålnostugan ❺.

Pålnostugan, STF, 6 Schlafplätze, GPS N 68°29.592' E 018°36.900'. Die Pålnostugan wird zwar vom STF unterhalten, unterscheidet sich aber grundsätzlich von den typischen Hütten im schwedischen Fjäll. Die Hütte ist ganzjährig frei zugänglich, es ist aber kein Hüttenwart anwesend und alles wirkt stark in die Jahre gekommen und etwas verwahrlost. Die Küchenausstattung ist rudimentär und ob Feuerholz für den Ofen da ist, ist wohl auch eher Glückssache.

Rastplatz am Ufer des Báktájohkaluobbalat

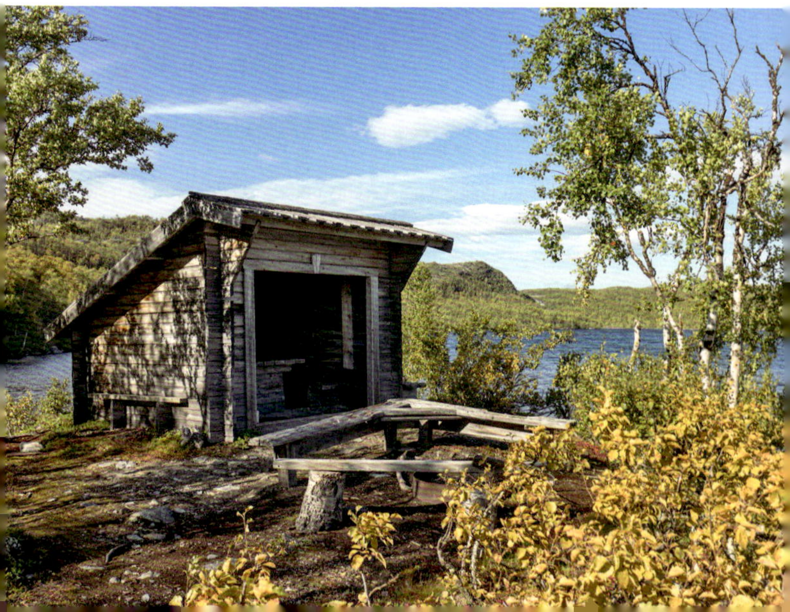

Hinter der Hütte geht es im Wald beständig bergan und bald signalisiert die gelb angemalte Steinpyramide am Wegesrand die Staatsgrenze zwischen Schweden und Norwegen. Es öffnet sich ein fantastischer Blick über einen smaragdfarbenen See in das von hohen Gipfeln umringte Tal des Sørdalselva und am Hang voraus thronen auf einer Lichtung in einiger Höhe die Gebäude der Lappjordhytta.

Mit Überschreiten der Staatsgrenze haben Sie auch den Rohkunborri-Nationalpark erreicht und es ist ein kurzer, unwegsamer Abstieg über große Findlinge zu bewältigen. Anschließend führt der Pfad zwischen zwei Seen hindurch und es geht zunächst recht steil – später nimmt die Steigung etwas ab – hinauf zu den Hütten.

⌂ Lappjordhytta, DNT, insgesamt 14 Schlafplätze, 🐕 (im Außenbereich der alten Hütte), GPS N 68°30.832' E 018°37.900'. Die beiden Hüttengebäude bieten durch die exponierte Lage am Hang einen weiten Blick zurück über den Torneträsk und die dahinter aufragenden Berge.

2. Etappe (E1/Nordkalottleden): Lappjordhytta – Altevasshytta

➲ 25 km, ⌛ 8 Std., ↑ 620 m, ↓ 630 m, ⇧ 470-970 m

0,0 km	⇧ 525 m	Lappjordhytta ⌂
7,4 km	⇧ 840 m	Querung des Riksojohka
11,2 km	⇧ 965 m	Grenze Nationalpark
24,1 km	⇧ 500 m	Damm Altevatnet
25,0 km	⇧ 545 m	Altevasshytta ⌂

Diese Etappe hat es in sich. Neben der Länge machen vor allem zahlreiche An- und Abstiege dem Wanderer das Leben schwer und Sie sollten sich mit dem Aufbruch an der Lappjordhytta nicht allzu viel Zeit lassen und rechtzeitig starten. Der Nordkalottleden klettert zunächst in nordnordöstliche Richtung über einen Pass in das Flusstal des Riksojohka. Nach dessen Querung geht es hinauf auf die Láirevaggihochebene und anschließend immer am Ufer des Salvvasjohka hinab Richtung Innset. Der finale Tourenabschnitt bringt Sie auf einer Traktorpiste bis zum Staudamm am westlichen Ufer des Altevatnet und nach weniger als 1 km ist die Altevasshytta erreicht.

Guter Mobilfunkempfang zu Beginn und am Ende der Etappe. Unterwegs ist nur schlechter bzw. streckenweise gar kein Empfang.

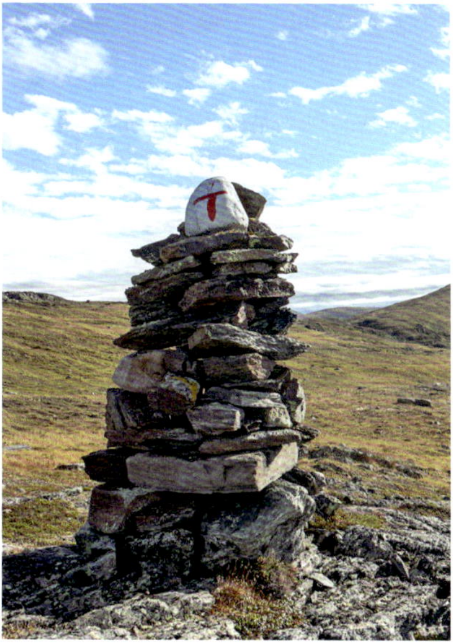

Steinpyramide mit der norwegisch-typischen T-Markierung

Zum Start nehmen Sie an der größeren, neueren Hütte den Pfad in nordöstliche Richtung und die Etappe beginnt mit einem kräftigen Anstieg. Nachdem die Baumgrenze überschritten ist, nimmt die Steigung etwas ab, es geht aber kontinuierlich bergan. Weiter oben schwenkt der Pfad leicht nach rechts in nordöstliche Richtung und es eröffnet sich einmal mehr ein toller Ausblick über den Torneträsk.

Über den Nordwesthang des Ganešbáktigipfels gelangen Sie in das Flusstal des Riksoelva/Riksojohka. Zunächst ist der aus einem Bergsee auf 928 m Höhe herabfließende Seitenfluss Sávzajohka, dann der Riksojohka selbst zu queren ❶.

Nun führt der Pfad parallel zum schroff aufragenden Hang des Čáhppesbáktimassivs zur Linken in nördliche Richtung und biegt vor dem charakteristischen, inselförmigen Gipfel Biette Jovnna Čohkka in nordöstliche Richtung ab und bringt Sie durch sehr feuchtes Gelände bergan auf die Láirevaggihochebenen. Oben markiert ein Schild die Grenze des Nationalparks ❷ und auf dem Hang zur Rechten verteilen sich die Hütten einer samischen Sommersiedlung.

Im Norden öffnet sich ein neues Gebirgspanorama, das vom Tverrfjellet im Westen bis zum Máttagáisi im Osten reicht, und nachdem Sie den Salvvassjohka gequert haben, laufen Sie an dessen Ostufer durch eine trockene Heidelandschaft. Im weiteren Verlauf ist noch ein von rechts einmündender, schmaler Gebirgsbach zu überqueren, ansonsten ist dieser Abschnitt aber einfach zu laufen und mitunter folgen Sie auch der Quadfahrspur aus dem Samenlager.

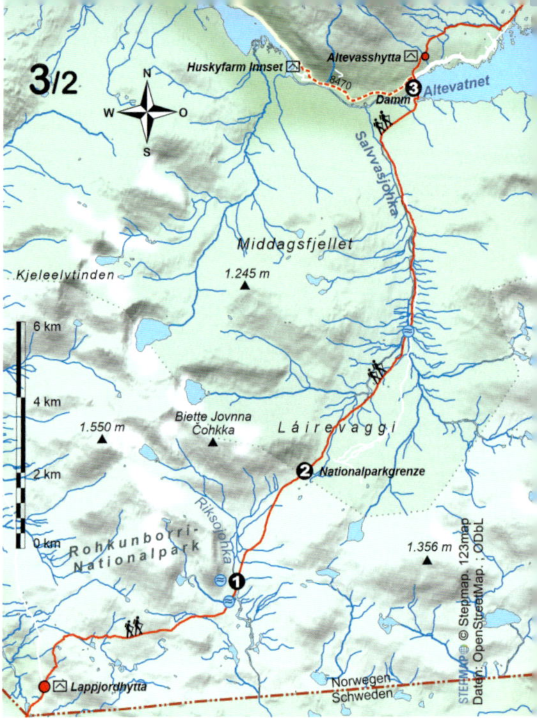

☹ Bei der Recherche waren gerade die Arbeiten an einem neuen Wasserkraftwerk im Gange und die planierte Zufahrtspiste für die Baustellenfahrzeuge hatte den Wanderweg stellenweise komplett unter sich begraben.

Am Ende treffen Sie auf eine Piste nach Innset, dessen Häuser sich am gegenüberliegenden Ufer über den Hang verteilen. Eine Brücke bringt Sie über den Abfluss des aufgestauten Altevatnet/Áldesjávria. Am Wendeplatz halten Sie sich rechts und laufen dann nach links weiter über den Damm ❸ bis zur Kreuzung mit der Straße nach Innset, ↳ auf der Sie nach links in etwa 3 km Entfernung die Huskyfarm von Bjørn Klauer und Regina Elpers erreichen können.

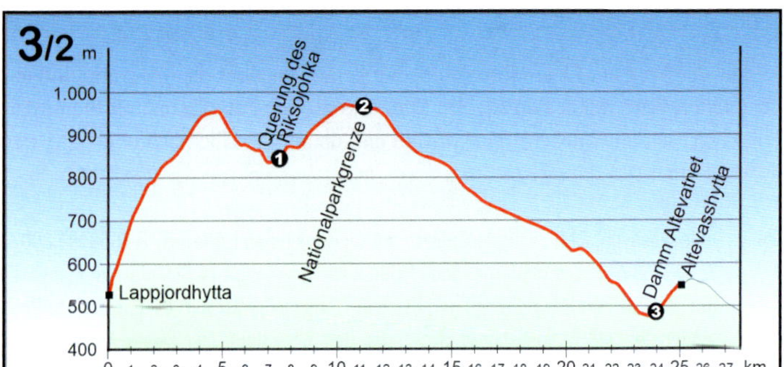

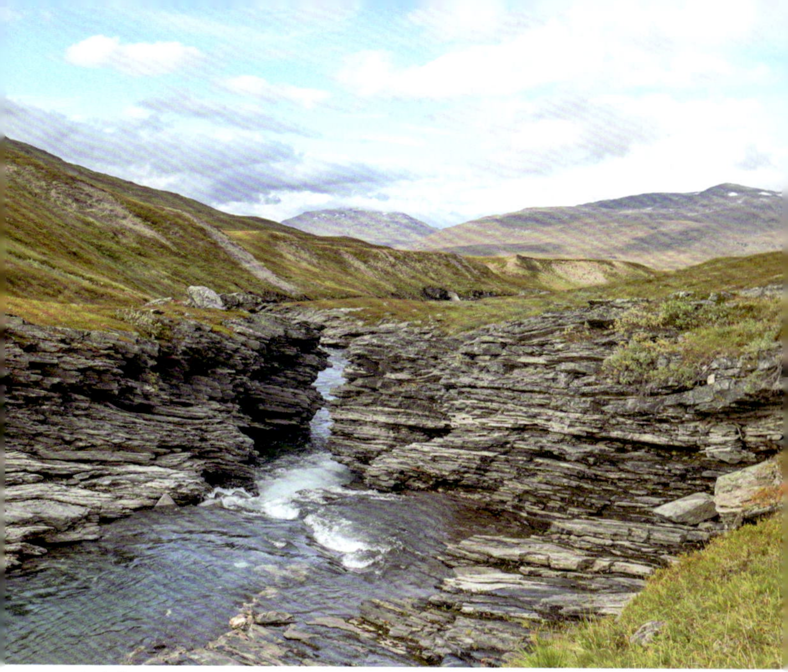

Auf dem Weg nach Innset

Huskyfarm Innset (privat), ☏ +47/480/378 83, www.huskyfarm.de, zur Verfügung steht ganzjährig eine Hütte (5 Personen) und ein Gästehaus (16 Personen), beide mit fließendem Wasser (warm/kalt), Duschen, WC, elektrischem Licht, elektrischem Kochherde und Holzöfen, auf Wunsch auch Sauna, Übernachtung € 36, Sauna € 7/Person und Waschmaschine € 5.

Für den Weg zur DNT-Hütte laufen Sie geradeaus über die Kreuzung und auf der breiten Piste weiter bergan. Am Ende des großen Parkplatzes mit Plumpsklo erreichen Sie dann zunächst eine private und darauf die Übernachtungshütte des norwegischen Wandervereins.

Altevasshytta, DNT, 17 Schlafplätze, (in der kleinen Hütte), GPS N 68°39.800' E 018°53.445'. Die moderne, neue Hütte bietet insgesamt 14 Schlafplätze in mehreren Schlafzimmern und einen gemütlichen Gemeinschaftsraum mit großem Panoramafenster und fantastischem Blick über den Altevatnet. Der kleine Annex ist für Gäste mit Hund gedacht und hat drei Schlafplätze.

3. Etappe (E1/Nordkalottleden): Altevasshytta – Gaskashytta

12,6 km, 4 Std. 15 Min., ↑ 190 m, ↓ 200 m, ⇧ 480-590 m

0,0 km	⇧ 525 m	Altevasshytta
2,8 km	⇧ 490 m	Brücke über den Vasskaelva
5,2 km	⇧ 500 m	Brücke über den Koivasselva
11,8 km	⇧ 540 m	Brücke über den Luotnajohka
12,6 km	⇧ 545 m	Gaskashytta

Diese kurze und einfach zu laufende Etappe führt von der Altevasshütte nach Osten in einem Bogen zur Brücke über den Koivasselva und dann durch idyllischen Birkenwald am Ufer des Altevatnet entlang. Am Ende führt ein gemächlicher Aufstieg vom Seeufer weg und auf einer Brücke über den Luotnajohka zur Gaskashütte.

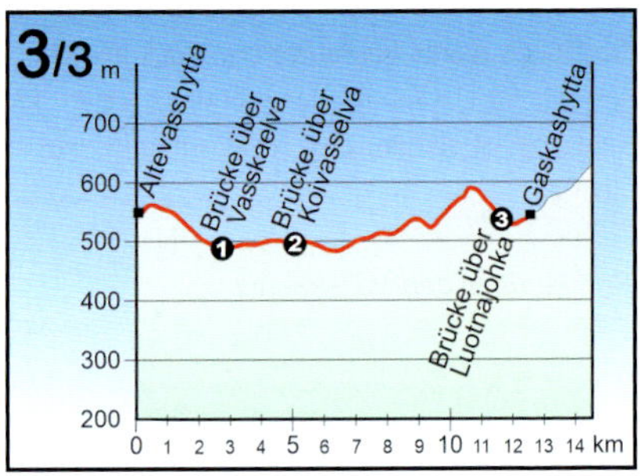

Auf dieser Etappe besteht durchgehend guter Mobilfunkempfang.

Vor der Altevasshytta folgen Sie dem kleinen Steg über das Bächlein und laufen auf einem breiten, klar zu erkennenden Pfad durch eine niedrige Heidelandschaft parallel zum Seeufer in östliche Richtung.

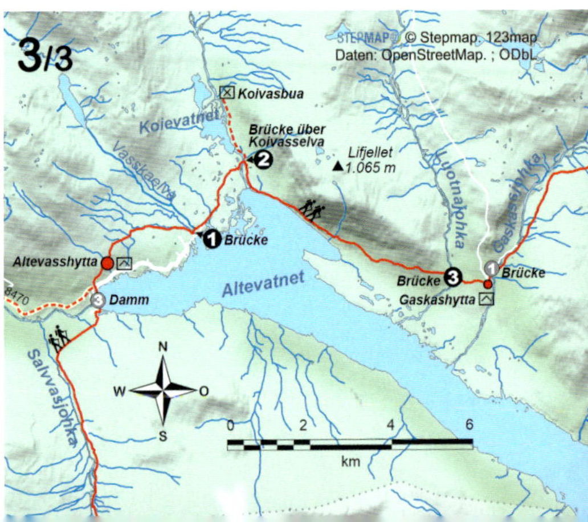

Nach knapp 3 km erreichen Sie mehrere Hütten im Mündungsbereich des Vasskaelva/Veaikejohka, den Sie problemlos auf einer kleinen Holzbogenbrücke überqueren ❶.

Am gegenüberliegenden Ufer wenden Sie sich nach links, laufen ein kurzes Stück flussaufwärts und halten sich an der folgenden Gabelung rechts, um vor der großen, braunen Holzhütte weiterzulaufen. Sie folgen jetzt einer breiten Fahrspur, die landeinwärts führt. Auf Höhe der beiden Wasserfälle am Hang zur Rechten bringen Sie die T-Markierungen nach rechts zur Brücke über den Koivasselva ❷.

Am gegenüberliegenden Ufer zeigt ein Wegweiser flussaufwärts zur etwa 1,7 km entfernten ☒ Koivasbua (GPS N 68°41.900' E 018°57.550'), einer kleinen, unverschlossenen Statskoghütte mit drei Schlafplätzen. Der Nordkalottleden führt nach rechts flussabwärts zurück ans Ufer des Altevatnet und dann am Fuß des Lifjellet (1.065 m) daran entlang weiter. Der Pfad verläuft durch den Birkenwald und ist stellenweise recht sumpfig, was dank Bohlenstegen aber kein Problem ist.

Brücke über den Vasskaelva

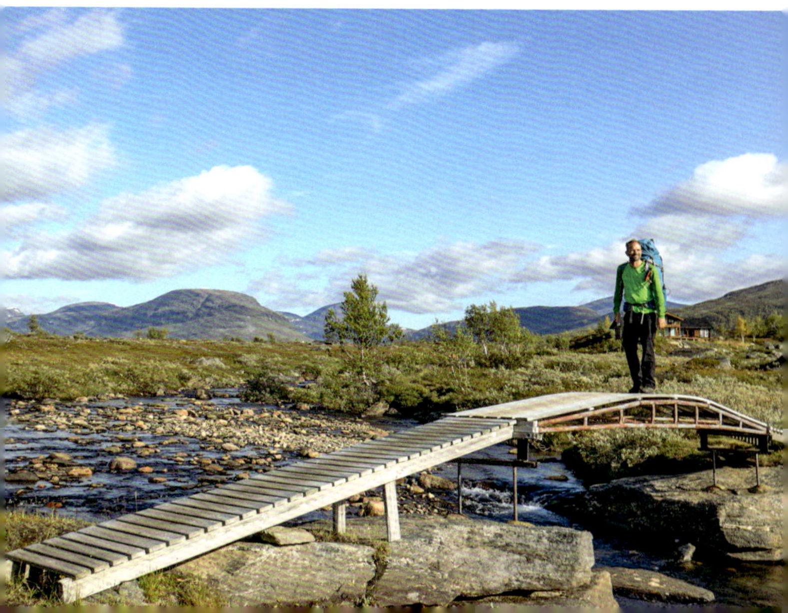

Zum Etappenende hin kehrt der Weg dem Seeufer den Rücken und gewinnt im trockener werdenden Birkenwald etwas an Höhe. Der Baumbestand dünnt aus und bald sind voraus schon das Dach und der Schornstein von einer der beiden Gaskashütten zu sehen.

An der Brücke über den rauschenden Luotnajohka ❸ trennt Sie dann noch knapp 1 km vom Etappenziel.

⌂ Gaskashytta, DNT, 18 Schlafplätze, 🐕 (Käfige im Vorraum), GPS N 68°39.522' E 019°07.229'. Die ältere Hütte von 1970 verfügt über zehn, die neuere Hütte von 2002 über acht Betten.

4. Etappe (E1/Nordkalottleden): Gaskashytta – Vuomahytta

➲ 17,5 km, ⌛ 5 Std. 30 Min., ↑ 460 m, ↓ 280 m, ⇧ 540-970 m

0,0 km	⇧ 545 m	Gaskashytta ⌂
0,2 km	⇧ 550 m	Brücke über den Gaskassjohka
8,0 km	⇧ 970 m	höchster Punkt der Etappe
13,9 km	⇧ 790 m	Grenze Øvre-Dividal-Nationalpark
17,5 km	⇧ 725 m	Vuomahytta ⌂

Ein langer, aber nicht übermäßig schwieriger Anstieg bringt Sie durch das immer schroffer und karger werdende Gaskkasvággi. Vom Pass geht es dann durch ein mit jedem Schritt grüner werdendes Tal entlang einer schönen Seenlandschaft hinab in den Øvre-Dividal-Nationalpark und zur Vuomahytta am nördlichen Seeufer des Vuomajávri.

Am Ende der Etappe wartet die Vuomahytta

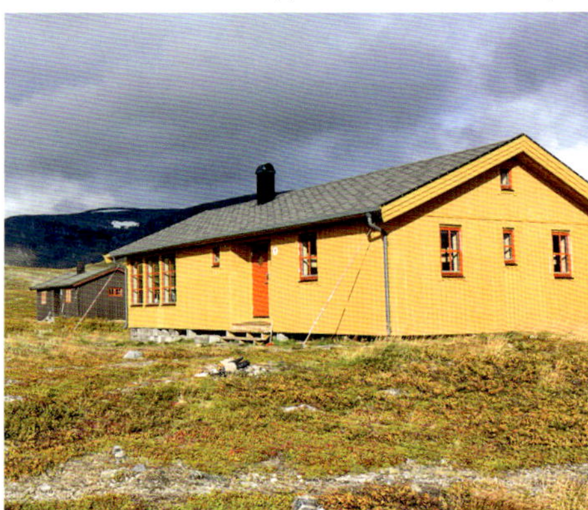

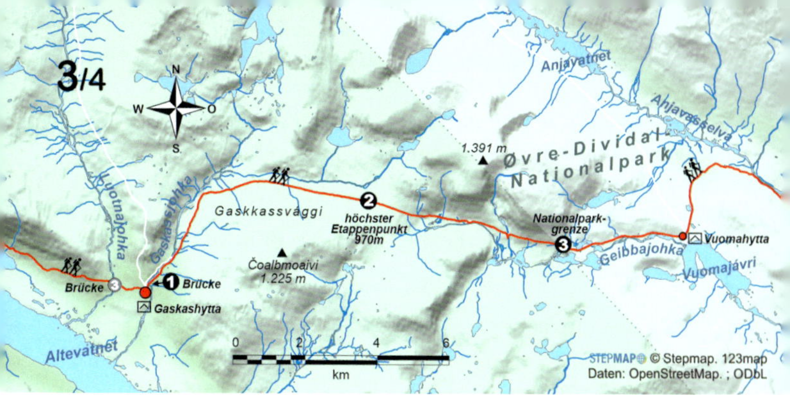

Der Mobilfunkempfang endet kurz hinter der Gaskashütte.

Der Nordkalottleden führt von der Gaskashütte in nordöstliche Richtung durch einen lichten Birkenwald zur gut 200 m entfernten Brücke ❶ über den Gaskassjohka. Sie gewinnen kontinuierlich an Höhe und der Birkenwald wird zusehends spärlicher.

Es geht beständig, aber mit nur moderater Steigung parallel zum Flusslauf bergan.

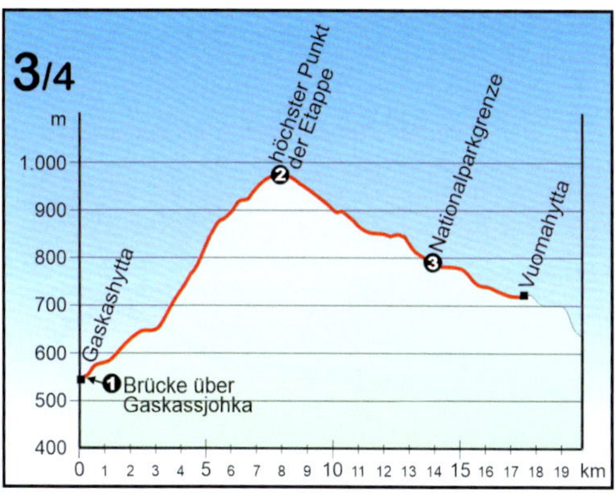

Gut 3 km nach dem Start auf einer Höhe von 650 m biegt der Pfad nach Osten ab und führt durch das Gaskkassvággihochtal, das zur Linken im Norden vom Gaibágaisimassiv und zur Rechten im Süden vom Gipfeln des Čoalbmoaivi (1.225 m) flankiert wird.

Mit zunehmender Höhe wird das Terrain unwegsamer und eine ganze Zeit laufen Sie über Schotterfelder.

Auf Höhe der östlichen Ausläufer des Čoalbmoaivi haben Sie auf etwa 970 m den höchsten Punkt der Etappe erreicht ❷ und voraus öffnet sich ein grünes Tal, an dessen Ende die nächsten Übernachtungshütten liegen.

Sie laufen nun gemächlich, aber beständig talwärts, erst am Flussufer, später an einem herrlichen Seensystem entlang, und zur Rechten dominiert der markante Namahhisvárrigipfel (1.217 m) den Blick.

Der höchste Etappenabschnitt führt über ausgedehnte Schotterfelder

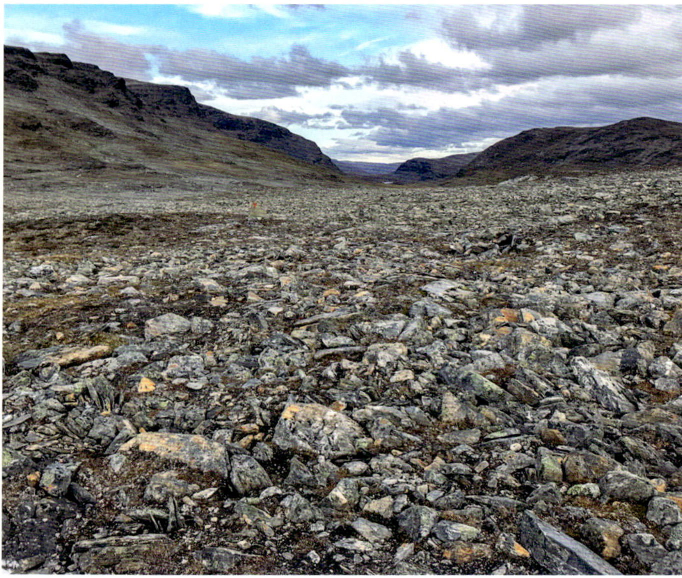

Ein kleines Schild am Wegesrand ❸ macht darauf aufmerksam, dass nun der Øvre-Dividal-Nationalpark erreicht ist. Von hier sind es noch knapp 4 km, die einfach zu laufen sind, bis zu den Vuomahütten, die sich malerisch am Fuß des Blåfjellet zwischen dem Njunis (1.717 m) im Norden und dem Kistefjell (1.632 m) im Süden an das Seeufer des Vuomajávri schmiegen.

⌂ Vuomahytta, DNT, 27 Schlafplätze, 🐕, GPS N 68°40.339' E 019°29.117'. Es gibt 15 Schlafplätze in der neueren Vuomastua (2018) mit einem spektakulären Blick auf die Berge durch das imposante Panoramfenster und zehn Schlafplätzen, in der Vuomahytta (1989). Zusätzlich gibt es einen kleinen Annex mit zwei Schlafplätzen für Wanderer mit Hund.

5. Etappe (E1/Nordkalottleden): Vuomahytta – Dividalshytta

18,8 km, 7 Std., ↑ 300 m, ↓ 460 m, ⇧ 340-730 m

0,0 km	⇧ 545 m	Vuomahytta
9,4 km	⇧ 505 m	Brücke über den Vuomajohka
15,4 km	⇧ 350 m	Hängebrücke über den Divielva
16,8 km	⇧ 350 m	Abkehr vom Flussufer/Beginn des Aufstiegs
18,8 km	⇧ 580 m	Dividalshytta

Diese zwar fordernde, aber nicht übermäßig schwierige Etappe folgt in weiten Teilen dem landschaftlich reizvollen Anjavassdalen. Es geht mal dichter, mal weiter entfernt vom Flussufer durch üppigen Birkenwald und vorbei an rauschenden Stromschnellen. Am Etappenende ist dann noch ein kurzer, aber knackiger Anstieg zur Dividalshütte zu bewältigen.

Es gibt durchgehend keinen Mobilfunkempfang.

Am Wegesrand

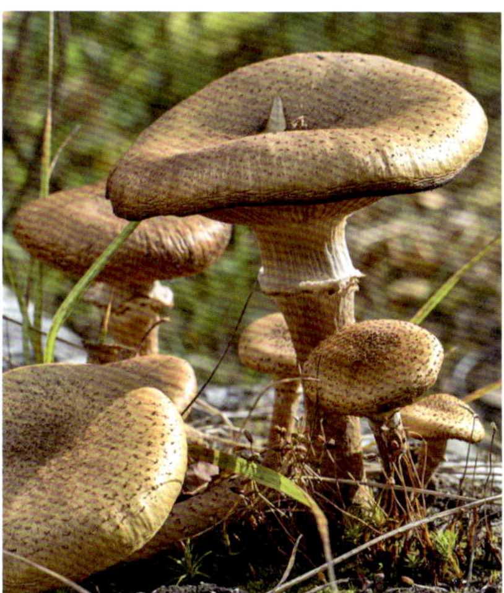

Hinter den Gebäuden der Vuomahütten schwenkt der Pfad nach Norden und läuft auf das beeindruckende Nunjismassiv (1.701 m) zu. Es geht zunächst leicht bergan über die nördlichen Ausläufer des Blåfjellet, dann schwenkt der Pfad nach Osten in das Flusstal des Ánjajohka/Anjavasselva.

Der Weg ist breit ausgetreten und immer gut zu erkennen, sodass die nur spärlichen Markierungen kaum stören. Der Untergrund wechselt ständig von sumpfigen Senken über trockene Heideflächen bis hin zu dichtem Birkenwald.

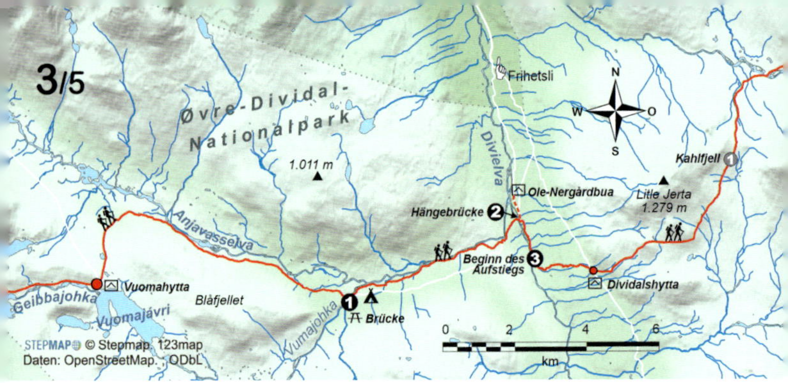

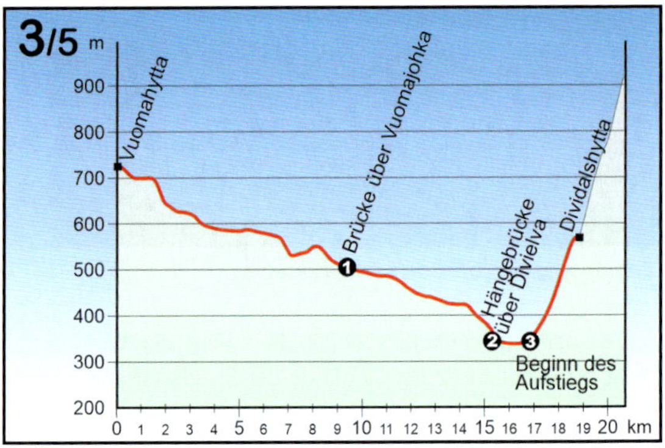

Die Brücke ❶ über den Vuomajohka markiert in etwa die Halbzeit der Etappe und an der Feuerstelle mit Bänken lässt sich gut rasten. Weitere ebene Flächen, um das Zelt aufzuschlagen, finden sich auch kurz hinter der Brücke.

Im weiteren Verlauf tritt der Wanderpfad direkt ans Ufer und nachdem Bohlenstege über einige Moorflächen geführt haben, gibt es von einer hohen Uferterrasse spektakuläre Ausblicke auf die schäumenden Stromschnellen in einer engen Flussbiegung zu Ihren Füßen.

In südöstliche Richtung lassen sich inmitten des Birkenblätterdachs auch schon die Dächer der Dividalshütten am Hang erspähen. Der Pfad schwenkt aber erst einmal nach links in nordöstliche Richtung. Der Pfad erklimmt zunächst einen kleinen Höhenzug und zur Belohnung für den Anstieg gibt es eine tolle Aussicht auf den in einem engen Tal über mehrere Stufen hinabschießenden Anjavasselva. Anschließend laufen Sie durch trockenen Nadelwald steil bergab, die letzten Meter über Treppen zur langen Hängebrücke über den Divielva ❷.

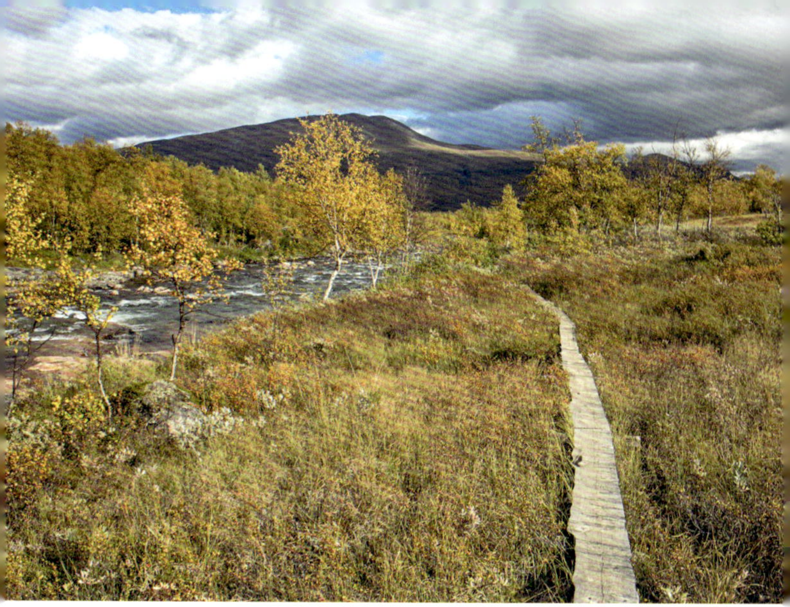

Bohlensteg am Ufer des Anjavasselva

An dem gegenüberliegenden Ufer zeigt ein Wegweiser ⇨ nach links in Richtung Frihetsli (12 km) am Ende der Schotterstraße. In diese Richtung finden Sie nach knapp 1 km außerdem zunächst eine private Hütte und dann die frei zugängliche ⌂ Ole-Nergårdbua mit Platz für 2 bis 3 Personen (GPS N 68°41.607' E 019°46.118').

Für den Weg zur Dividalshütte halten Sie sich rechts und folgen, jetzt wieder deutlich mit Ts und Punkten in roter Farbe markiert, dem Flussufer in südliche Richtung. Der Weg ist stellenweise sehr matschig. Nach knapp 1,5 km wenden sich die Markierungen dann vom Fluss ab und führen in östliche Richtung steil den Hang aus dem Flusstal heraus ❸. Sie laufen zunächst durch einen mit Felsen durchsetzten Nadelwald, dann durch Birkenwald und kurz nachdem dieser anfängt sich zu lichten, haben Sie die untere, ältere der beiden Hütten erreicht.

⌂ Dividalshytta, DNT, 20 Betten, 🐕 (im Vorraum), GPS N 68°40.514' E 019°49.386'. Die beiden Hütten aus den Jahren 1966 bzw. 1978 liegen hoch am östlichen Hang des Dividalen und bieten einen schönen Blick über die umliegenden Berge.

6. Etappe (E1/Nordkalottleden): Dividalshytta – Dærtahytta

24 km, 7 Std. 45 Min., ↑ 720 m, ↓ 600 m, ⇧ 580-970 m

0,0 km	⇧ 580 m	Dividalshytta
8,7 km	⇧ 690 m	Querung Skakterjohka
17,4 km	⇧ 765 m	Flussquerung
24,0 km	⇧ 740 m	Dærtahytta

Diese Etappe ist zwar nicht übermäßig schwierig zu laufen, es kommen aber einige Höhenmeter zusammen und in Kombination mit der ausgedehnten Länge sollten Sie sich auf einen langen Wandertag einstellen und entsprechend früh starten. Wer ein Zelt dabeihat, findet am Ufer des Skakterjohka gute Lagerplätze, um diese Etappe zu „halbieren".

Prächtiger Blick aus dem gemütlichen Gemeinschaftsraum der Dærtahytta

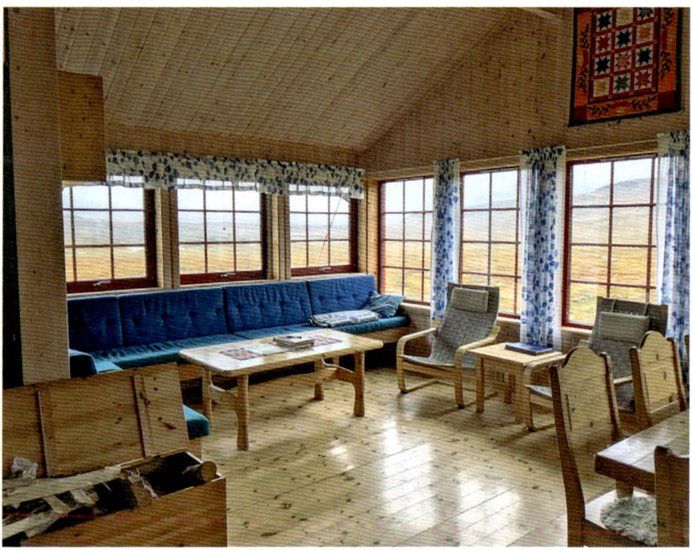

Es gibt durchgehend keinen Mobilfunkempfang.

Der Wegweiser Richtung Dærtahütte führt an der oberen der beiden Dividalshütten vorbei weiter bergauf. Sie laufen zunächst im Birkenwald steil bergauf, oberhalb der Baumgrenze wird es dann etwas flacher. In den Verschnaufpausen sollten Sie nicht den Blick zurück auf die Hütten und das Tal des Divielva, der sich seinen Weg von Nordwesten nach Südosten bahnt, verpassen. In den tieferen Lagen leuchten im Herbst die Birken, darüber erheben sich die kahlen, zum Teil abgerundeten, zum Teil schroffen und mit Schneehauben bedeckten Gipfel.

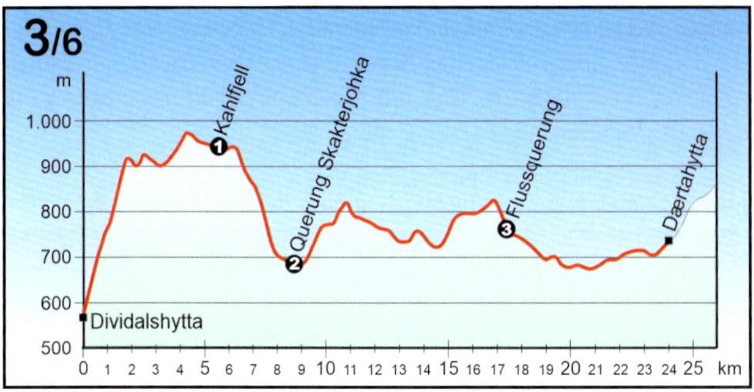

Sobald Sie die 900-Höhenmeter-Marke erreicht haben, geht es ohne nennenswerte Steigungen durch das Kahlfjell zwischen den Bergen Litle Jerta (1.279 m) im Westen und dem pyramidenförmigen Jerta (1.428) im Osten hindurch ❶. Bald ragen voraus die Gipfel des über 1.500 m hohen Likkafjellet weit im Norden über den Horizont und der Pfad schwenkt nach rechts in östliche Richtung. Der erste Teil des Abstiegs zum Flussufer des Skakterjohka/Skaktarelva ist recht steil und führt über kürzere Schotterpassagen und Geröllfelder.

Das Durchwaten des recht breiten Flusses ❷ indes dauert zwar etwas, birgt aber zumindest ab September keine größeren Probleme, denn weder ist der Wasserstand tief noch die Strömung reißend. An beiden Ufern finden sich zudem gute Zeltmöglichkeiten, um die lange Etappe auf zwei Tage aufzuteilen.

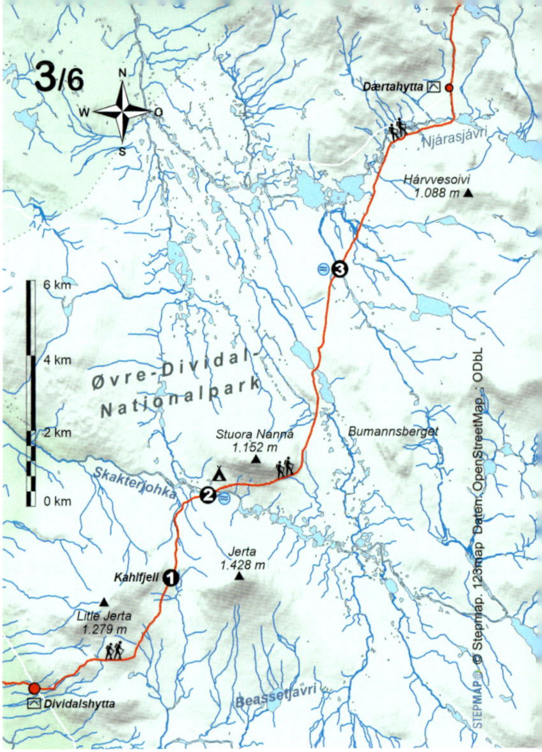

Sobald Sie auf der anderen Uferseite angekommen sind, verlassen Sie das Flusstal und laufen entgegen dem Uhrzeigersinn um die steil aufragende Südostflanke des Stuora Nanná (1.152 m) herum. Auf der Ostseite des Berges passieren Sie einen ersten kleinen Bergsee und im folgenden Abschnitt führt der Pfad quer durch ein feuchtes Sumpfgebiet. Am Fuße des Unna Nannáš laufen Sie zwischen zwei Bergseen auf etwa 730 m Höhe hindurch nach Nordosten und steigen einen kleinen, steilen Hang hinauf.

Anschließend geht es wieder ohne größere Höhenunterschiede weiter. Die Querung des schmalen Gebirgsbaches ❸ etwa 2 km weiter birgt keine Probleme und voraus am Hang werden schon die Dærtahütten sichtbar. Allerdings liegen noch gut 3 km recht unwegsame Wegstrecke vor Ihnen. Die Markierungen bringen Sie parallel zur Seenkette an der Talsohle des Deartavággi westlich um den Hang des Hárvvesoivi herum.

Der Weg ist z. T. recht steinig und es geht beständig auf und ab. Vor dem Njárasjávrisee biegt der Pfad dann nach Norden ab und führt direkt an einem schmalen Gebirgsbächlein entlang leicht bergan zu den Hütten.

⌂ Dærtahytta, DNT, 23 Schlafplätze, 🐕 (im separaten Teil der Dærtahytta), GPS N 68°49.159' E 020°06.547'. Die Hüttengebäude umfassen die ältere Dærtastua und die neue Dærtahytta mit einem separaten Hüttenteil für Hundebesitzer und einem gemütlichen Gemeinschaftsraum mit üppigen Panoramafenstern.

7. Etappe (E1/Nordkalottleden): Dærtahytta – Rostahytta

16,6 km, 5 Std. 30 Min., ↑ 360 m, ↓ 640 m, ⇧ 470-1.030 m

0,0 km	⇧ 740 m	Dærtahytta
3,7 km	⇧ 985 m	Grenze Øvre-Dividal-Nationalpark
6,0 km	⇧ 940 m	Flussquerung Gassavákkejohka
10,6 km	⇧ 750 m	Flussquerung Áslatjohka
16,5 km	⇧ 470 m	Hängebrücke über den Rostaelva
16,6 km	⇧ 470 m	Rostahytta

Von den Dærtahütten führt der Anstieg in nördliche Richtung durch ein schmales Tal in das breitere Gassavággi, dem Sie in nordwestliche Richtung folgen. Die erste Etappenhälfte führt über Schotter und felsiges Terrain und ist daher recht unangenehm zu laufen. Die zweite Hälfte verläuft dann problemlos durch das Kahlfjell und Sie steigen gemächlich hinab zum Rostaelva, wo Sie eine Hängebrücke hinüber zu den Rostahütten am nördlichen Flussufer bringt.

Am Etappenende führt eine gute Hängebrücke sicher über den Rostaelva

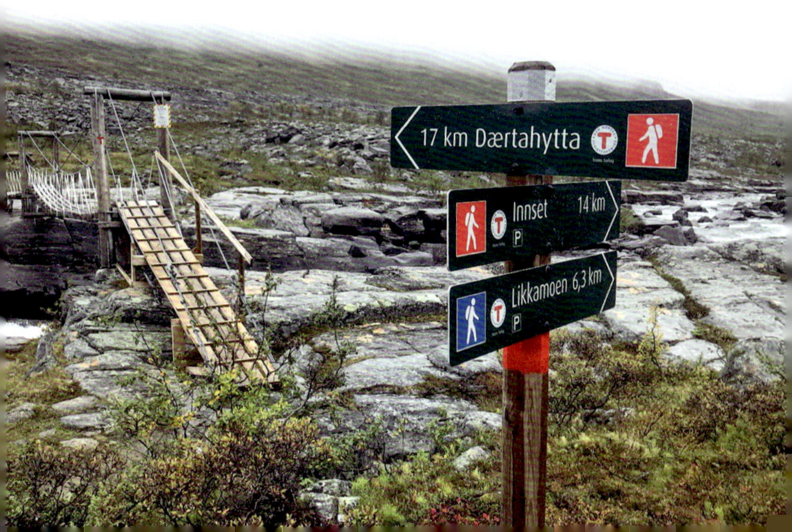

Auf dem Weg hinunter zu den Rostahütten gibt es nach der Überquerung des Áslatjohka einen kleinen Bereich mit – allerdings stark schwankendem – Empfang (erst finnisches, dann norwegisches Netz).

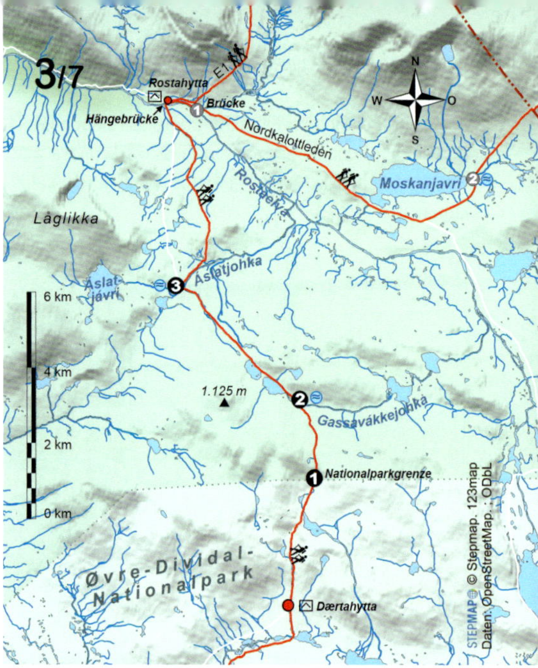

Hinter den Dærtahütten geht es kontinuierlich neben dem Gebirgsbach bergan. Die Landschaft wird mit zunehmender Höhe immer karger und felsiger und schließlich laufen Sie durch ausgedehnte Schotterfelder und über rutschige Felsen. Daran wird sich, sehr zum Leidwesen der Füße, während der ersten Etappenhälfte leider nichts mehr ändern.

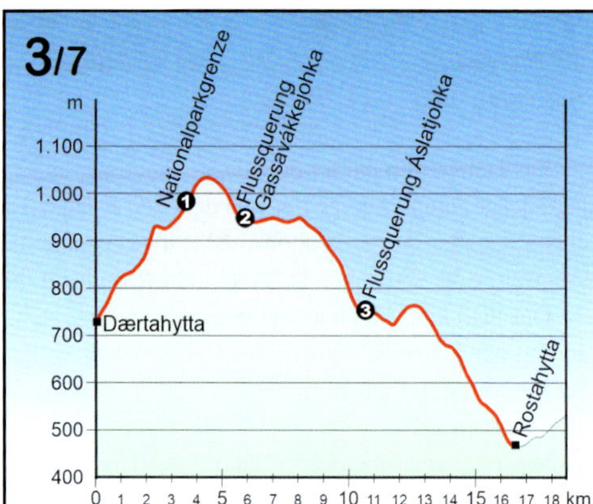

Kurz bevor Sie den höchsten Punkt der Etappe überschreiten, verlassen Sie den Øvre-Dividal-Nationalpark ❶ und erreichen das weitere Tal des Gassavákejohka. Im weiteren Etappenverlauf sind nun keine nennenswerten Anstiege mehr zu bewältigen.

Nachdem Sie den Flusslauf überquert haben ❷, laufen Sie am östlichen Ufer der beiden benachbarten Seen Gassavákkejavrrit auf etwa 945 m Höhe entlang und der sich daran anschließende Weg durch Kahlfjell ist wieder einfacher zu laufen.

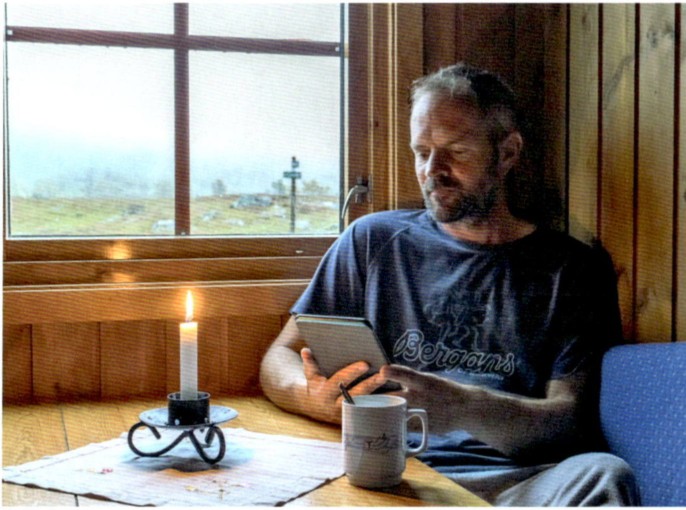

Hüttenromantik in der Rostahytta

Sie laufen nun in nordwestliche Richtung auf die Gipfel des imposanten Likkafjellet zu und queren den aus dem See Áslatjávri am Fuß des Gebirgsmassivs entspringenden Fluss Áslatjohka ❸. Am gegenüberliegenden Ufer beziffert ein Wegweiser die verbleibende Strecke zur Rostahytta mit 6 km.

Der Pfad führt nun mit kontinuierlichem, aber nicht übermäßig steilem Gefälle an den westlichen Ausläufern des Gebirgszuges entlang und voraus erblicken Sie bei klarem Wetter am Horizont das Gipfelpanorama über Måskokaise, Isdalsfjälla und Maskanvarri.

Nach der Querung eines weiteren, schmalen Bachlaufs wandern Sie über Felskuppen zur Hängebrücke über den Rostaelva. Am gegenüberliegenden Ufer erreichen Sie nach ein paar Schritten flussaufwärts nach rechts die alte Rostahütte als erstes Hüttengebäude.

⌂ Rostahytta, DNT, 33 Schlafplätze, 🐕, GPS N 68°56.364' E 020°01.616'. Die Rostahytta umfasst insgesamt vier Hüttengebäude: die Gamle Rostahytta (Baujahr 1964), die Nye Rostahytta (1973), die Jubileumshytta (2007) und den Hundeannex (2018, mit vier Betten).

8. Etappe (E1): Rostahytta – Gappohytta

18,7 km, 6 Std. 15 Min., ↑ 560 m, ↓ 320 m, ⇧ 460-970 m

0,0 km	⇧ 470 m	Rostahytta ⌂
4,4 km	⇧ 644 m	Flussquerung unterhalb des Bergsees
6,5 km	⇧ 810 m	Flussquerung unterhalb des Passes
11,4 km	⇧ 880 m	Grenzstein 291
13,8 km	⇧ 780 m	Flussquerung Njearrejohka
18,7 km	⇧ 700 m	Gappohytta ⌂

Die ersten 7 km dieser exponierten Etappe führen moderat, aber stetig bergan durch das einsame Isdalen an der Grenze zwischen Norwegen und Schweden. Nur der letzte Anstieg hinauf auf den Čievččasčahcapass zwischen dem Isdalsfjellamassiv im Westen und dem Moskángáisihang im Osten ist etwas steiler. Anschließend wandern Sie entlang von Bergseen durch die karge Talsohle und über die Grenze in den nordwestlichen Zipfel Schwedens. Nach der Überquerung des Flusses Njearrejohka geht es zurück nach Norwegen und durch ein nun wieder grünes und einfach zu laufendes, weites Tal zu den malerisch zwischen mehreren kleinen Seen gelegenen Gappohütten.

📱 Es ist durchgehend kein Empfang.

An der Weggabelung unmittelbar hinter der Nye Rostahytta führt der Nordkalottleden geradeaus parallel zum Flussufer weiter zur schwedischen Pältsa Fjällstuga (☞ 8. Etappe (Nordkalottleden)). Der E1 nimmt den nach links abzweigenden, ansteigenden Pfad. Dieser führt nach Nordosten vom Flussufer weg und eröffnet tolle Blicke zurück auf das Flusstal und die Rostahütten an seinem Ufer.

Es geht durch eine gut zu laufende, baumlose Heidelandschaft gemächlich bergan. Rechts zu Ihren Füßen sucht sich der Isaelva in mehreren Armen am Fuß des markanten Moskángáisi-/Moskkugáisimassivs seinen Weg nach Süden.

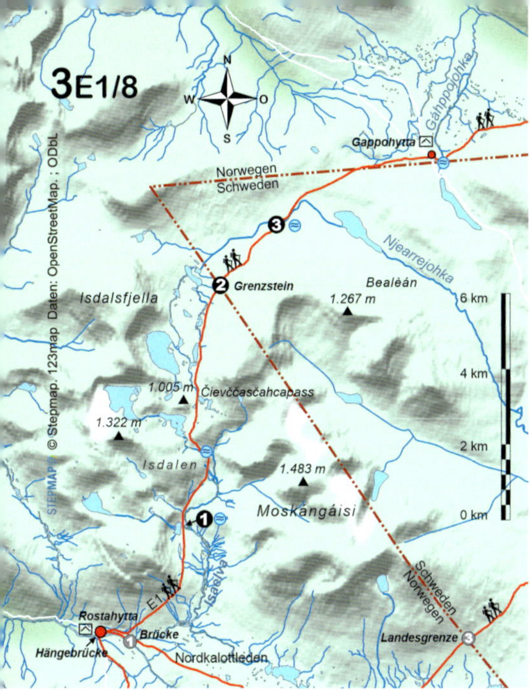

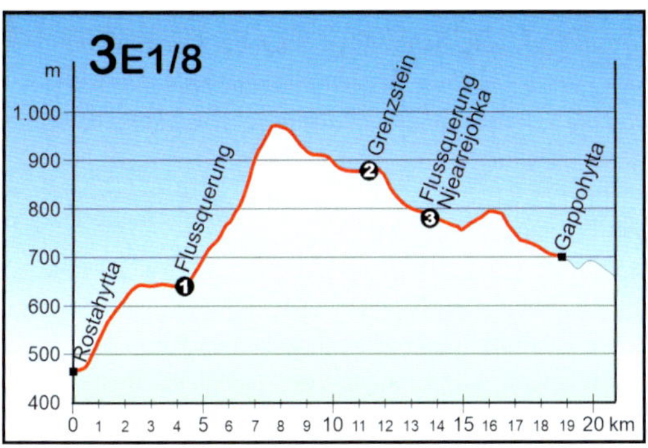

Am Hang des Isdalsfella zur Linken stürzt sich ein mächtiger Wasserfall hinab in einen Bergsee auf etwa 640 m Höhe, dessen Abfluss Sie überqueren müssen ❶, was an dieser Stelle aber mit einem beherzten Sprung von Stein zu Stein erledigt ist.

Nun laufen Sie zwischen dem Hang und dem Fluss weiter und ein Wegweiser bemisst die verbleibende Distanz bis zur Gappohytta mit 15 km. Nachdem Sie einen weiteren, schmalen Gebirgsbach überquert haben, beginnt der finale, etwas steilere Anstieg hinauf auf den Čievččasčahcapass und die folgenden Kilometer wandern Sie über Schotterfelder und Blockhalden.

Nachdem ein etwas breiterer Bach gequert wurde, geht es über mehrere natürliche Stufen mit Steilhängen dazwischen endgültig hinauf auf den Pass und der Wegweiser „Gappohytta 13 km“ informiert über die verbleibende Strecke bis zum Etappenziel. Nun wandern Sie in der von hohen Bergen umringten Talsohle entlang einer Kette schöner Bergseen.

Das Tal und der Pfad schwenken langsam in nordöstliche Richtung und der Weg wird wieder einfacher zu laufen. Am ❷ Grenzstein zu Schweden sind es laut Wegweiser noch 9,3 km bis zur Gappohytta. Die Hänge treten zurück, der Blick wird weiter und im Norden dominiert die pyramidenförmige Silhouette des Bárrásgipfels (1.419 m) den Horizont.

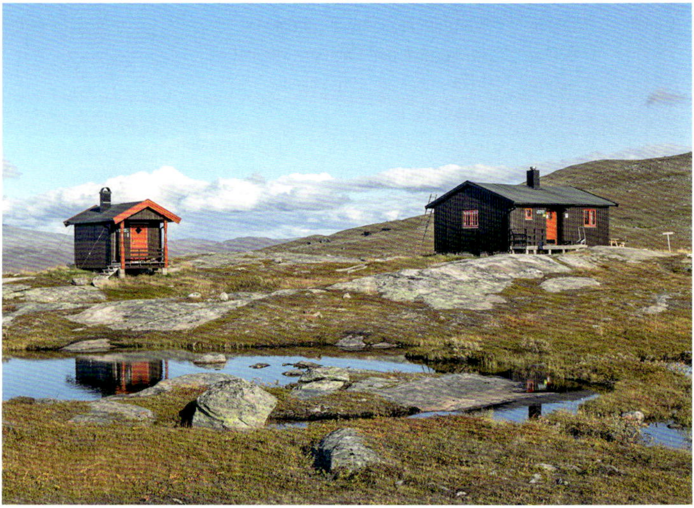

Gappohytta

Bei der Querung des Njearrejohka ❸, der zwar weder besonders reißend noch übermäßig tief ist, ist volle Aufmerksamkeit gefragt, denn die mit Algen bewachsenen Steine am Grund sind äußerst rutschig.

Kurz darauf passieren Sie einen schönen Wasserfall und der Pfad verläuft durch hügeliges Gelände. 3 km vor dem Etappenziel heißt Sie ein Wegweiser des norwegischen Wandervereins zurück in Norwegen willkommen und die letzten Kilometer durch das offene Kahlfjäll sind einfach zu laufen.

Gappohytta, DNT, 24 Betten, 🐕, GPS N 69°03.179' E 020°15.216'. Der malerisch auf einer kleinen, von Seen umringten Anhöhe gelegene Hüttenkomplex umfasst die drei Hütten Gamle Gappohytta von 1959, Nye Gappohytta (1984) sowie als neuestes Bauwerk die kleine Hütte für Gäste mit Hund von 2008.

9. Etappe (E1): Gappohytta – Kuohkimajärvi

15,6 km, 5 Std., ↑ 120 m, ↓ 330 m, ⇧ 490-700 m

0,0 km	⇧ 700 m	Gappohytta ⌂
0,5 km	⇧ 676 m	Querung Gáhppojohka
4,2 km	⇧ 583 m	Flussquerung Indre Skjærdalen
7,6 km	⇧ 630 m	Brücke über den Bach am Valljihat
9,9 km	⇧ 493 m	Brücke über den Stordalselva
12,3 km	⇧ 512 m	Goldahytta ⌂
15,3 km	⇧ 490 m	Treriskröset/Kreuzung mit Nordkalottleden
15,6 km	⇧ 490 m	Kuohkimajärvi Autiotupa/Varaustupa ⌂

Der Gedenkstein erinnert an die Eröffnung des Nordkalottleden am 2.9.1993

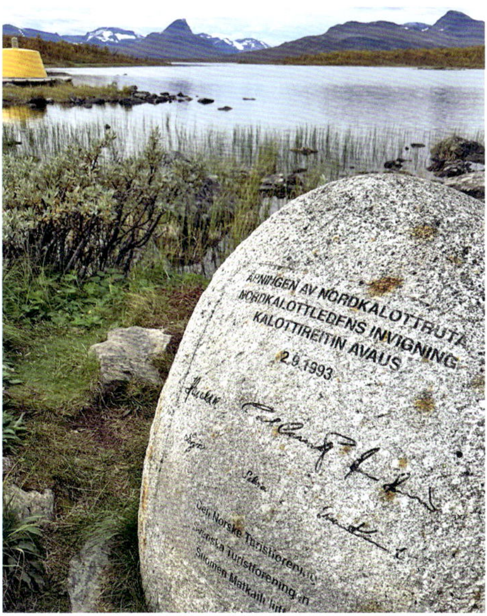

Diese kurze, einfach zu laufende Etappe führt von der Gappohytta durch ein weites, baumloses Tal nach Osten. Hinter der Brücke am Fuß des Valljihat (Gåldahaugen) geht es durch Birkenwald hinab zu einer weiteren Brücke über den Stordalselva an seiner Mündung in den Golddajávri und dann durch den Wald am Nordufer des Sees bis zur Goldahütte. Eine einfache Wanderung durch lichten Wald führt weiter zum Grenzstein im Dreiländereck von Schweden, Finnland und Norwegen und zur ersten finnischen Hütte der Tour.

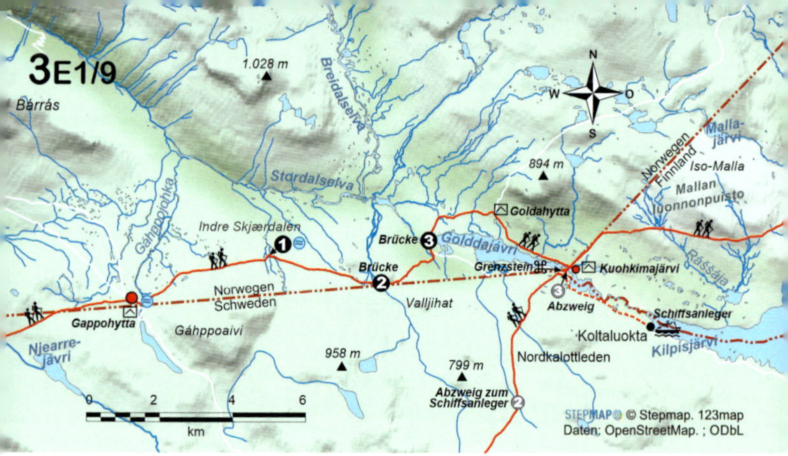

Bereits kurz hinter der Gappohytta werden die ersten zaghaften Ausläufer des Mobilfunknetzes erreicht und im weiteren Etappenverlauf wird der Empfang immer zuverlässiger.

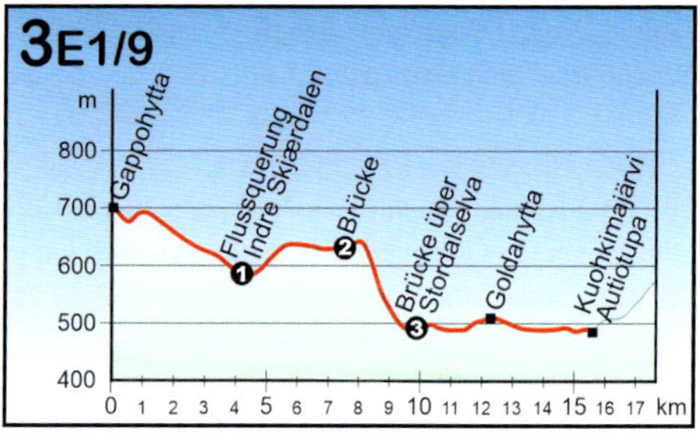

Von den Gappohütten laufen Sie über felsiges Terrain hinab zum Gáhppojohka, der ohne Probleme überquert werden kann. Anschließend bringt Sie ein stets klar zu erkennender Pfad durch ein weites Tal, das an den Rändern von schroffen Gipfeln umringt wird, und immer wieder lockern schöne Bergseen den Blick auf.

Nach rund 4 km steigen Sie in das Seitental Indre Skjærdalen ab und die einzelnen Flussarme sind über große Felsblöcke leicht zu überqueren ❶.

Auch anschließend laufen Sie weiter durch das baumlose Kahlfjäll gen Osten zur kleinen Holzbogenbrücke über einen Gebirgsbach am Fuße des Valljihat/Gåldahaugen (699 m) ❷. Anschließend beginnt der Abstieg durch den Birkenwald in das fruchtbare Tal und eine weitere Brücke bringt Sie über den Stordalselva an seiner Mündung in den Golddajávri ❸.

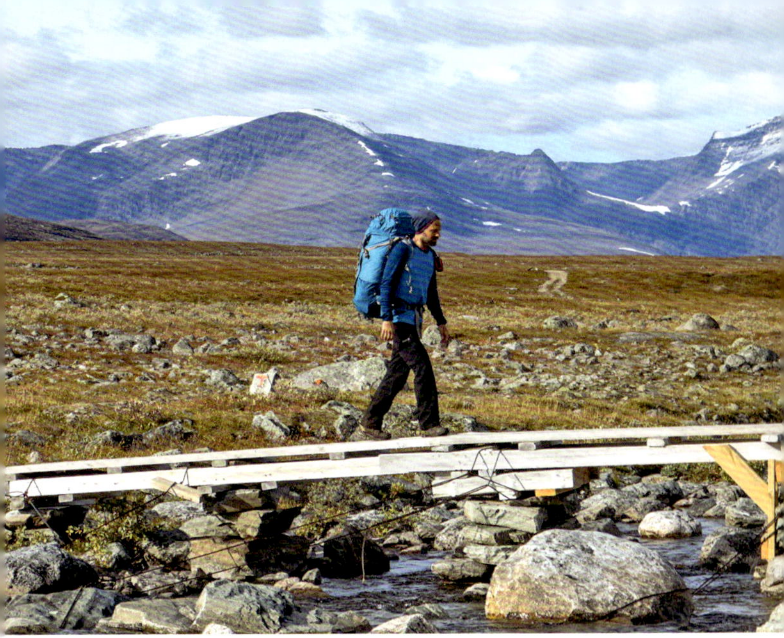

Brücke über den Gebirgsbach am Fuße des Gåldahaugen

Nach Passieren des Rentiergatters schwenkt der Pfad nach rechts in Richtung Osten und bringt Sie am Fuß der massiv in die Höhe ragenden Felswand durch offenes, ebenes Gelände. Die sumpfigeren Abschnitte sind mit Bohlenstegen ausgestattet, sodass die Goldahytta ohne nasse Füße erreicht werden kann.

Goldahytta, DNT, 22 Schlafplätze, 🐕, GPS N 69°04.420' E 020°30.127'. Die Goldahytta umfasst die Gamle Goldahytta (1972), die Nye Goldahytta (1992) und eine eigene, kleine Hütte mit zwei Betten für Wanderer in Begleitung von Hunden.

Hinter der Nye Goldahytta laufen Sie parallel zum Seeufer auf einem trockenen, mit spärlichem Birkenwald bestandenen Landrücken weiter und schon bald ist zwischen den weißen Birkenstämmen der leuchtend gelbe Grenzstein im Dreiländereck von Finnland, Norwegen und Schweden (*Treriksröset* auf Schwedisch, *Treriksrøyset* auf Norwegisch, *Kolmen valtakunnan rajapyykki* auf Finnisch) zu sehen.

Der Grenzpunkt ist durch einen markanten, aber nicht sehr hübschen, leuchtend gelben Betonklotz im Golddajávri markiert. Auf Bohlenstegen können Sie

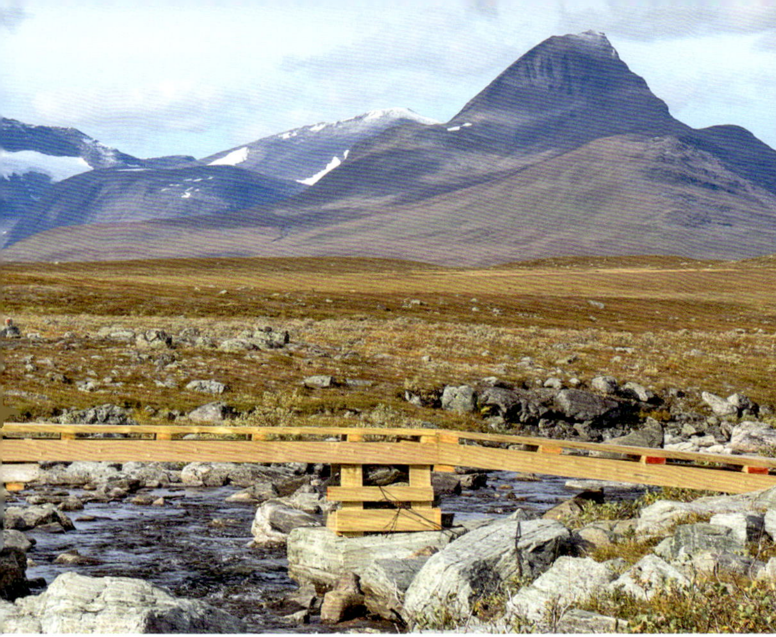

diesen symbolträchtigen Ort problemlos erreichen und umrunden. Am Beginn der Bohlenstege erinnert ein großer Gedenkstein an die Eröffnung des Nordkalottleden am 2.9.1993.

Mit dem Grenzstein im Rücken passieren Sie das Rentiergatter und laufen nach links (von rechts kommt der Nordkalottleden von der Pältsa Fjällstuga, ☞ 9. Etappe (Nordkalottleden)) weiter zur offenen Wildmarkhütte.

⌂ Kuohkimajärvi, Metsähallitus, ca. 6 Liegeplätze in der offenen Autiotupa, GPS N 69°03.619' E 020°33.399'. Als Erstes passieren Sie die verschlossene Varaustupa, ein Stück weiter hinter dem Holzschuppen und den Toiletten liegt die frei zugängliche Autiotupa auf einem kleinen Landvorsprung. Ofen, Feuerholz und Gaskocher sind vorhanden. Im Gegensatz zu den norwegischen oder schwedischen Hütten gibt es aber statt Betten nur Pritschen ohne Matratzen und keine Küchenausstattung. Für die Übernachtung wird neben Schlafsack und Kochgeschirr auch eine Isomatte benötigt. Die verschlossene Varaustupa umfasst 10 Schlafplätze, da man den Schlüssel allerdings im Kilpisjärvi Visitor Center buchen muss, kommt eine Übernachtung hier nur bei einer Wanderung in die entgegengesetzte Richtung infrage.

8. Etappe (Nordkalottleden): Rostahytta – Pältsa Fjällstuga

18,3 km, 5 Std. 30 Min., ↑ 360 m, ↓ 240 m, ⇧ 470-750 m

0,0 km	⇧ 470 m	Rostahytta
0,9 km	⇧ 485 m	Brücke über den Iselva
9,9 km	⇧ 600 m	Überquerung des Abflusses aus dem Moskánjávri
12,6 km	⇧ 730 m	Landesgrenze Norwegen – Schweden
17,6 km	⇧ 580 m	Brücke über den Bealčájohka
18,3 km	⇧ 585 m	Pältsa Fjällstuga

Diese landschaftlich reizvolle Etappe führt ohne große Schwierigkeiten aus dem Tal des Iselva hinauf ins Kahlfjäll. Nachdem die Landesgrenze überschritten wurde, geht es mit einem gemächlichen Abstieg hinab zur schwedischen Pältsahütte.

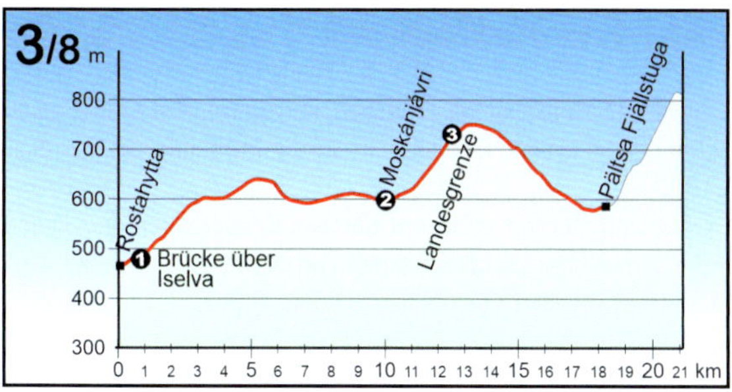

Es gibt auf der gesamten Strecke keinen Empfang.

An der Weggabelung direkt hinter dem letzten Gebäude der Rostahütten halten Sie sich rechts und laufen flussaufwärts am Ufer entlang bis zur Brücke über den Iselva ❶, direkt vor dessen Mündung in den Rostaelva.

Nun steigen Sie unter den Blicken der Rentiere in südöstliche Richtung aus dem Flusstal heraus und laufen dann in etwa einer Höhe in einem Bogen südlich um den Bergsee Moskánjávri herum.

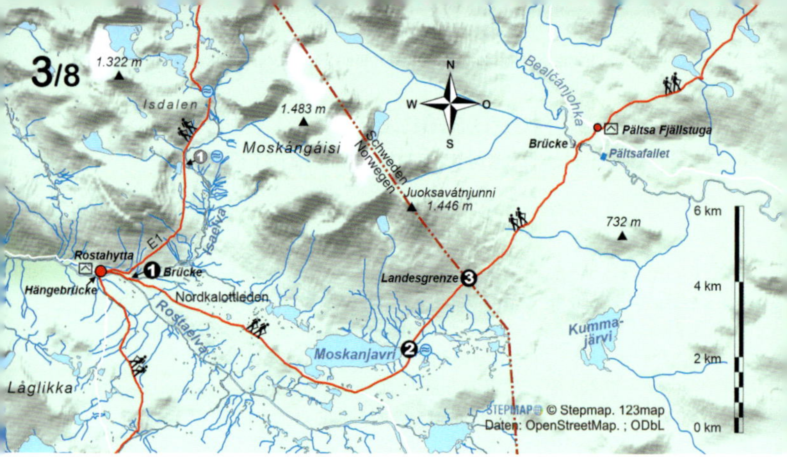

Der Weg folgt dabei über weite Strecken einer breiten Quadspur, wobei hin und wieder ein weiterer Schlenker der Fahrspur durch einen geraden Trampelpfad abgekürzt wird.

Auf Höhe des Ostufers schwenkt der Pfad nach Norden und führt zur Furt über den aus dem See abfließenden Gebirgsbach ❷.

Der folgende Anstieg erklimmt den südöstlichen Hang am Fuß des Juoksavátnjunni (1.446 m), über den auch die Staatsgrenze verläuft ❸. Sie macht sich durch ein kleines Schild bemerkbar und die Markierungsfarbe wechselt von rot zu orangefarben.

Kurz hinter der Grenze wird der höchste Punkt überschritten. Bis zum Etappenende laufen Sie nun nur noch bergab und nach gut 5 km bringt Sie eine Brücke über den Fluss Bealčájohka/Pältsanjakka, wo am gegenüberliegenden Ufer nach einem kurzen Gegenanstieg die Pältsahütten erreicht werden.

⌂ Pältsa Fjällstuga, STF, 24 Schlafplätze, 🐕, Sauna, GPS N 68°58.449' E 020°22.109'. Die größere Hütte umfasst einen großen Gemeinschaftsraum mit Küche, einen Trockenraum sowie zwei Vierbett- und ein Zehnbettzimmer. In der kleineren Hütte gibt es zwei Zimmer mit insgesamt acht Betten. In der Saison von Mitte März bis Anfang Mai und Mitte Juli bis Mitte September wohnt hier auch der Hüttenwart; in der übrigen Zeit ist nur ein Sicherheitsraum zugänglich.

☺ Unbedingt sehenswert ist der Wasserfall Pältsafallet am Bealčájohka/Pältsanjakka etwa 800 m unterhalb der Hütte in südöstliche Richtung.

9. Etappe (Nordkalottleden): Pältsa Fjällstuga – Kuohkimajärvi

14 km, 4 Std. 30 Min., ↑ 400 m, ↓ 490 m, ⇧ 490-850 m

0,0 km	⇧ 585 m	Pältsa Fjällstuga
4,6 km	⇧ 850 m	höchster Etappenpunkt zwischen den beiden Bergseen
9,3 km	⇧ 780 m	Abzweig Pfad Richtung Schiffsanleger am Samenlager Koltaluokta
13,7 km	⇧ 490 m	Zugang zum Bohlensteg am Dreiländereckgrenzstein
14,0 km	⇧ 490 m	Kuohkimajärvi Autiotupa/Varaustupa

Ein bisweilen steiler Anstieg macht den Auftakt dieser Etappe. Nach einem Zwischenstück über eine mit größeren und kleineren Seen gespickte Hochebene geht es in der zweiten Etappenhälfte dann gemächlich bergab zum Dreiländereck von Schweden, Norwegen und Finnland. Der Nordkalottleden folgt dabei in weiten Teilen auch im Sommer der deutlich sichtbaren Wintermarkierung in Form der markanten roten Andreaskreuze.

Wegweiser an der Pältsa Fjällstuga

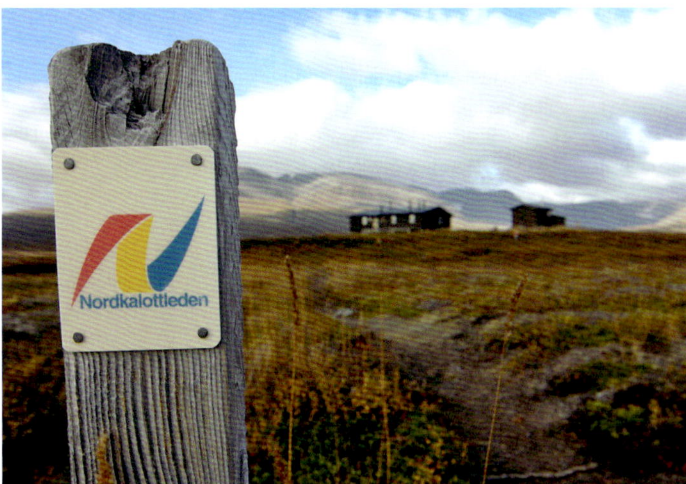

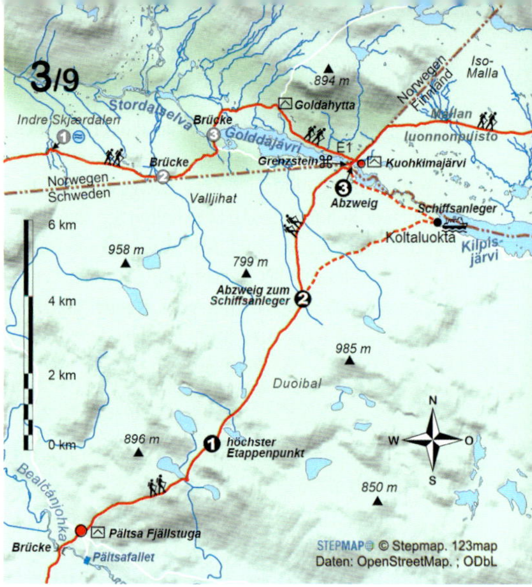

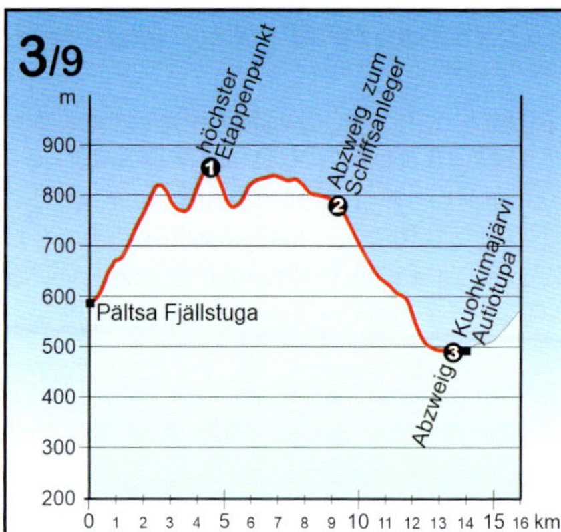

Zuverlässiger Empfang ist erst am Etappenende am Dreiländereck.

Von den Pältsahütten zieht der Nordkalottleden weiter in nordöstliche Richtung und der erste Etappenabschnitt hat es in sich. Es geht, z. T. sehr steil, bergauf und auf den ersten 2,5 km sind über 230 Höhenmeter zu bewältigen. Danach geht es zu einem kleinen Bergsee und mit einem weiteren Anstieg über den höchsten Punkt der Tagesetappe ❶ zum nächsten See.

Nach dem sich anschließenden, kurzen Gegenanstieg geht es zunächst ohne größere Höhenunterschiede über eine Hochebene weiter, dann öffnet sich voraus der Blick über den See Golddajávri im Norden, an dessen östlichem Ende die Grenzen der drei Länder Schweden, Norwegen und Finnland aufeinandertreffen, und bis zum Endpunkt der Etappe laufen Sie nun nur noch bergab.

Knapp 5 km vor dem Etappenziel erreichen Sie eine Weggabelung ❷. Der Pfad nach rechts in nordöstliche Richtung führt direkt zum Schiffsanleger am Samenlager Koltaluokta (☞ 10. Etappe). Für den Nordkalottleden halten Sie sich links und laufen zunächst in nördlicher, später in nordöstlicher

Richtung weiter und hinter der Brücke über einen Gebirgsbach ist der Birkenwald erreicht.

Südlich des Golddajávriufers zweigt dann nach rechts ein weiterer Weg zum Samenlager Koltaluokta ab. Hier halten Sie sich links und erreichen nach wenigen Schritten den Zugang zum Bohlenweg ❸ um den markanten gelben Betonklotz im Golddajávri, der das Zusammentreffen der drei Landesgrenzen markiert. Der Weg geradeaus führt rechts vom Rentierzaun weiter zur offenen finnischen Wildmarkhütte (von links trifft der von der Goldahytta kommende E1 auf den Nordkalottleden, ☞ 9. Etappe (E1)), die gut 100 m östlich des Hauptwegs liegt.

Kuohkimajärvi, Metsähallitus, ca. 6 Liegeplätze in der offene Autiotupa, GPS N 69°03.619' E 020°33.399'. ☞ 9. Etappe (E1)

10. Etappe (E1/Nordkalottleden): Kuohkimajärvi – Kilpisjärvi

17,9 km, 5 Std. 30 Min., ↑ 410 m, ↓ 410 m, ⇧ 480-680 m

0,0 km	⇧ 490 m	Kuohkimajärvi Autiotupa/Varaustupa
5,5 km	⇧ 650 m	Wasserfall Kitsiputous
10,1 km	⇧ 486 m	Wanderparkplatz an der E8
12,3 km	⇧ 505 m	Kilpisjärven Retkeilykeskus
15,6 km	⇧ 630 m	Kreuzung Nordkalottleden/Abstieg nach Kilpisjärvi
17,9 km	⇧ 490 m	Kilpisjärvi BANK ⌘ P

Die Etappe vom Dreiländereck nach Kilpisjärvi verläuft durch das Mallareservat und vom Südhang des Iso-Malla bieten sich tolle Ausblicke. Als Erstes wird das Kilpisjärvi-Wanderzentrum mit Campingplatz erreicht, noch einmal 4 km weiter in östlicher Richtung liegt der eigentliche „Ort" mit Hotel, Supermarkt, Tankstelle sowie mehreren Hotels und Hüttenvermietungen.

Es ist durchgehend guter Empfang auf der gesamten Strecke.

Für den Weg nach Kilpisjärvi können Sie zwischen zwei Varianten wählen: entweder bequem mit dem Schiff oder stilecht auf Schusters Rappen.

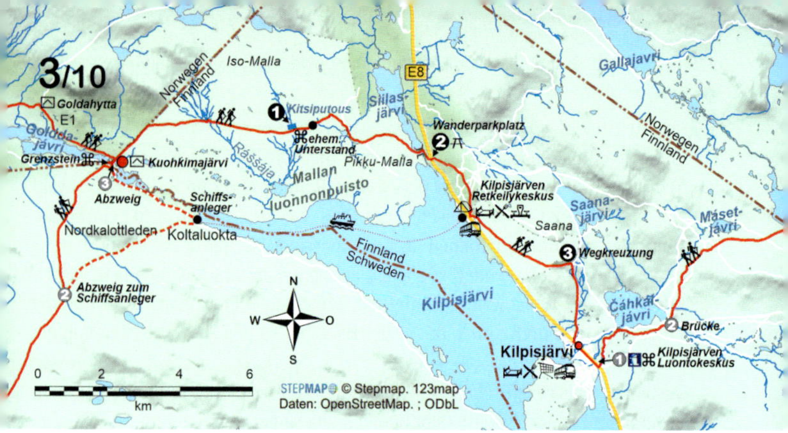

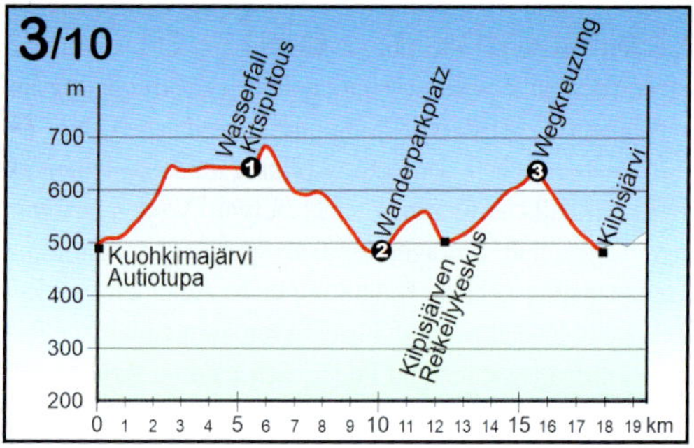

Mit dem Schiff:

Der Schiffsanleger liegt etwa 3 km östlich des Dreiländerecks beim Samenlager Koltaluokta. Der Fahrplan sieht von Mai bis September drei Abfahrten am Kilpisjärven Retkeilykeskus um 10:00, 14:00 und 18:00 (finnische Zeit!) vor. Die Überfahrt dauert etwa 30 Minuten und das Boot bleibt etwa 2 Stunden, damit die Touristen genug Zeit für ein paar Selfies am Grenzstein haben, bevor es nach Kilpisjärvi zurückfährt – also etwa gegen 12:30, 16:30 und 20:30. Feste Abfahrtszeiten gibt es aber nicht und wenn in Kilpisärvi nicht genügend Fahrgäste zusammenkommen (kann in der Nebensaison durchaus passieren), startet das Boot überhaupt nicht!

☺ In Finnland gilt Osteuropäische Zeit, d. h., die Uhr muss um eine Stunde vorgestellt werden.

Zu Fuß:

Für die Wanderung nach Kilpisjärvi starten Sie von den Kuokimajärvihütten in nordöstliche Richtung und laufen neben dem Rentierzaun durch den Birkenwald bergan. Nach rund 1,5 km schwenkt der Pfad, der nun mit etwa 50 cm hohen Holzpflöcken mit orangefarbenen Köpfen markiert ist, nach rechts und führt unterhalb des steil aufragenden südlichen Felshangs am Iso-Malla entlang weiter. Nachdem sich der Birkenwald gelichtet hat, öffnet sich ein großartiges Panorama über den Kilpisjärvi und zurück reicht der Blick bis zu den norwegischen Gipfeln der vorangegangenen Etappen.

Der Weg ist bisweilen sehr steinig und durch das beständige Auf und Ab recht beschwerlich zu laufen, sodass man deutlich langsamer vorankommt, als man bei einem Blickt auf die Karte vermuten würde. Gut 5,5 km nach dem Start erreichen Sie den Wasserfall Kitsiputous ❶ und gut 500 m weiter einen ehemaligen Unterstand, der im Zweiten Weltkrieg Teil der Verteidigungslinie der deutschen Wehrmacht war (✋ Übernachtung und Feuermachen sind hier verboten).

Die Landschaft wird etwas offener und Sie laufen nördlich des Pikku-Malla weiter in östliche Richtung leicht bergab. Voraus bestimmt der wie eine Insel aus der Landschaft aufragende Saanagipfel das Panorama. Nach einem kurzen Gegenanstieg geht es endgültig hinab. An einem markanten Findling mit großer Felsspalte zweigt nach rechts ein Weg zum Gipfel des Pikku-Malla ab. Hier laufen Sie geradeaus weiter und finden sich bald im Birkenwald wieder.

Die Grenze des Naturreservats und die Brücke über die Stromschnellen zwischen Siilasjärvi und Kilpisjärvi sind die weiteren Stationen auf dem Weg zum großen P Wanderparkplatz an der Straße E8 aus Kilpisjärvi in Richtung norwegische Grenze ❷.

Nach Überqueren der Straße wandern Sie weiter auf einem breiten, neu angelegten und planierten Weg (die Markierungen führen zwar zunächst auf einen schmaleren Pfad, dieser trifft aber im weiteren Verlauf ohnehin wieder auf den neu angelegten Weg). An der Wegkreuzung Richtung Saanagipfel halten Sie sich rechts und erreichen nach 1,5 km das Kilpisjärvi-Wanderzentrum.

Kilpisjärven Retkeilykeskus, Käsivarrentie 14663, ☏ +358/40/778 94 45, www.kilpisjarvicamping.com, Anfang Juni bis Ende September. Das Kilpisjärvi-Wanderzentrum mit angeschlossenem Campingplatz bietet Übernachtungsmöglichkeiten in Hotelzimmern und Hütten und ist die älteste touristische Herberge in Kilpisjärvi. DZ ab € 125, Camping: Zelt € 18, Person € 5

Restaurant im Wanderzentrum, 12:00-21:00, Frühstück 8:00-10:00

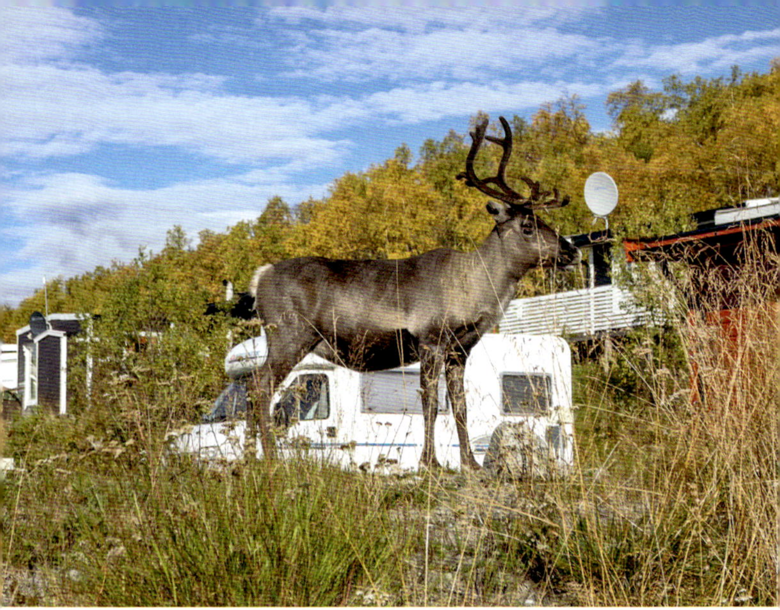

Auf dem Campingplatz fühlen sich selbst die Rentiere wohl

Von der Bushaltestelle direkt an der Straße vor dem Wanderzentrum verkehrt im Sommer täglich jeweils ein Bus nach Tromsø und nach Rovaniemi (www.matkahuolto.fi und www.eskelisen.fi).

Der Campingplatz ist quasi ein Vorposten von Kilpisjärvi, der eigentliche „Ort" liegt gut 5 km weiter in östlicher Richtung. Für den Weg dorthin wenden Sie sich gleich auf der obersten Terrasse des Campingplatzes nach Osten. Der Pfad verläuft in etwa auf einer Höhe am Südhang des Saana entlang, ist aber dennoch nicht ganz einfach zu laufen, da der Untergrund sehr feucht ist.

Nachdem Sie den Saanagipfel bereits passiert haben, halten Sie sich an der Wegkreuzung ❸ rechts (für die direkte Fortsetzung des Nordkalottleden geht es geradeaus weiter) und laufen talwärts hinab nach Kilpisjärvi und vorbei an den ersten Hütten bis zur Straße.

Linker Hand liegen Tankstelle, Restaurant und Supermarkt, das Lapland Hotels Kilpis ist auf der gegenüberliegenden Straßenseite zu finden. Das Kilpisjärvi-Besucherzentrum, in dem Sie die verschlossenen finnischen Varaustupas buchen können, liegt noch einmal etwa 1 km weiter in östlicher Richtung an der Straße (☞ 4. Abschnitt, 1. Etappe).

Kilpisjärvi

Kilpisjärvi ist Finnlands einziges Fjälldorf und ein beliebtes Touristenziel, vor allem für Ausflüge zum Dreiländereck und Wanderungen zum Halti. Das Dorf selbst besteht aus ein paar Häusern, einem Supermarkt und einer Tankstelle, bietet aber ansonsten keine Sehenswürdigkeiten.

Kilpisjärven Luontokeskus (Besucherzentrum), +358/206/39 79 90, www.nationalparks.fi/en/kilpisjarvivisitorcentre, März/April und Mitte Juni bis Ende September 10:00-17:00. Keine klassische Touristeninformation, sondern eine Besuchereinrichtung der staatlichen Forstverwaltung mit Ausstellungen und Infos zum Naturraum der Käsivarsiregion im Nordwesten Finnlands; darüber hinaus Verkauf von Wanderkarten und Reservierung der finnischen Varaustupas in der Haltiregion. Den Schlüssel kann man nach der Wanderung per Post zurückschicken.

Siilasjärvi

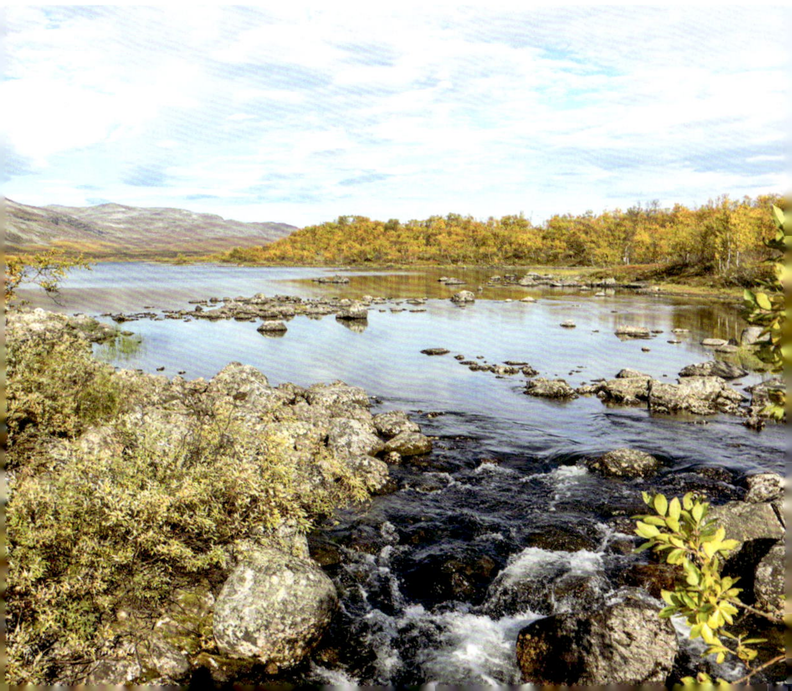

Trotz seiner geringen Größe bietet das Dorf eine Vielzahl von Übernachtungsmöglichkeiten. Zwei empfehlenswerte Übernachtungsmöglichkeiten direkt am Trail (weitere unter www.kilpisjarvi.org) sind:

- Lapland Hotels Kilpis, +358/16/32 33 00, www.laplandhotels.com, Anfang Juni bis Ende September; direkt an der Hauptstraße gegenüber von Supermarkt und Tankstelle. Neben Apartments und Hotelzimmern werden auch einfachere Hostelzimmer angeboten (DZ ab ca. € 100), schöne Sauna direkt am See und reichhaltiges Frühstücksbuffet.
- Tundrea Holiday Resort, +358/16/53 78 03, www.tundrea.com, ganzjährig geöffnet. Vermietet werden traditionelle oder moderne Blockhütten sowie Ferienapartments. DZ ab € 90

Ravintola Kilpis, www.ravintolakilpis.fi/en, ganzjährig geöffnet, in der Nebensaison eingeschränkte Öffnungszeiten und begrenztes Angebot. Das große, in der zweiten Etage des Supermarktgebäudes untergebrachte Restaurant serviert ein umfangreiches, wechselndes Mittagsbuffet oder À-la-carte-Speisen wie Steaks oder Hamburger und auch vegetarische Optionen stehen auf der Speisekarte.

Direkt im Ortszentrum gibt es den sehr gut sortierten Supermarkt Kilpishalli (Mo-Sa 9:00-21:00, So 10:00-20:00), dessen Warenangebot vom Andenken über Elektroartikel bis hin zu Lebensmitteln reicht und auch auf die Bedürfnisse von Wanderern eingestellt ist. Sie bekommen hier getrocknetes Rentierfleisch als Snack für zwischendurch genauso wie Gaskartuschen und Leichtgewichtstrekkingnahrung. Wer seine Ausrüstung aufstocken muss, findet nebenan im selben Gebäude einen kleinen Outdoorshop. Landkarten erhält man in der Tankstelle.

BANK Es gibt weder Bank noch Geldautomaten in Kilpisjärvi. Eine Möglichkeit zum Geldwechseln gibt es an der Kasse im Supermarkt, hier ist auch das Abheben von Geld mit Kreditkarten möglich.

Im Sommer bestehen tägliche Verbindungen nach Rovaniemi und Tromsø (Norwegen). Fahrpläne und Buchung unter www.matkahuolto.fi und www.eskelisen.fi/timetables-and-routes

4. Von Kilpisjärvi nach Kautokeino

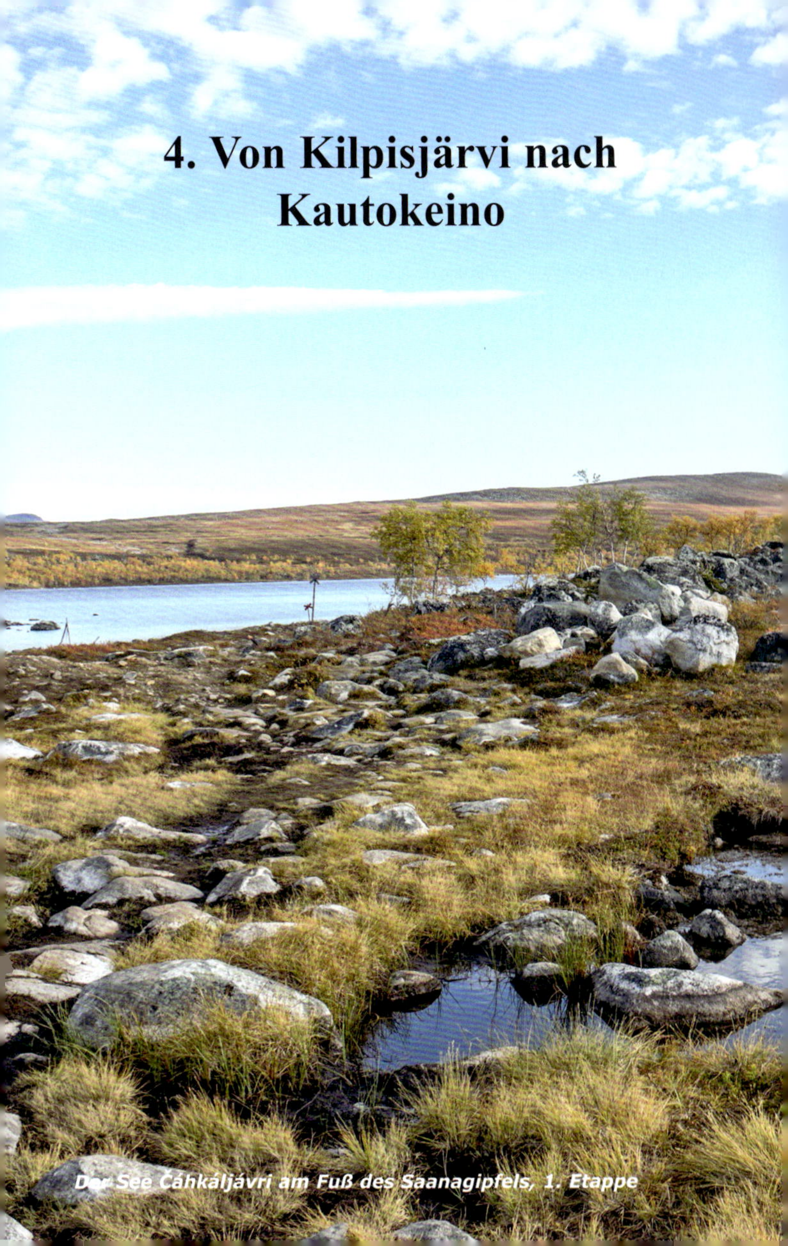

Der See Čáhkáljávri am Fuß des Saanagipfels, 1. Etappe

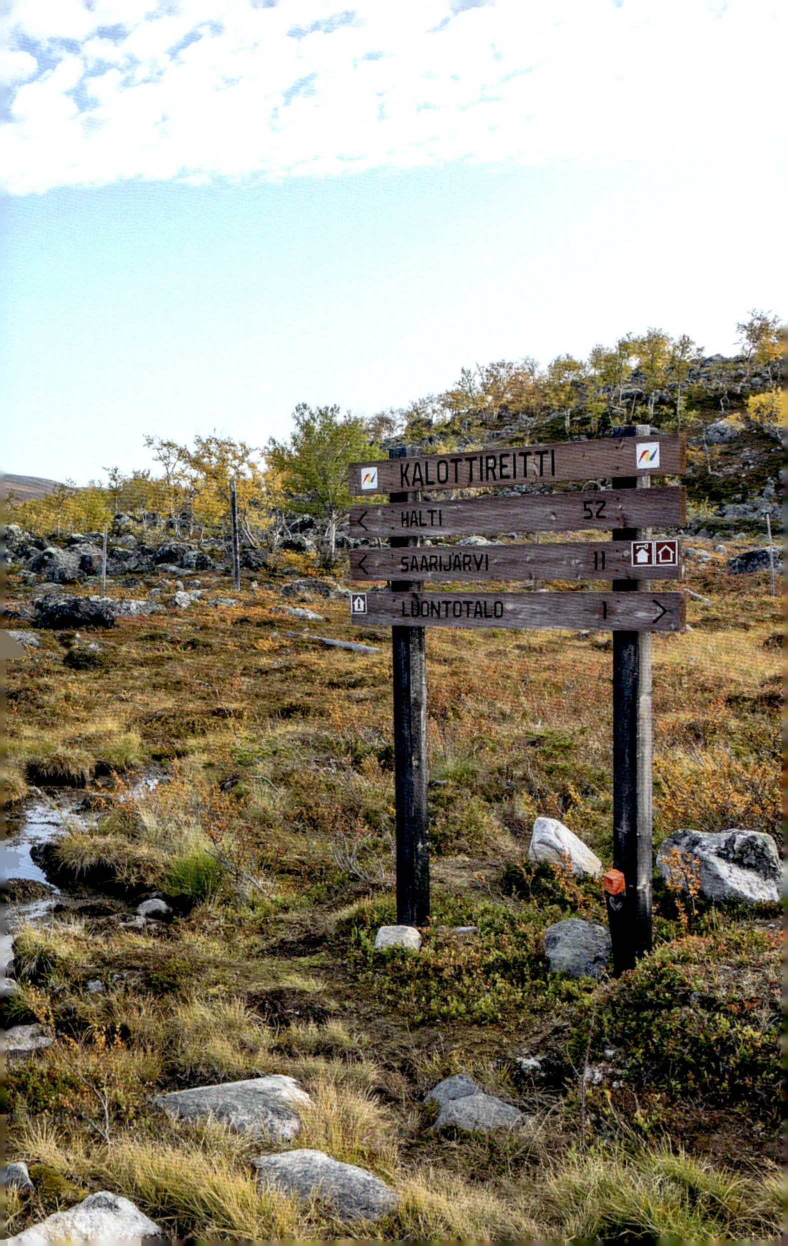
KALOTTIREITTI
HALTI 52
SAARIJÄRVI 11
LUONTOTALO 1

Länge: ca. 190 km (mit Abstecher zum Halti ca. 220 km)
Dauer: mindestens 9 Tage
Karten: Calazo-Outdoor-Karte Reisa nasjonalpark og Nordreisa sør, 1:50.000 (reicht von Kilpisjärvi bis kurz hinter die Reisavannhytta); für den letzten Abschnitt bis Kautokeino wird zusätzlich die Norge-Serien 10165: Guovdageaidnu 1:50.000 benötigt.
Proviant: Der Proviant muss für den kompletten Zeitraum mitgeführt werden.
Übernachtung: Die Etappen zwischen den einzelnen Hütten sind z. T. sehr lang, daher ist die Mitnahme eines Zeltes erforderlich.

Auf dem letzten Abschnitt des Nordkalottleden wechseln sich zahlreiche verschiedene Landschaftsformen von Hochgebirge im Käsivarsi-Wildnisgebiet bei Kilpisjärvi über das spektakuläre, schluchtartige Flusstal des Reisaelva mit steil aufragenden Hängen und imposanten Wasserfällen bis hin zu Sumpf und Moor ab. Das Tourenfinale führt dann vom Ráisjávri über die Finnmarksvidda nach Kautokeino. Dabei pendelt die Strecke um die Baumgrenze und mal wandern Sie

An den finnischen Hütten gibt es einen frei zugänglichen und einen reservierungspflichtigen Teil

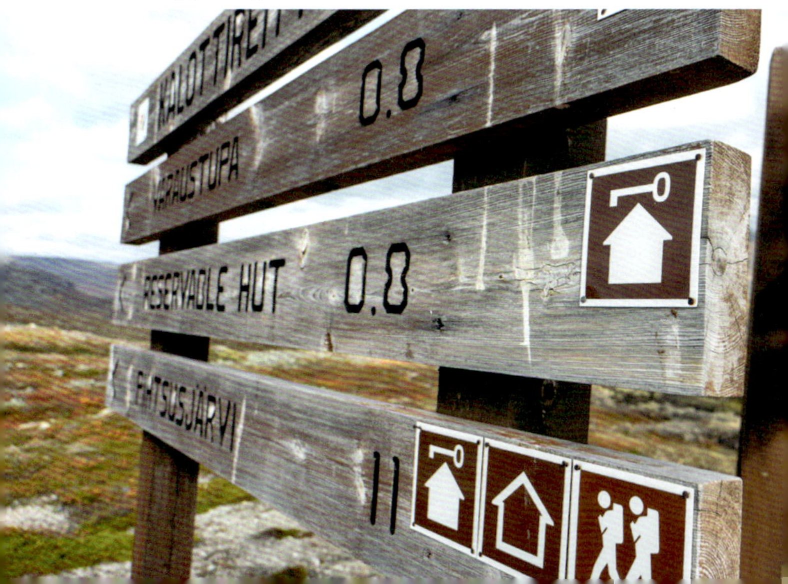

durch spärlichen Birkenwald, mal über baumfreie Hochflächen mit weiter Sicht. Zum Ende hin sorgen dann leider weitläufige Sumpfflächen für nasse Füße. Die Etappen zwischen den einzelnen Übernachtungshütten sind bis zu 30 km lang und aufgrund der aktuell unklaren Situation an der Reisavannhytta ist die Zeltmitnahme obligatorisch.

Die ersten Etappen hinter Kilpisjärvi gehören zu der am meisten begangenen Strecke des gesamten Nordkalottleden und was Sie nun erwartet, gleicht fast einem kleinen Kulturschock. Die Pihtsusjärvihütte ist das „Basislager" für den Aufstieg zum Halti und dieser mit 1.324 m höchste Hügel des Landes ist das Mekka (fast) aller Finnen und es ist quasi Pflicht, einmal im Leben den Gipfel zu erklimmen und sich ins Gipfelbuch einzutragen.

Sie können sich daher zumindest in der Hochsaison auf ein fast südländisches Ambiente in den Hütten einstellen und da es äußerst schwierig ist, einen freien Schlafplatz in den (kostenlosen) Autiotupas zwischen Kilpisjärvi und Halti zu ergattern, empfiehlt es sich, vor dem Aufbruch ins Fjäll im Kilpisjärven Luontokeskus den Schlüssel für die Varaustupas zu organisieren und die Schlafplätze für die folgenden Tage zu reservieren.

1. Etappe (E1/Nordkalottleden): Kilpisjärvi – Saarijärvi

13 km, 5 Std., ↑ 290 m, ↓ 110 m, ⇧ 490-710 m

0,0 km	⇧ 490 m	Kilpisjärvi
0,8 km	⇧ 495 m	Kilpisjärven Luontokeskus
3,9 km	⇧ 570 m	Brücke über Cáhkáljávrizufluss
13,0 km	⇧ 680 m	Saarijärvi Autiotupa/Varaustupa

Vom Kilpisjärven Luontokeskus führt eine breite Piste durch den Birkenwald leicht bergauf zum See Čáhkáljávri am Fuß des Saanagipfels. Der Nordkalottleden folgt dem Seeufer nach rechts in östliche Richtung. Nach der Brücke über einen aus dem See abfließenden Bach geht es an einem Rentierzaun entlang weiter bergauf. Oben schwenkt der Pfad in nordöstliche Richtung, verläuft am Fuß des Muurivaara kurz über norwegisches Territorium und bringt Sie dann durch steiniges, unangenehm zu laufendes Gebiet dem Ufer des Čoahppejávri folgend zur Saarijärvihütte am Ostufer des Sees.

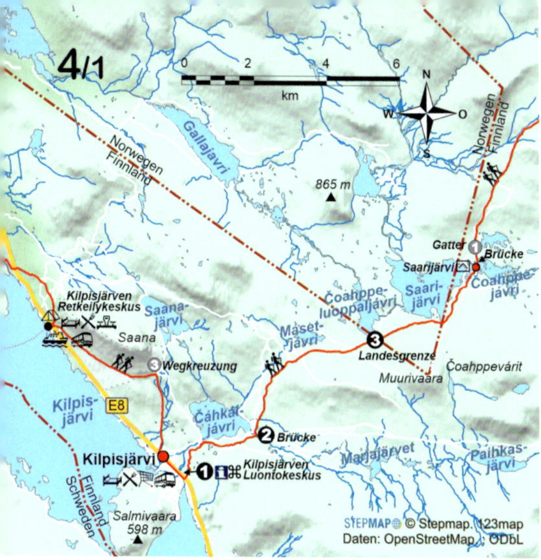

Es ist durchgehend guter Empfang auf der gesamten Strecke.

Um im ℹ ⌘ Kilpisjärven Luontokeskus den Schlüssel für die Varaustupas abzuholen und einen Schlafplatz zu buchen, laufen Sie vom Supermarkt in Kilpisjärvi etwa 1 km auf dem Gehweg neben der Straße weiter in östliche Richtung bis zum ℹ Infozentrum ❶ auf der gegenüberliegenden Straßenseite.

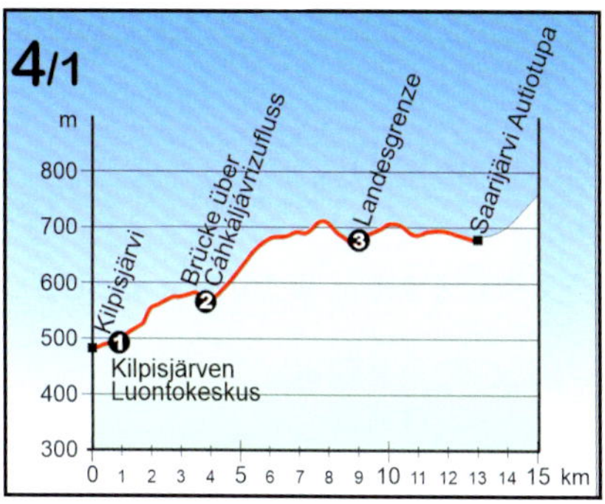

Vom P Parkplatz bringt Sie eine breite Piste durch schönen Birkenwald bergan. Oben erreichen Sie ein paar private Hütten, die sich vor dem breiten Panorama über den Bergsee Čáhkáljávri verteilen, hinter dem sich das steil aufragende Saanamassiv erhebt.

Der Wegweiser „Saarijärvi 11 km" leitet Sie nach rechts und Sie folgen dem südlichen Seeufer durch lichten Birkenwald nach Osten. Der zunächst steinige Pfad trifft auf eine breitere Fahrspur und in nördlicher Richtung dehnt sich das baumlose Kahlfjäll aus.

Sie erreichen die Brücke über einen Zufluss des Čáhkáljávri ❷ und laufen am gegenüberliegenden Ufer nach links durch das Gatter im Rentierweidezaun. Der breite, einfach zu laufende Weg führt durch Heidelandschaft zu einer Leitertreppe über den Rentierzaun und eine breite Fahrspur bringt Sie parallel zum Zaun weiter leicht bergan.

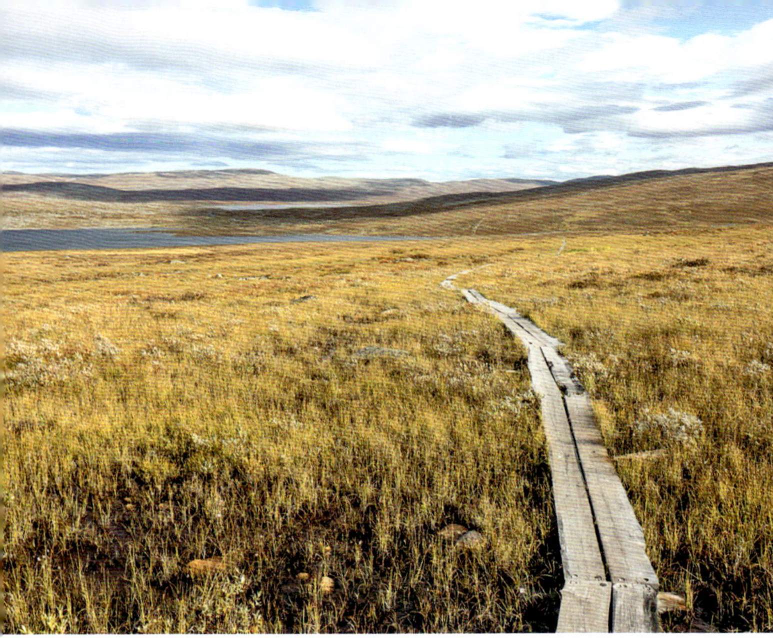

Bohlensteg auf dem Weg zur Saarijärvihütte

Nach oben hin wird die Steigung immer flacher und bald breitet sich in nördliche Richtung eine Hochebene mit zahlreichen großen und kleinen Seen aus. Der Pfad schwenkt nach rechts in nordöstliche Richtung und schließlich bringt Sie ein Bohlensteg hinab zu einem Grenzpfosten nach Norwegen am Südufer des Čoahppeluoppaljávri ❸.

Der Nordkalottleden durchquert nun einen kleinen Zipfel norwegisches Territorium. Wenn Sie nicht genau darauf achten, bekommen Sie davon aber gar nichts mit, denn die Markierung bleibt finnisch. Der Weg wird nun zunehmend unangenehmer zu laufen und führt vermehrt über Blockfelder am Südostufer des Čoahppejávri durch eine amphibische Landschaft mit Seen, Blockhalden und dunklen Gipfeln, die über den Horizont ragen, und schließlich ist die Übernachtungshütte erreicht.

Saarijärvi, Metsähallitus, Autiotupa und Varaustupa in einer Hütte, jeweils 10 Liegeplätze, GPS N 69°03.744' E 021°05.505'. Beide Hüttenteile sind mit einem Gaskocher und Holzofen ausgestattet. Feuerholz ist ebenso vorhanden wie Plumpsklo und eine Recyclingstation zur Mülltrennung.

2. Etappe (E1/Nordkalottleden): Saarijärvi – Meekonjärvi

18,2 km, 5 Std. 45 Min., ↑ 380 m, ↓ 450 m, ⇧ 610-980 m

0,0 km	⇧ 680 m	Saarijärvi Autiotupa/Varaustupa
0,4 km	⇧ 690 m	Gatter im Rentierzaun
8,7 km	⇧ 870 m	Kuonjarjoki Autiotupa/Varaustupa
11,5 km	⇧ 820 m	Flussquerung Siktagurajohka
17,3 km	⇧ 645 m	Abzweig zur Autiotupa (, ca. 650 m abseits vom Hauptweg)
18,2 km	⇧ 615 m	Meekonjärvi Varaustupa

Von der Saarijärvihütte führt der Nordkalottleden über die Brücke gen Norden und erreicht mit kontinuierlicher, aber nicht übermäßig steiler Steigung das Käsivarsi-Wildnisgebiet. Am höchsten Punkt schwenkt der Pfad nach Osten in das Flusstal des Kuonjarjoki, über dessen Ufer die gleichnamige Übernachtungshütte am Fuß eines steil emporragenden Kliffs liegt. Anschließend laufen Sie ohne nennenswerte Höhenunterschiede in nordöstliche Richtung bis zum Gahperusvárrigipfel, auf dessen Ostseite der Abstieg zum Meekonjärvi beginnt. Kurz bevor Sie das Seeufer erreichen, bieten sich an der Wegkreuzung zwei Alternativen. Der Abstecher nach rechts führt zur offenen Hütte, der Nordkalottleden bringt Sie geradeaus auf einer Brücke über den Bierfejohka und weiter zur verschlossenen, reservierbaren Varaustupa am Seeufer.

Finnische Wegmarkierung

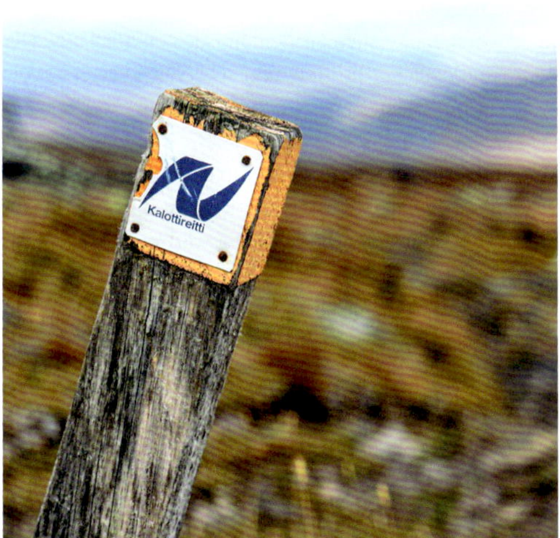

Guter Mobilfunkempfang nur im ersten Teil bis zum Abstieg ins Tal vor der Kuonjarjokihütte. Anschließend gibt es hinter der Hütte noch einmal recht zuverlässiger Empfang bis zum Abstieg Richtung Meekonjärvi.

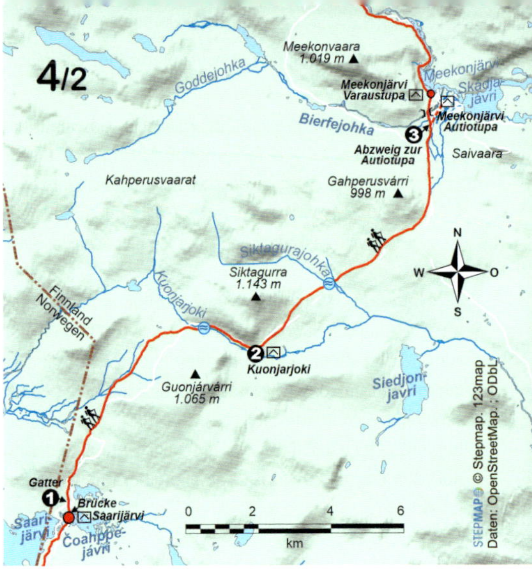

Direkt vor der Hütte bringt Sie eine Brücke über die flussartige Verbindung zwischen Čoahppejávri und Saarijärvi. Auf der gegenüberliegenden Seite geht es leicht bergan und bald passieren Sie den Rentierzaun durch ein Gatter ❶.

Der Pfad ist zunächst mit vielen Steinen durchsetzt, wird aber im weiteren Verlauf durch eine Heidelandschaft einfacher zu laufen. Der Blick zurück bietet ein schönes Panorama über die in der Landschaft verstreuten Seen.

Sie queren ein kleineres Bachbett und mit jedem Höhenmeter wird die Landschaft karger. Am höchsten Punkt auf etwa 970 m schwenken die Markierungen nach rechts in das Flusstal des Kuonjarjoki. Mit einer unproblematischen Querung wechseln Sie an dessen nördliches Ufer und laufen dann am imposanten, steil in den Himmel aufragenden Südhang des Siktagurra entlang zur Übernachtungshütte ❷.

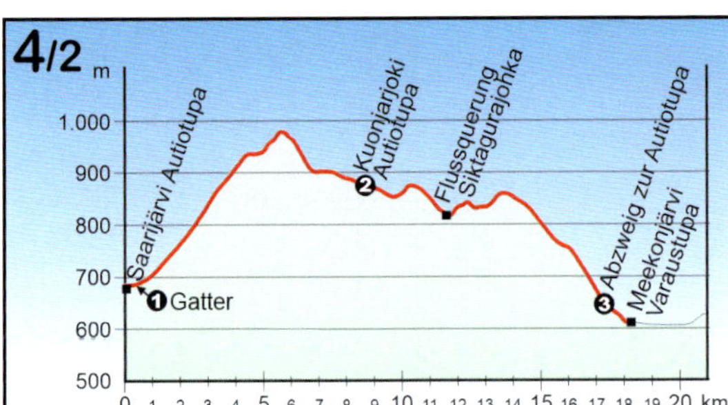

Kuonjarjoki, Metsähallitus, Autiotupia und Varaustupa in einer Hütte, jeweils 10 Liegeplätze, GPS N 69°06.109' E 021°13.132'. Die Hütte postiert sich malerisch auf dem Pass zwischen den steil aufragenden Wänden des Siktagurra (1.143 m) im Norden sowie dem Guonjárvárri (1.065 m) im Süden. Zusätzlich zur üblichen Ausstattung mit Gaskocher und Holzofen gibt es sogar einen Trockenraum.

Hinter der Hütte führt Sie ein breiter, einfach zu laufender Weg ohne nennenswerte Höhenunterschiede durch ein weites Tal in nordöstliche Richtung. Die Querung des seichten Siktagurajohka nach etwa 3 km bereitet keine Probleme. Sie laufen nun auf das Massiv des Gahperusvárri (998 m) zu. Auf dessen Ostseite schwenkt der Pfad nach Norden und der Abstieg in Richtung Meekonjärvi beginnt. Der Ausblick über den markanten Meekonvaara (1.019 m) zur Linken und den Grand-Canyon-artigen Tafelberg Saivaara zur Rechten ist einfach fantastisch.

Hütten am Seeufer des Meekonjärvi

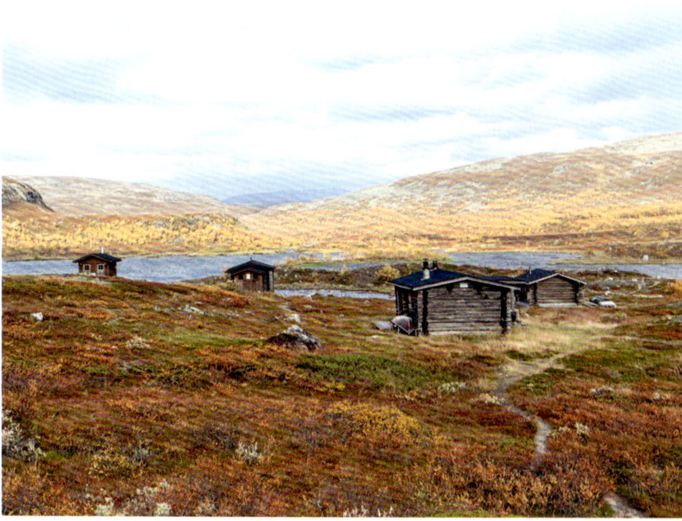

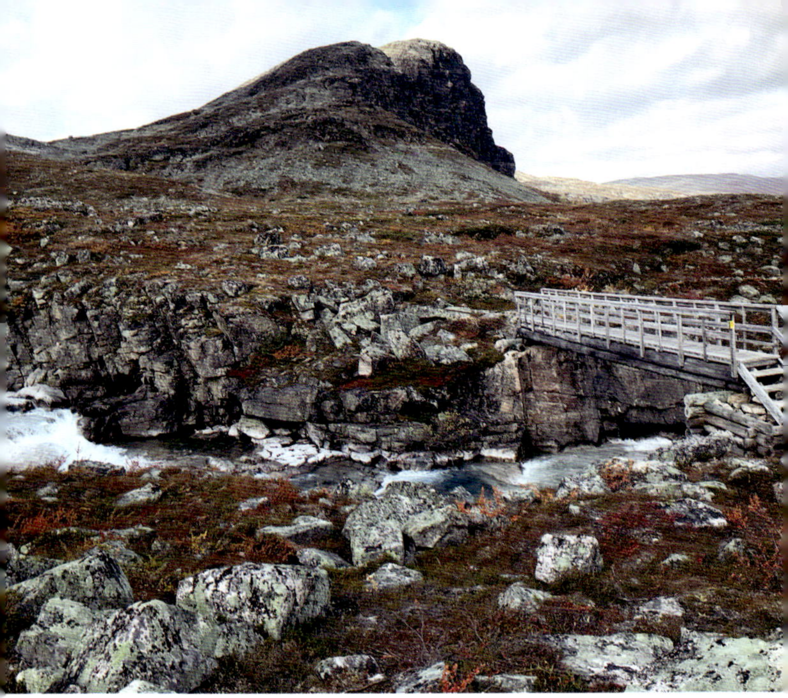

Brücke über die Stromschnellen des Bierfejohka

Knapp 1 km vor dem Etappenende erreichen Sie einen Wegweiser ❸, der Sie ↳ nach rechts auf den Abzweig zur ⌂ Meekonjärvi Autiotupa (Metsähallitus, Schlafpritschen für 6 Personen, GPS N 69°09.597' E 021°21.0130') hinweist. Die offene Hütte liegt zwar nur etwa 300 m Luftlinie in östliche Richtung von der verschlossenen Hütte entfernt, der direkte Weg zwischen beiden wird aber durch den schnell fließenden Bierfejohka unterbrochen.

Der Nordkalottleden führt daher weiter geradeaus zur Brücke über die rauschenden Stromschnellen des Bierfejohka und weiter zu den Hütten am Seeufer des Meekonjärvi.

⌂ Meekonjärvi Varaustupa, Metsähallitus, Platz für 10 Personen, GPS N 69°09.722' E 021°20.549'. Die Übernachtungshütte ist die dem Seeufer am nächsten stehende Hütte. Neben einem Plumpsklo ist auch eine Recyclingstation zur Mülltrennung vorhanden.

3. Etappe (E1/Nordkalottleden): Meekonjärvi – Somashytta

24,5 km, 8 Std. 30 Min., ↑ 470 m, ↓ 320 m, ⇧ 600-960 m

0,0 km	⇧ 615 m	Meekonjärvi Varaustupa
4,0 km	⇧ 640 m	Brücke über den Vuomakasjoki
6,3 km	⇧ 715 m	Pihtsusköngäs ⌘
10,2 km	⇧ 750 m	Pihtsusjärvi Autiotupa/Varaustupa
21,3 km	⇧ 750 m	Kopmajoki Autiotupa
23,5 km	⇧ 740 m	Landesgrenze
24,5 km	⇧ 744 m	Somashytta

Der Nordkalottleden führt am Westufer des Meekonjärvi über ein Schotterfeld am Fuß des Kliffs auf der Ostseite des Meekonvaara und weiter am Vuomakasjoki entlang. Kurz vor dessen Auslauf aus dem Vuomakasjärvi lassen sich die schäumenden Wassermassen gefahrlos auf einer Brücke überqueren und um das östliche Seeufer herum werden die Pihtsusköngässtromschnellen erreicht. Nun führt ein einfach zu laufender Pfad am Flussufer entlang bis zur Übernachtungshütte am Ufer des Pihtsusjärvi. Hier schwenkt der Nordkalottleden nach Osten und klettert mit moderatem Anstieg aus dem Tal heraus und am höchsten Punkt zwischen zwei Bergseen hindurch in das Flusstal des Goapmajohka, an dessen Ende vor der Mündung in den Somasjärvi die Kopmajokihütte erreicht wird. Von dort geht es auf der Westseite des Sees in nördliche Richtung über die Grenze nach Norwegen. Nördlich des Sees liegt etwa 100 m oberhalb des Rahpesjohkaflusses die Somashytta.

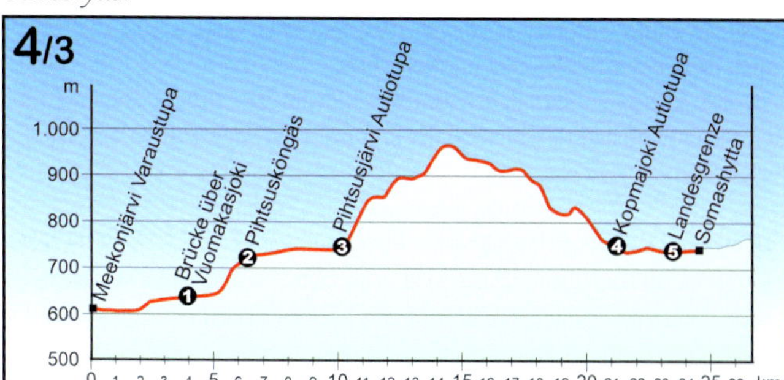

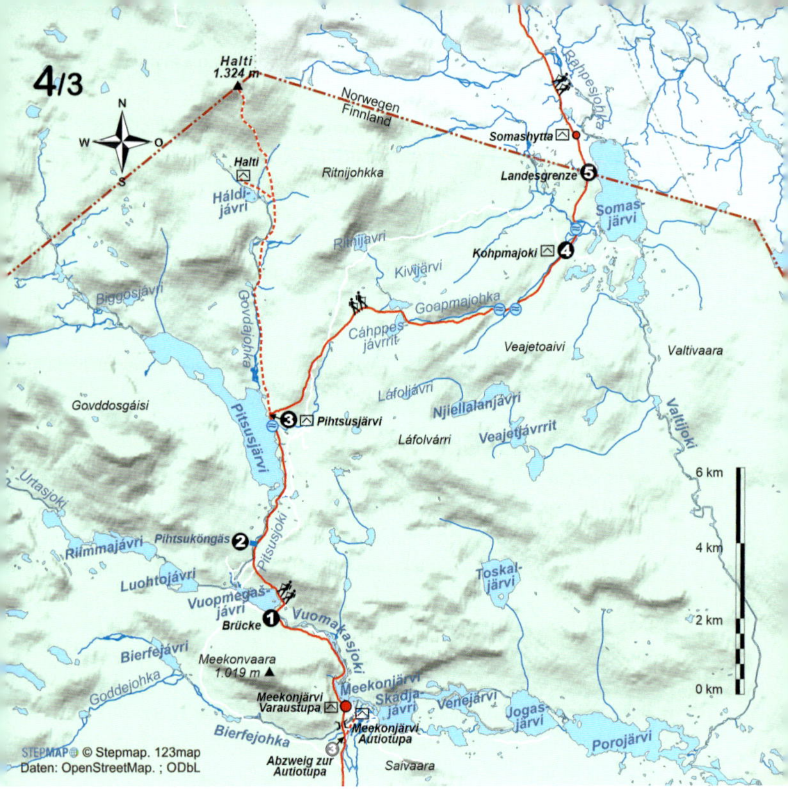

Es gibt durchgehend keinen Empfang.

Von der Varaustupa starten Sie am Klohäuschen vorbei zum westlichen Seeufer, wo Sie ein garstiges Blockfeld am Fuß des Kliffs auf der Ostseite des Meekonvaara erwartet. Glücklicherweise sind die unangenehmsten Passagen durch Bohlenstege entschärft und bald haben Sie den Vuomakasjoki erreicht. Hier zwängt sich der stellenweise nur schmale Pfad dicht an das steile Flussufer und die schwierigsten Passagen sind mit Griffseilen gesichert.

Gut 2,5 km flussaufwärts bringt Sie eine stabile Holzbrücke sicher über die tosenden Wassermassen des Vuomakasjoki ❶ und Sie laufen entgegen dem Uhrzeigersinn um das Ostufer des Vuomakasjärvi herum. Nach gut 1 km laufen Sie dann oberhalb einer tief eingeschnittenen Flussschlucht weiter in nördliche Richtung und erreichen bald die ein paar Meter abseits des Hauptweges liegenden und recht hübsch anzuschauenden Pihtsuköngäs ❷, an denen das Wasser rund 17 m in die Tiefe stürzt. Das Flussufer wird flacher, der Pfad steiniger und über ein Feld mit großen Steinblöcken erreichen Sie einen Rentierzaun am Südufer des Pihtsusjärvi. Sie folgen nun dem westlichen Seeufer in nördliche Richtung und passieren einen weiteren Rentierzaun. Voraus sind schon die Gebäude der Pihtsusjärvihütte zu sehen ❸. Bevor Sie dort ankommen, ist noch ein schmaler Gebirgsbach zu queren, was aber keine große Herausforderung darstellt.

Pihtsusjärvi, Metsähallitus, eine Hütte mit einem Autiotupa- und einem Varaustupa-Teil mit jeweils 12 Liegeplätzen, GPS N 69°13.865' E 021°17.337'

Abstecher zum Halti

Für viele Finnen, die zur Pihtsusjärvihütte kommen, ist der Halti das eigentliche Ziel. Der 1.324 m hohe Gipfel ist die höchste Erhebung Finnlands. Von der Pihtsusjärvihütte führt ein markierter und aufgrund der zahlreichen Wanderer breit ausgetretener Pfad in nördliche Richtung parallel zum Govdajohka zum Gipfel. Zunächst ist der Weg morastig, am Ende erschweren Blockhaldenfelder das Vorankommen. Am Nordwestufer des Haldejávri, am Fuß des Halti, knapp 2 km westlich vom eigentlichen Weg, liegt die Haltihütte.

Halti, Metsähallitus, Autiotupa- und Varaustupa-Teil in einer Hütte mit 8 bzw. 13 Schlafpritschen, GPS N 69°17.180' E 021°16.084'. Etwa 300 m in südwestliche Richtung bietet die alte Hütte (Vanha Autiotupa) vier zusätzliche Schlafplätze.

Das eigentliche Ziel, das Gipfelkreuz, ist gut 2 km später erreicht. Von hier bietet sich bei gutem Wetter ein herrlicher Ausblick auf die ungleich höheren Berge jenseits der norwegischen Grenze und es gibt ein Gästebuch, in das man seinen Namen eintragen kann. Der einfache Weg von der Pihtsusjärvihütte zum Gipfel ist 12 km lang und man benötigt etwa 4 Std. für den Aufstieg. Für den gesamten Trip sollten Sie etwa 7 bis 8 Std. einplanen.

Der Nordkalottleden wendet sich an der Pihtsusjärvihütte nach Osten und führt kontinuierlich, aber nicht übermäßig steil bergan. Gut 1 km hinter der Hütte passieren Sie einen Rentierzaun. Das Gelände wird flacher und nach Überschreiten des höchsten Etappenpunktes laufen Sie zwischen zwei Bergseen hindurch in das Flusstal des Goapmajohka.

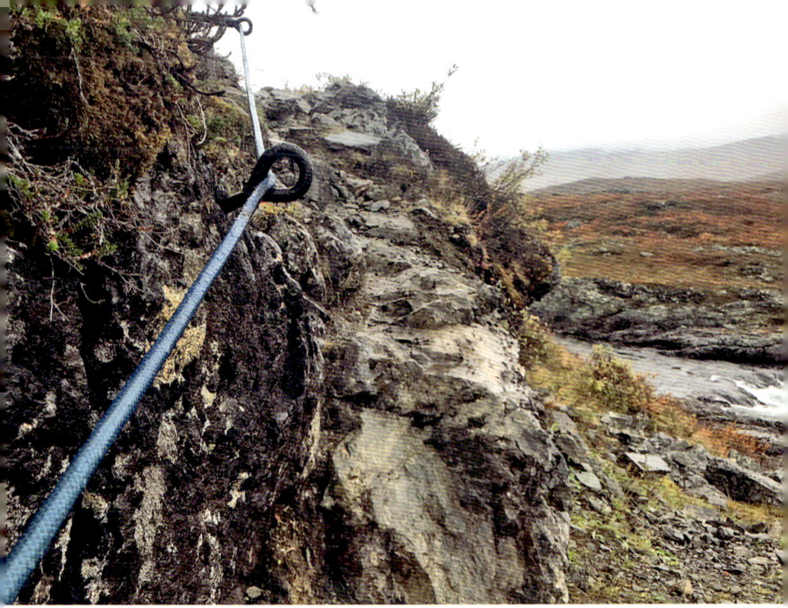

Schmaler Pfad am Steilufer des Vuomakasjoki

Es verläuft zunächst in östliche, später in nordwestliche Richtung und ist nicht besonders schwierig zu wandern. Die Markierungen führen Sie hin und her über den Flusslauf, aber die beiden Querungen sind unproblematisch und große Höhenunterschiede sind nicht zu bewältigen. Lediglich die zahlreichen (und bei feuchter Witterung rutschigen) Blockfelder erfordern einige Konzentration beim Laufen. Die nächste Übernachtungshütte ❹ ist lange Zeit im Voraus zu sehen, da sie sich gut vor der Wasserfläche des Somasjärvi/Somášjávri im Hintergrund abhebt.

Kohpmajoki, Metsähallitus, offene Autiotupa mit 6 Schlafplätzen, GPS N 69°16.186' E 021°29.795'.

Der Nordkalottleden führt direkt an der Hütte vorbei in nördliche Richtung weiter und wird bald zu einer breiten Fahrspur. Nachdem Sie insgesamt drei Zuflüsse zum Somasjärvi gequert haben und den Rentierzaun auf einer Leitertreppe überwunden haben, rückt die Somashytta am Etappenende ein erstes Mal in den Blick, verschwindet aber sogleich wieder hinter einem Höhenzug.

Sie erreichen zunächst die gelbe Steinpyramide am Wegesrand ❺, die die Grenze zwischen Finnland und Norwegen markiert. Mit Überschreiten der Landesgrenze sind auch die ungemein praktischen und gut sichtbaren finnischen Markierungen in Form von etwa 50 cm hohen Holzpflöcke mit orangefarbenem Kopf Geschichte und ab jetzt zeigen wieder Steinpyramiden den Weg. Etwa 2 km nach dem Grenzstein erreichen Sie die urige Somashütte.

Somashytta, Statskog, 4 Betten, GPS N 69°17.8059' E 021°30.1999'. Die Hütte ist ganzjährig zugänglich. Es gibt einen großen Aufenthaltsraum und auf dem Zwischenboden lassen sich gut Isomatten ausrollen, falls alle Betten belegt sein sollten. Es gibt einen Holzofen und ein Grundstock an Besteck und Geschirr ist vorhanden. Einen Gaskocher sucht man aber vergeblich.

Bohlensteg über das Blockfeld hinter den Meekonjärvihütten am Etappenbeginn

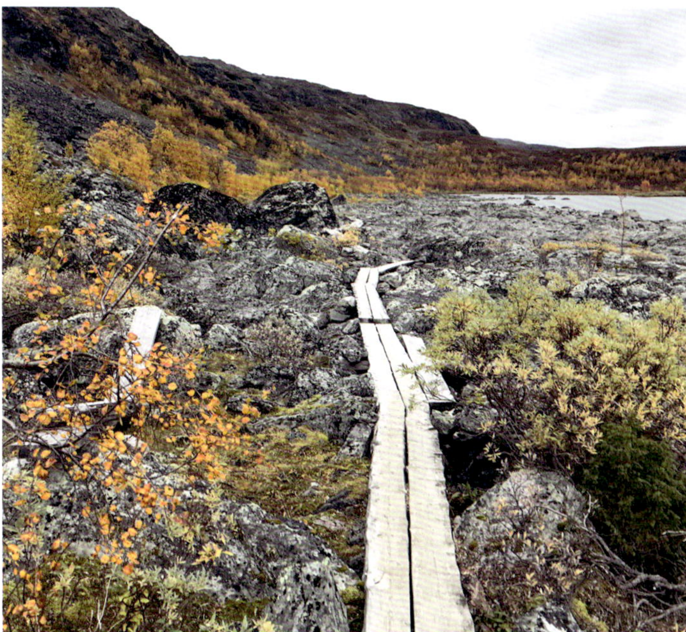

4. Etappe (E1/Nordkalottleden): Somashytta – Saraelv

30,6 km, 10 Std., ↑ 380 m, ↓ 1.020 m, ⇧ 100-820 m

0,0 km	⇧ 744 m	Somashytta
2,4 km	⇧ 762 m	Flussquerung Raphesjohka
7,5 km	⇧ 761 m	Wegkreuzung am Nordwestufer des Čoalbmejávrrit
22,4 km	⇧ 640 m	Flussquerung Meahccejohka
28,7 km	⇧ 108 m	Straße Saraelv
30,6 km	⇧ 101 m	Ovi Raishiin – Visitor Point Reisadalen (Saraelv)

Diese lange Etappe führt von der Somashütte an der finnisch-norwegischen Grenze in nördliche Richtung auf gut zu laufenden Pfaden durch eine einsame Berglandschaft mit fantastischen Aus- und Weitblicken. Das letzte Etappendrittel ist ein langer und bisweilen steiler Abstieg hinab zur Straße im imposanten Flusstal des Reisaelva. Die restlichen 1,5 km bis zum Besucherzentrum des Nationalparks sind dann nur noch Formsache.

Mobilfunknetz gibt es erst am Ende der Etappe beim Abstieg hinab nach sowie in Saraelv.

An der Somashütte setzen Sie die Wanderung in nordwestliche Richtung fort (Wegweiser „Gapherus 43“) und laufen durch hügeliges Terrain und westlich am kleinen See Suolojávri vorbei. 2,4 km nach dem Start muss der recht breite, aber nur flache und nicht besonders stark strömende Raphesjohka gequert werden ❶.

Wegweiser

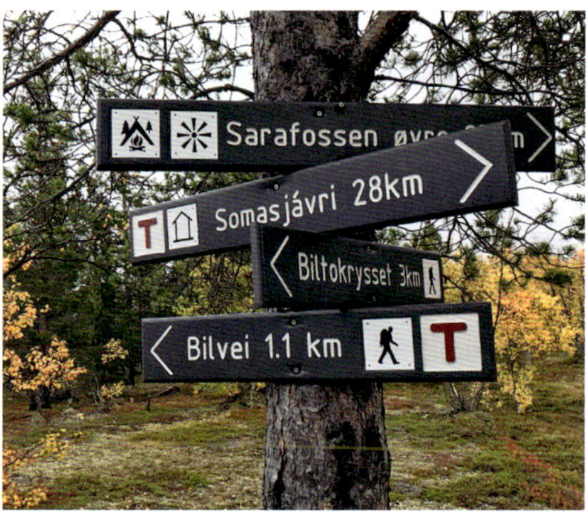

Nach einem kurzen Gegenanstieg aus dem Flusstal heraus entfaltet sich vor Ihren Augen ein feines Gebirgspanorama mit sanft gerundeten Gipfeln und einigen Seen. Die Markierungen führen Sie zu einer breiten Fahrspur, die dann weiter dem östlichen Seeufer des Čoalbmejávrrit folgt.

Dieser schmale See ist rund 2 km lang und am Ende erreichen Sie eine Wegkreuzung ❷. Die Fahrspur biegt nach links ab zu einer Furt über den Fluss und führt dann weiter in Richtung Sappen an der Straße in Richtung Storslett. Der Nordkalottleden führt hingegen geradeaus weiter und erklimmt den Westhang des Stuora Gulpooaivi. Es geht gemächlich, aber kontinuierlich bergan durch eine Heidelandschaft.

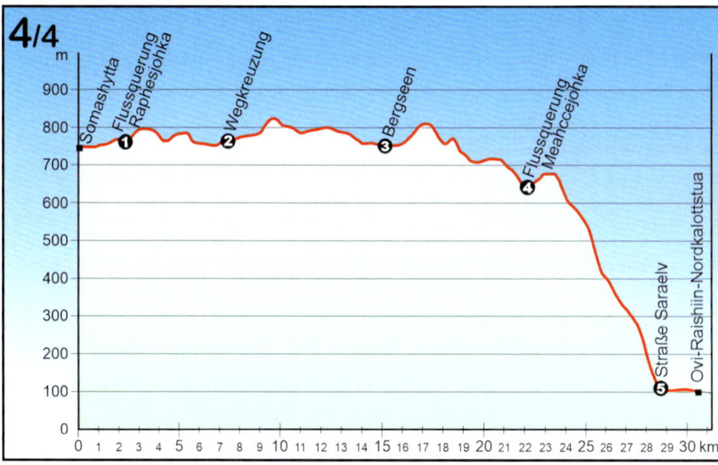

Auf knapp 800 m Höhe schwenkt der Pfad in nördliche Richtung und führt hinab zu zwei Bergseen auf 751 m Höhe am Fuße des Čikŋavárri (797 m) ❸. Kurz darauf ist ein schmaler Bach zu queren und der Pfad führt dann auf der Westseite des Skáidecohkkamassivs entlang und wendet sich anschließend nach Nordosten. Zur Linken fällt der Blick auf das tief eingeschnittene Buntadalen im Vordergrund und die imposanten Berggipfeln dahinter in nordwestlicher Richtung, darunter auch der über 1.500 m hohe Istind. Genießen Sie noch einmal den freien Blick, denn die nächsten zwei Tage führt Sie der Weg immer am Reisaelva entlang, umringt von den steil aufragenden Felswänden zu beiden Flussufern.

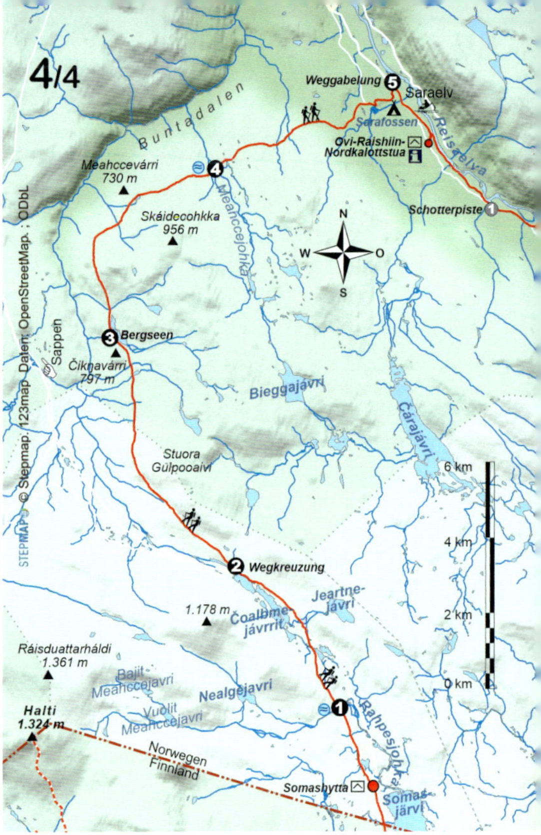

Der Abstieg zur Straße in Saraelv beginnt ganz allmählich. Zunächst passieren Sie einen kleinen Bergsee am Fuß des Meahccevárri und steigen leicht zum Fluss Meahccejohka ab ❹, der zwar recht flott fließt, aber nicht übermäßig tief ist, sodass die Überquerung keine größeren Probleme bereiten sollte.

Voraus in nordöstliche Richtung breitet sich nun in der Tiefe das Reisadalen aus und sobald Sie den Birkenwald erreicht haben, warten einige, zum Glück meist nur kurze, Steilpassagen. Die Steigung wird vorübergehend etwas flacher und nach einem kurzen Gegenanstieg über ein kleines Felsplateau erreichen Sie eine Wegkreuzung, an der ein Wegweiser nach rechts auf die in einigen Hundert Metern entfernte gute ⛺ Zeltmöglichkeit oberhalb des Sarafossen hinweist.

Für die Fortsetzung der Wanderung folgen Sie dem Wegweiser „Bilvei 1,1 km" geradeaus und stehen bald vor dem imposanten Wasserfall Sarafossen, der sich praktisch senkrecht in die Tiefe stürzt. Der letzte Abstieg hinab zur Straße ist dann bisweilen wieder sehr steil und unten angekommen wenden Sie sich auf der Straße nach rechts ❺ und laufen vorbei an einem Schuppen und auf einer Brücke über den Abfluss aus dem Sarafossen in den Reisaelva zu den ersten Gebäuden von Saraelv.

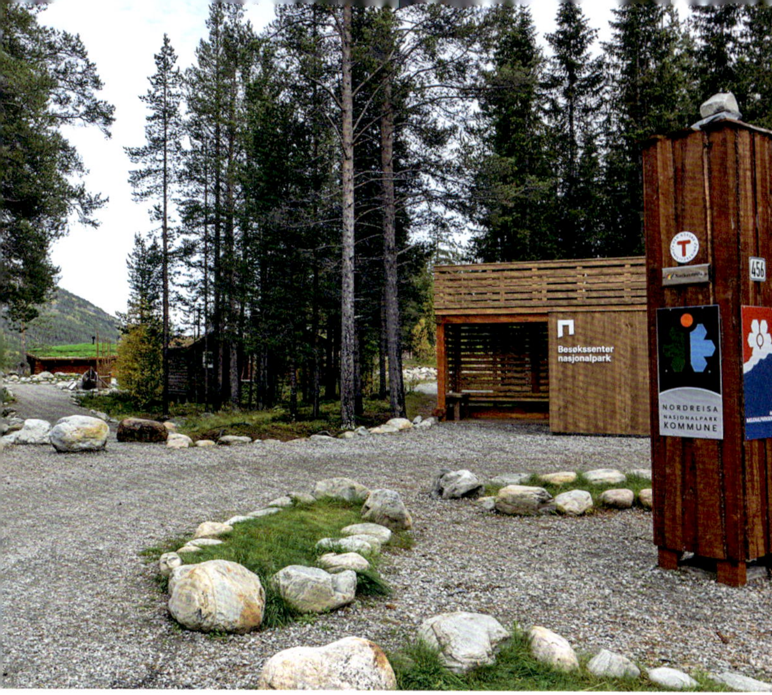

Besucherzentrum des Reisadal-Nationalparks

Saraelv Vildmarksenter, ☏ +47/930/383 84, www.saraelv.no. Neben den beliebten Fahrten mit den typischen Langbooten zum Wasserfall Mollisfossen werden auch Kanus verliehen.

Anschließend laufen Sie an einem Rastplatz vorbei zu einer Straßengabelung, wobei beide Varianten zum Besucherzentrum des Nationalparks führen.

Nordkalottstua am Ovi-Raishiin-Besucherzentrum des Reisadal-Nationalpark (wechselnde Öffnungszeiten an ausgewählten Tagen im Sommer), Halti Nationalpark Center, 4 Schlafplätze, GPS N 69°26.901' E 021°32.534'. In der Sommersaison (15.6.-15.8.) ist die Hütte mit einem DNT-Schlüssel zugänglich, außerhalb der Saison muss die Touristeninformation kontaktiert werden (Visitor Point Reisadalen, ☏ +47/775/8 82 50, info@reisanasjonalpark.no).

5. Etappe (E1/Nordkalottleden): Saraelv – Nedrefoshytta

24,9 km, 9 Std. 15 Min., ↑ 240 m, ↓ 170 m, ⇧ 90-175 m

0,0 km	⇧ 105 m	Ovi Raishiin – Visitor Point Reisadalen (Saraelv)
3,0 km	⇧ 101 m	Forstpiste
6,4 km	⇧ 112 m	Rastplatz
7,2 km	⇧ 138 m	Rastplatz
10,0 km	⇧ 130 m	Sieimmastua/Sieimmahytta
15,6 km	⇧ 148 m	Rastplatz
20,0 km	⇧ 155 m	Vuommatagammen
24,9 km	⇧ 175 m	Nedrefosshytta

Diese Etappe verläuft, abgesehen von einem kurzen Stück Forstweg, durchgehend auf einem Pfad dicht am Flussufer des Reisaelva. Es geht für die meiste Zeit durch einen Birkenwald mit üppigem Unterwuchs. Dort, wo sich der Pfad dicht an den Hang zwängt, sind kleinere Blockfelder zu überwinden und gegen Ende erklimmt der Pfad auch höher gelegene Terrassen mit Nadelwald. Landschaftlicher Höhepunkt ist der Blick auf den beeindruckenden Wasserfall Mollisfossen. Bei hohem Wasserstand im Frühjahr oder nach ergiebigen Regenperioden im Sommer kann der Nordkalottleden in diesem Abschnitt komplett überflutet werden und ist dann entsprechend unangenehm zu laufen.

Das Mobilfunknetz endet bereits kurz hinter Saraelv.

Vom Nationalpark-Besucherzentrum gelangen Sie über den steilen, befestigten Wanderweg zurück ans Ufer des Reisaelva und nach wenigen Schritten erreichen Sie am großen Parkplatz mit Plumpsklo und Mülleimer buchstäblich das Ende der Straße. Nun erwartet Sie ein komplett anderes Landschaftsbild als auf der bisherigen Tour.

Der schmale Trampelpfad führt direkt am Ufer durch Birkenwald mit dichtem Unterwuchs aus üppig wucherndem Farn und hohem Gras. Immer wieder gibt es aber auch einen schönen Blick auf den Fluss und die steil aufragenden Ufer und hin und wieder knattert ein Langboot vorbei, denn die Fahrten von Saraelv zum Mollisfossen sind sehr beliebt.

Nach etwa 3 km trifft der Pfad auf die etwas höher gelegene Schotterpiste ❶, der Sie nun für etwa 1,2 km nach links folgen. An der Infotafel nach einem kurzen Anstieg biegen Sie links auf die schmalere Fahrspur ab. Die führt auf einer Holzbrücke über einen kleinen Seitenbach und anschließend geht es wieder auf einem Uferpfad weiter zu einer ⛩ überdachten Sitzgruppe direkt am Fluss mit Plumpsklo und ausreichend ⛺ ebenen Grasflächen, um das Zelt aufzuschlagen ❷.

Nur 800 m weiter passieren Sie den nächsten ⛩ Picknickplatz ❸ und nachdem Sie einige kleinere Blockfelder überwunden haben, erreichen Sie die nächsten Übernachtungsmöglichkeiten. Am Westufer, d. h. auf der Seite des Nordkalotledens, liegt die verschlossene Sieimmastua ❹.

Sieimmastua, 4 Schlafplätze, GPS N 69°24.152' E 021°42.901'. Die Hütte kostet NOK 400 pro Nacht und muss vorab gebucht werden:
info@reisanasjonalpark.no.

Zusätzlich liegt am Strand vor der Hütte ein kleines Ruderboot, mit dem Sie zur offenen Sieimmahytta am gegenüberliegenden Ufer übersetzen können. Denken Sie dabei daran, eventuell später eintreffende Wanderer abzuholen.

Ein Ruderboot liegt bereit, um zur Sieimmahytta überzusetzen

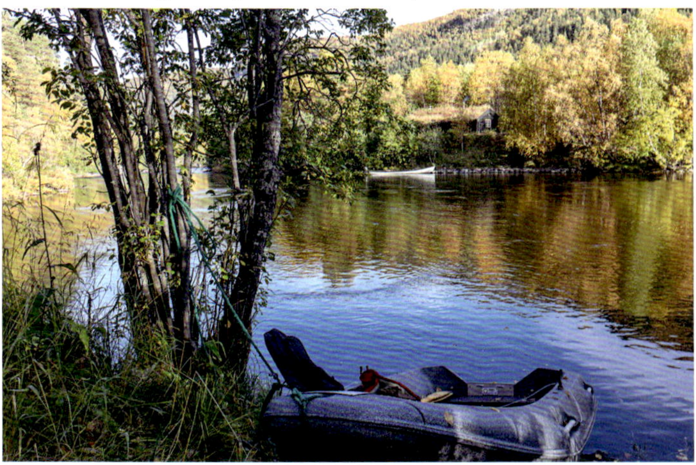

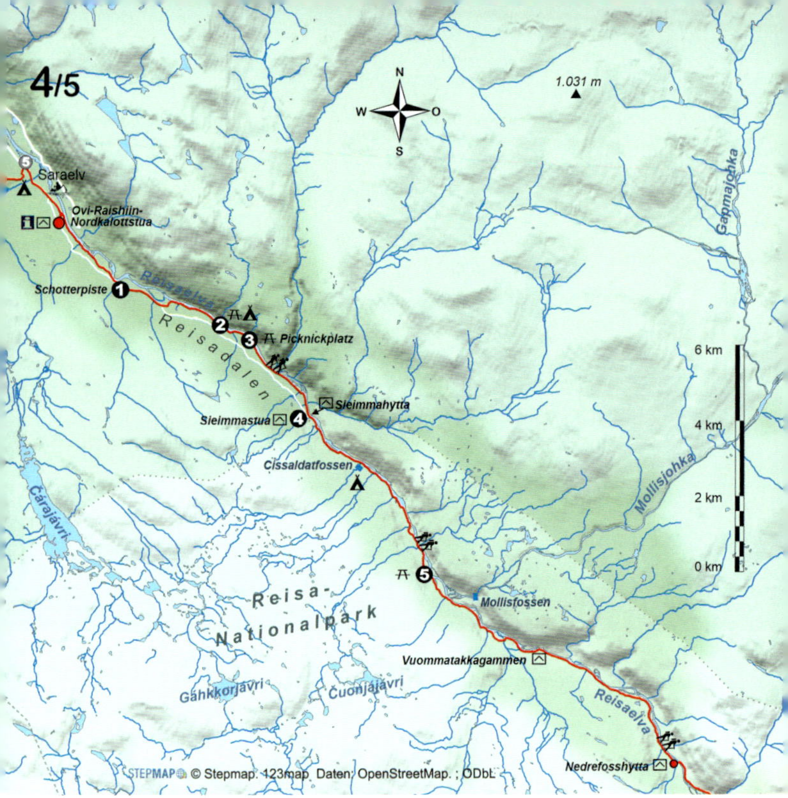

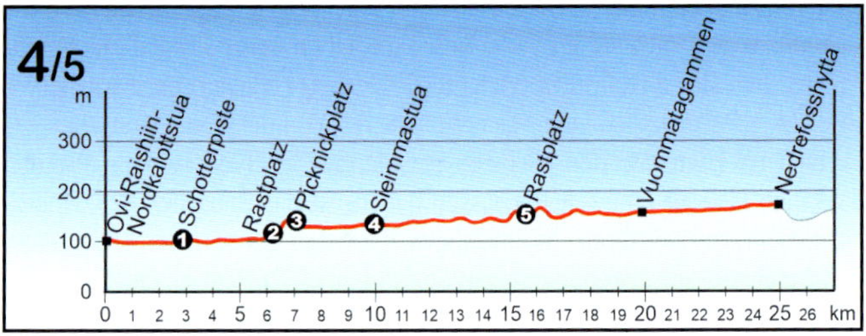

Sieimmahytta, offene Statskoghütte, 4 Schlafplätze, GPS N 69°24.181' E 021°42.943'. Feuerholz, Axt und Säge sind vorhanden.

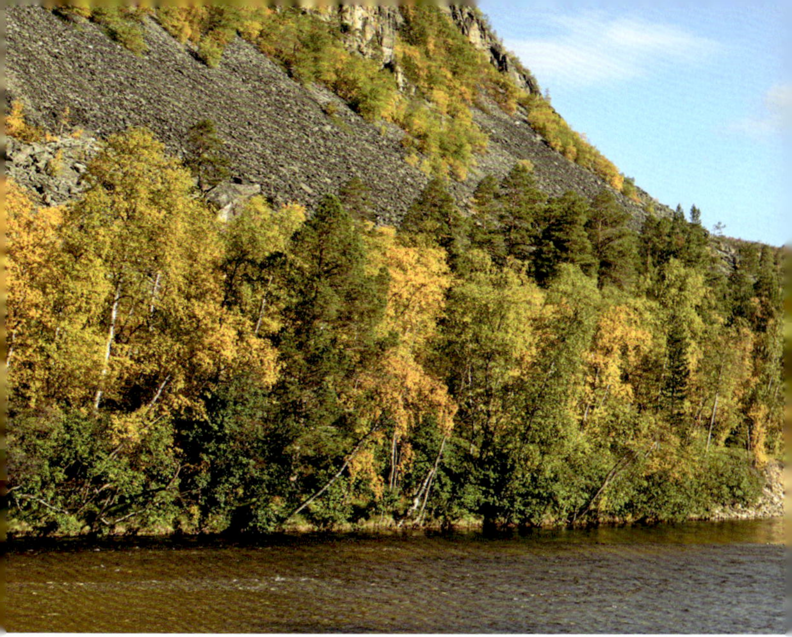

Mitunter gibt der dichte Wald am Ufer den Blick frei auf das prächtige Reisadalen mit seinen steil aufragenden Ufern

Etwa 2 km weiter flussaufwärts schießt am Hang zur Rechten der Cissaldatfossen herab und es ist gar nicht so einfach, den in mehrere Arme aufgefächerten Abfluss in den Reisaelva zu überqueren. Ein kurzes Stück weiter bietet eine größere Wiese direkt hinter dem Kieselstrand eine weitere gute Möglichkeit zum ⛺ Zeltaufbau und im weiteren Verlauf wird das Überqueren der zahlreichen Seitenbäche durch kleine Holzstege erleichtert. Allerdings wuchert der Farn stellenweise so dicht, dass man sich eine Machete statt der Wanderstöcke wünscht.

Bald nachdem Sie den nächsten einladenden Rastplatz mit Picknicktisch direkt am Ufer ❺ hinter sich gelassen haben, ist das Rauschen des Mollisfossen nicht mehr zu überhören. In unzähligen Kaskaden donnert der breite Wasserfall den Steilhang am gegenüberliegenden Ufer über 269 m in die Tiefe. Er zählt damit zu den höchsten Wasserfällen Norwegens und nur langsam verklingt das Rauschen der Wassermassen.

Der Pfad folgt verläuft im Weiteren ein kurzes Stück entlang der Hochspannungsleitungstrasse und führt dann wieder direkt am Ufer durch dichten Wald bis zu einer urigen Miniblockhaushütte.

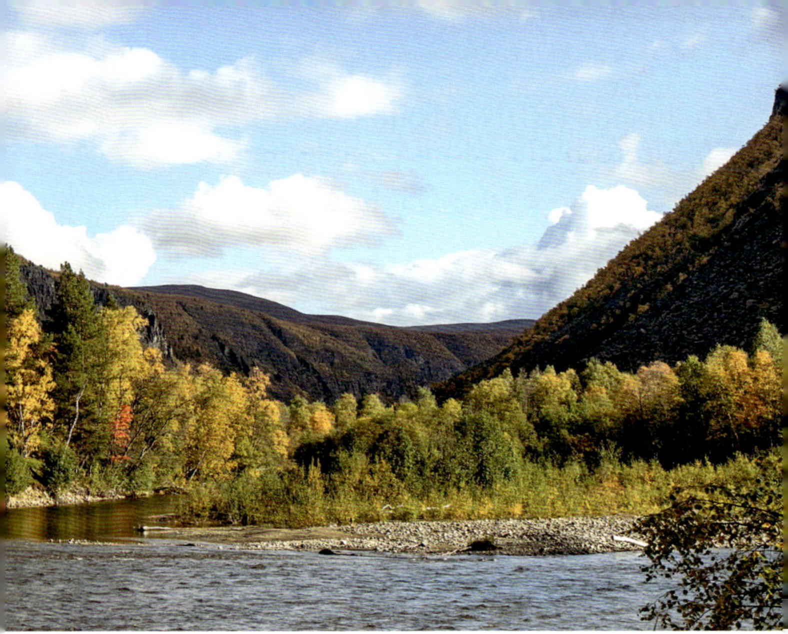

⌂ Vuommatakkagammen, offene Statskoghütte, 2 Schlafpritschen, GPS N 69°20.862' E 021°52.532'. Feuerholz, Axt und Säge sind vorhanden.

Sie setzen die Wanderung mit tollem Blick ins Flusstal fort, allerdings hat sich die Etappe für das Finale noch ein paar Herausforderungen aufgehoben. Der Pfad klettert zunächst kurz, aber steil auf eine mit Nadelwald bestandene Anhöhe hoch über dem Ufer. Vorbei am Abstieg zur Naustihütte (auf der gegenüberliegenden Uferseite gelegen) geht es ebenso steil wieder hinab ans Flussufer. Das Auf- und Abspiel wiederholt sich noch einmal, dann ist die Nedrefosshütte erreicht.

⌂ Nedrefosshytta, DNT, 16 Schlafplätze, 🐕, Sauna, GPS N 69°19.252' E 021°58.165'. Die Nedrefosshytta postiert sich idyllisch über einer seenartigen Ausweitung am Westufer des Flusses. Fische springen aus und landen mit lautem Platschen wieder im Wasser. Vor der Hängebrücke liegt malerisch eine kleine Halbinsel, auf deren von Gletschern zerfurchter Felsoberfläche sich eine Birke krallt, und über allem wacht die mächtige Granitwand des Unna Ruvjjás.

6. Etappe (E1/Nordkalottleden): Nedrefoshytta – Reisavannhytta

28,9 km, 10 Std., ↑ 620 m, ↓ 370 m, ⇧ 140-560 m

0,0 km	⇧ 175 m	Nedrefosshytta
2,0 km	⇧ 163 m	1. Abzweig Immofossen
3,2 km	⇧ 270 m	2. Abzweig Immofossen
6,1 km	⇧ 434 m	Flussquerung Luddiijohka (abseits des Wegs, ca. 400 m flussaufwärts, Arthurgammen)
21,1 km	⇧ 440 m	Flussquerung Njárgajohka
27,0 km	⇧ 445 m	Flussquerung Čiekŋaljohka
28,9 km	⇧ 443 m	Reisavannhytta ()

Diese lange, anspruchsvolle Etappe hält mehrere Flussquerungen bereit und es kommen einige Höhenmeter zusammen. Nach dem Start auf der komfortablen Ganzjahresbrücke über den Reisaelva laufen Sie zunächst über teilweise recht unwegsames Gelände und auf einer kurzen, durch ein Stahlseil gesicherten Passage etwa 12 m oberhalb des Flusses weiter durch das Reisadalen. Im Anschluss an den Abzweig zum Imfossen klettern Sie dann aus dem Flusstal heraus und im baumlosen Fjäll angekommen geht es meist über steinige, trockene Hochflächen, unterbrochen von einigen kleineren Sumpfgebieten, weiter in südöstliche Richtung. Nach der Furt des breiten Njárgajohka folgen Sie den Fahrspuren zur Samisommersiedlung am Nordufer des Ráisjávri und laufen um den Áitevaárrigipfel herum und vor dem Hang des Holvinvárri nach Norden zu einer sumpfigen Niederung. Die Querung des Čiekŋaljohkaflusses stellt dann die letzte Hürde auf dem Weg zur Reisavannhytta am Nordostufer des Sees dar.

In einem kleinen Bereich am Nordwestufer des Ráisjávri haben Sie bei guten Bedingungen Handyempfang.

Der Nordkalottleden führt von der Hütte zur Sauna hinab und dahinter nach rechts in einem Bogen zur Hängebrücke, die sich in luftiger Höhe über den Reisaelva spannt. Am gegenüberliegenden Ufer wenden Sie sich nach rechts. Der Pfad ist auf den ersten Metern sehr schmal und führt einige Meter hoch über den rauschenden Wassermassen direkt an einem unwegsamen Schotterhang entlang.

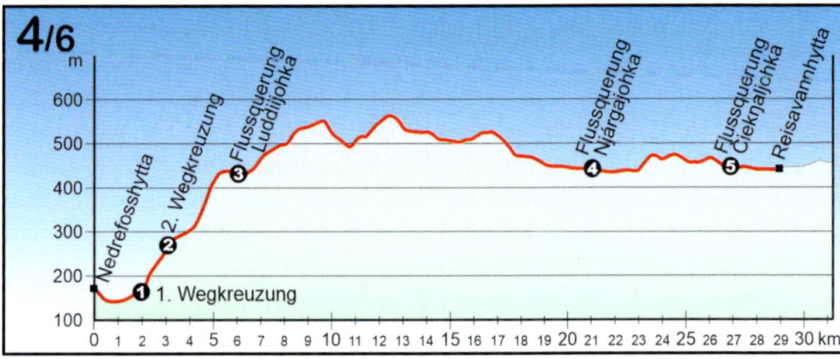

Die Strecke ist aber nur kurz und bald laufen Sie wieder auf Flussniveau erst durch üppig wuchernden Birkenwald, später auch auf einem breiten Pfad durch Nadelwald. Abschließend folgt noch eine kurze, durch ein Stahlseil gesicherte Passage am Steilhang hoch über dem Ufer, dann geht es auf einfachem Weg durch den Wald weiter. Nach der Brücke über den Avvejohka erreichen Sie eine Wegkreuzung ❶. Der Wegweiser nach rechts führt auf den unwegsamen und mit schwerem Rucksack auf dem Rücken nicht zu empfehlenden Uferpfad zum Immofossen.

Der Nordkalottleden führt nach links beständig, aber nicht übermäßig steil durch den Wald bergan und es sind insgesamt drei schmale Arme des Imojohka zu queren. Etwa 1 km nach dem ersten Abzweig erreichen Sie, untermalt vom rauschenden Grollen des Wasserfalls, einen zweiten Abzweig zum Immofossen ❷.

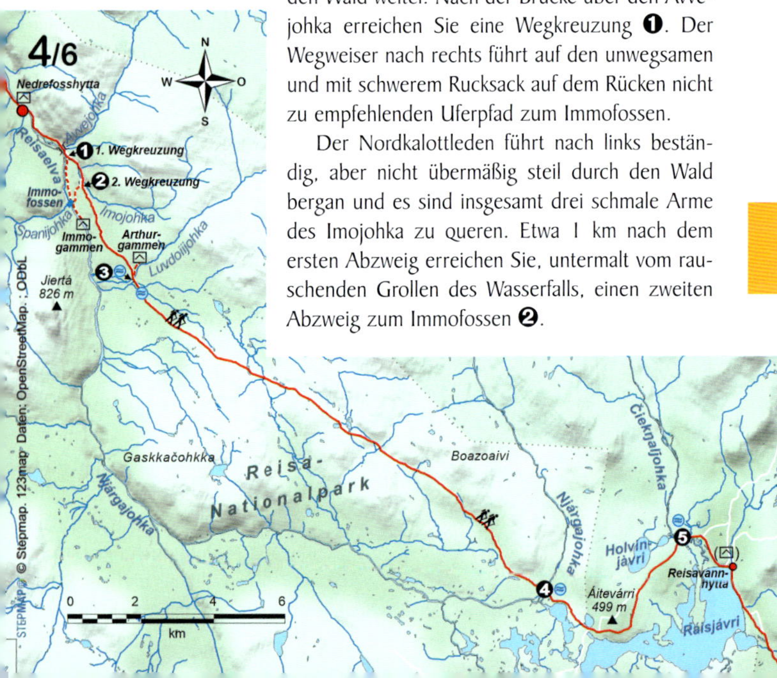

⇨ Abstecher zum Immofossen

Der bereits erwähnte Uferpfad entlang des Reisaelva zum Immofossen ist streckenweise sehr unwegsam und setzt eine gute Trittsicherheit voraus. Er führt über große Felsblöcke und stellenweise muss sogar geklettert oder der Rucksack abgesetzt werden, um sich zwischen den Felsblöcken hindurchzuquetschen. Gesteigert wird die Spannung noch dadurch, dass der Pfad manchmal nur wenige Meter vom hohen Steilufer entfernt verläuft und Sie unter sich die Wassermassen des Reisaelva vorbeirauschen sehen und hören.

Deutlich entspannter ist es daher, den Rucksack am zweiten Wegweiser zurückzulassen und auf direktem Weg zum Immofossen ab- und anschließend wieder aufzusteigen (einfache Strecke ca. 600 m). Auch hier geht es zunächst in engen Serpentinen recht steil hinab. Unten wird der Pfad nach einer Blockhalde einfacher zu laufen und er führt Sie in einem Bogen zum mächtigen ⌘ Wasserfall Imofossen.

Von Westen rauscht der Spanijohka ins Tal und trifft hier auf den Reisaelva, der an dieser Stelle selbst in mehreren Kaskaden nach unten strömt. Über unzählige Terrassen rauschen die Wassermassen in die Tiefe und treffen sich in einem großen Kessel. Etwa 500 m flussaufwärts am Reisaelva versteckt sich im Wald eine urige Blockhütte.

Immogammen, offene Statskoghütte mit 2 Schlafpritschen, GPS N 69°17.721' E 022°00.629'. Feuerholz, Axt und Säge sind vorhanden.

Unwegsame Passagen am Beginn der 6. Etappe

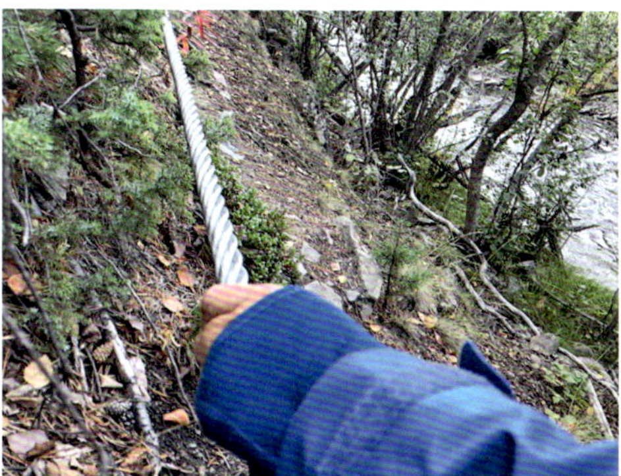

Mit dem Imofossen verabschieden Sie sich auch aus dem Reisadalen. Es geht zunächst recht steil bergan und schnell wird die Vegetation weniger üppig und die Kiefern verschwinden aus dem Landschaftsbild. Es geht weiter bergan und bald dünnt auch der Birkenwald aus und zur Rechten fällt der Blick auf

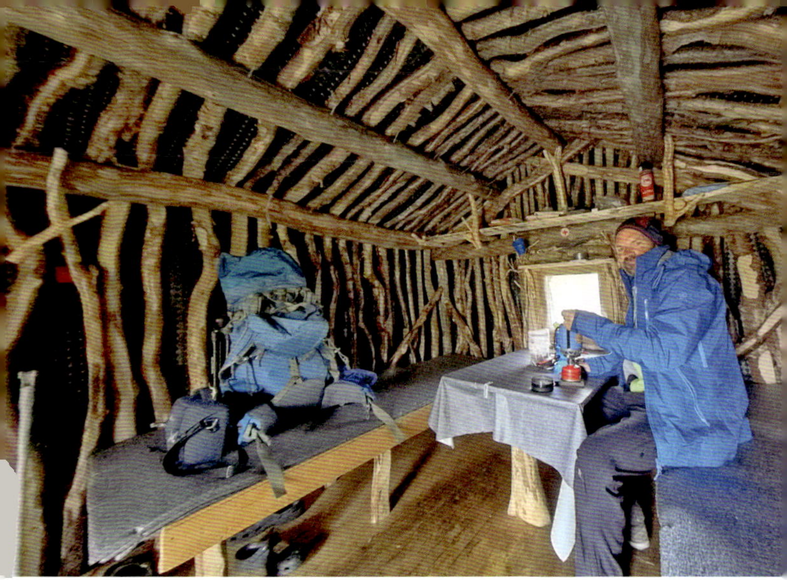

Simpel, aber urgemütlich: Jagdhütte Arthurgammen

den schroffen, runden Buckel des Jiertámassivs (826 m). Der Weg wird breiter, die Landschaft zunehmend felsiger und nachdem Sie ein erstes, unscheinbares Bächlein gequert haben, erreichen Sie den Fluss Luvdoiijohka ❸.

Die kleine, urige Jagdhütte Arthurgammen liegt (es gibt keine Wegweiser) etwa 400 m flussaufwärts am Westufer des Flusses (d. h. vor der Querung).

Arthurgammen, offene Statskoghütte mit 2 Schlafpritschen, GPS N 69°17.060' E 022°02.956'

Am gegenüberliegenden Flussufer kreuzen Sie bald die Hochspannungsleitung und müssen mit dem Ruonasvárijohka bald den nächsten schmalen Fluss durchwaten. Nur noch vereinzelt erheben Birken ihre Kronen über die Heidekrautschicht und bald ist das Gelände völlig baumlos. Sie laufen weiter in südöstliche Richtung, passieren einen kleinen Bergsee auf etwa 520 m Höhe und wechseln unter der Stromleitung hin und her und müssen dabei zwei schmale Bachläufe queren. Nachdem sich der Weg dann in südöstliche Richtung von der Stromtrasse wegbewegt, ist der recht breite Njárgajohka zu durchwaten ❹.

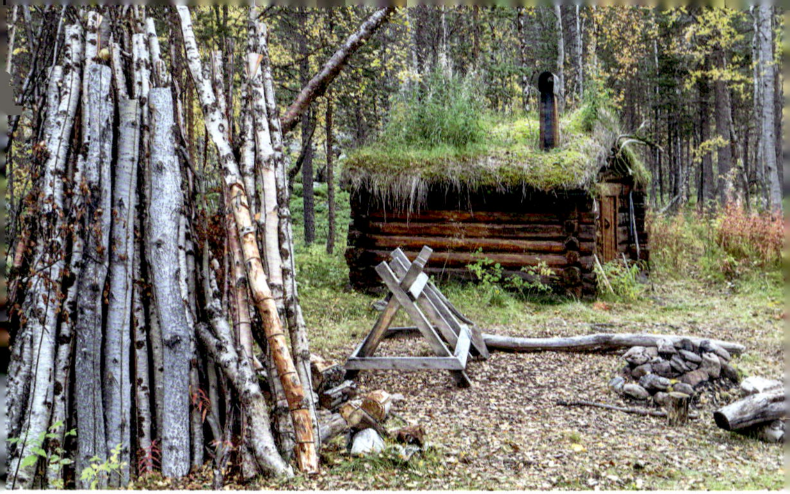

Urige Mini-Hütte für zwei Personen am Immofossen

Im weiteren Verlauf folgen Sie mehr oder weniger der breiten Fahrspur, wobei der Wanderpfad die ein oder andere weite Schleife abkürzt, zur Samisommersiedlung am nördlichen Seeufer im westlichen Teil des Ráisjávri. Am Ufer liegen diverse Holzhäuser und Koten und zahlreiche Trampelpfade erschweren es, den richtigen Weg zu finden.

Der Nordkalottleden führt auf der Ostseite des Áitevárri (499 m) nach Norden und auf einer breiten Fahrspur am Westhang des Holvinvárri gen Norden zu einem Gatter im Rentierzaun. Ein Bohlensteg für die Quads erleichtert das Vorankommen im folgenden Sumpfgebiet, bei der Überquerung des Čiekŋaljohka ❺ lassen sich nasse Füße dann aber nicht vermeiden.

Am gegenüberliegenden Ufer gibt es noch ein kurzes Stück Bohlenweg, dann laufen Sie wieder an der Stromleitung entlang bis zu einem kleinen Sandstrand. Hier wenden Sie sich nach links und erreichen einen Parkplatz am Ende der Schotterpiste aus Kautokeino (38 km). Von hier geleitet Sie ein Holzsteg über den schmalen Bach zur verschlossenen Übernachtungshütte mit Grasdach.

(⌂) Reisavannhytta/Ráisjávrihytta, Statskoghütte, 6 Betten, , , GPS N 69°12.796' E 022°27.822'. Die Hütte ist verschlossen, der DNT-Schlüssel passt nicht. Zur Zeit der Recherche wurde die Hütte gerade renoviert und es war noch nicht absehbar, wann und wie die Hütte in Zukunft wieder gebucht werden kann. Aktuelle Infos unter https://www.inatur.no/hytte/51024929e4b05ccb84c7c081/reisavannhytta-hytte-ved-bredden-av-raisjavri-reisavann-i-nordreisa, friluftstorget@statskog.no

7. Etappe (E1/Nordkalottleden): Reisavann-hytta – Čunovuohppi

28,4 km, 8 Std. 30 Min., ↑ 450 m, ↓ 510 m, ⇧ 390-590 m

0,0 km	⇧ 443 m	Reisavannhytta (⌂)
6,7 km	⇧ 575 m	Steinpyramide auf dem Rivkkoš
12,2 km	⇧ 495 m	Flussquerung Stáddejohka
15,3 km	⇧ 466 m	Rentiersammelstelle
20,4 km	⇧ 436 m	Flussquerung Suorrebassinjohka
26,6 km	⇧ 408 m	Straße in Čunovuohppi
28,4 km	⇧ 390 m	Madam Bongos Fjellstue (Čunovuohppi) ⌂

Von der Reisavannhytta folgt die Wanderroute zunächst dem Ostufer des Ráisjávri und klettert dann von einem Sumpfgebiet über die Baumgrenze auf den Rivkkošgipfel. Anschließend geht es, unterbrochen von den quer eingeschnittenen Flusstälern, über den Höhenrücken nach Süden. Etwa auf der Etappenmitte treffen Sie auf eine breite Quadspur, die in südöstliche Richtung schwenkt und mit mehreren Flussquerungen zu den nördlichen Ausläufern des Čuočearru-Plateaus führt. Nach der Überquerung der Straße sind es noch etwa 2 km durch lichten Birkenwald bis Čunovuohhpi.

Madam Bongos Fjellstue

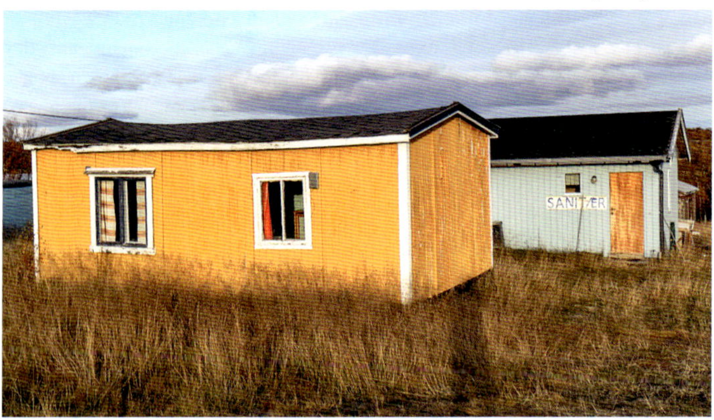

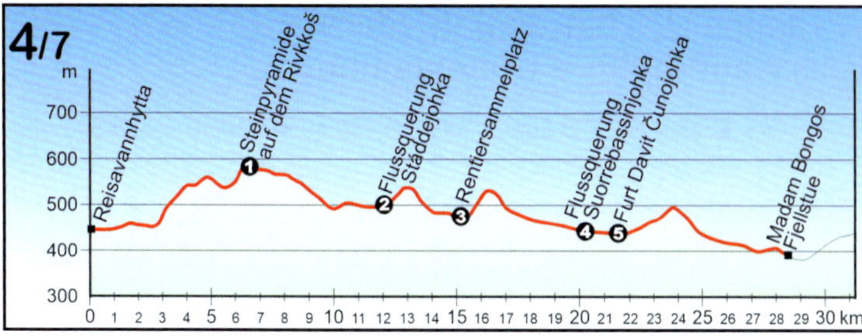

An der Steinpyramide auf dem Rivkkoš sowie auf den folgenden Hochflächen und auch am Etappenende in Čunovuohppi besteht guter Handyempfang.

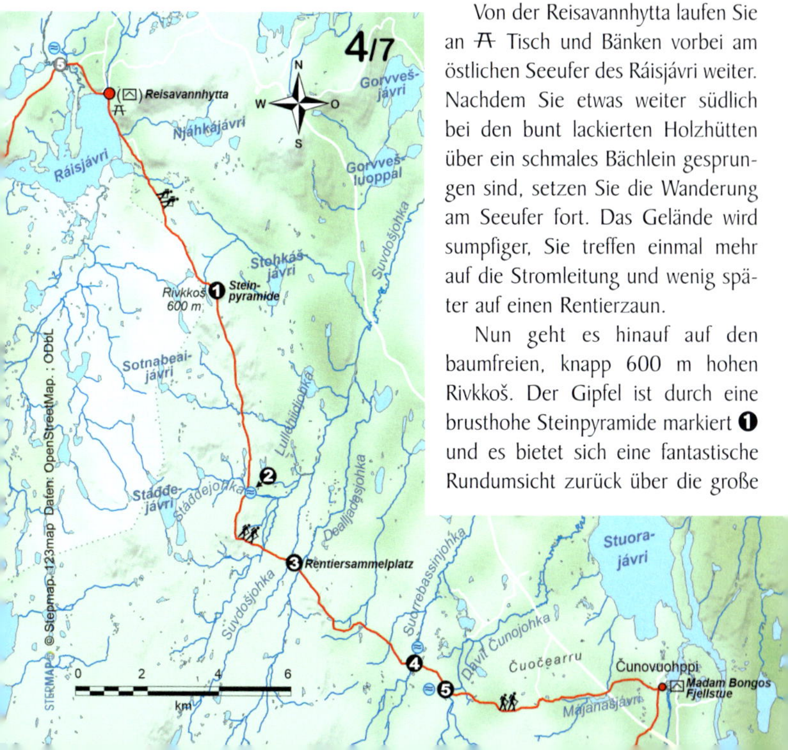

Von der Reisavannhytta laufen Sie an ⩚ Tisch und Bänken vorbei am östlichen Seeufer des Ráisjávri weiter. Nachdem Sie etwas weiter südlich bei den bunt lackierten Holzhütten über ein schmales Bächlein gesprungen sind, setzen Sie die Wanderung am Seeufer fort. Das Gelände wird sumpfiger, Sie treffen einmal mehr auf die Stromleitung und wenig später auf einen Rentierzaun.

Nun geht es hinauf auf den baumfreien, knapp 600 m hohen Rivkkoš. Der Gipfel ist durch eine brusthohe Steinpyramide markiert ❶ und es bietet sich eine fantastische Rundumsicht zurück über die große

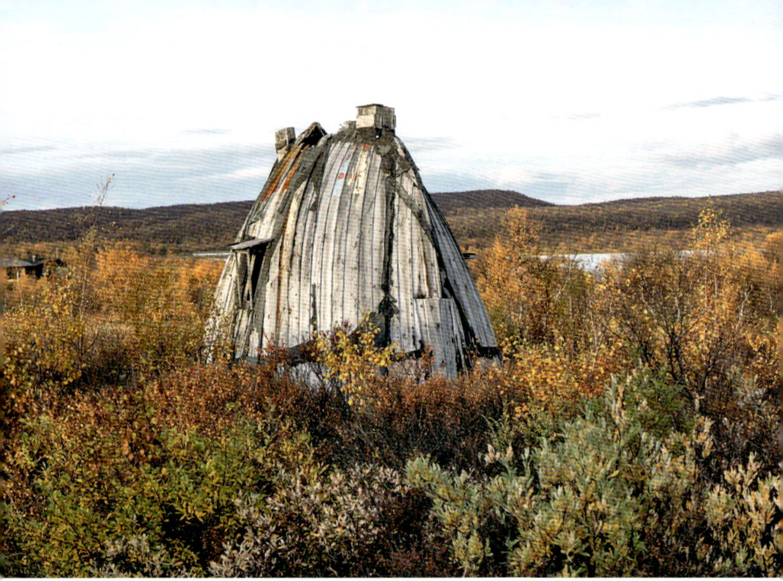

Upcycling an Madam Bongos Fjellstue: Ein Gebäude aus alten Booten

Wasserfläche des Ráisjávri und eine weite, karge Hochebene mit zahlreichen Seen voraus. Im weiteren Verlauf führt die Strecke nun, unterbrochen von kurzen Abstiegen in die nasseren Senken der quer verlaufenden Bäche, auf dem Höhenrücken in südliche Richtung.

An der Furt über den Stáddejohka ❷ sehen Sie voraus schon das nächste Zwischenziel, eine kleine Hüttenansammlung an einem Rentiersammelplatz.

Anschließend klettert der Pfad noch über einen kleinen Höhenzug und trifft dann auf eine Quadspur, der Sie von nun für eine lange Zeit folgen werden. Sie biegt in östliche Richtung ab und führt hinab zur bereits erwähnten Rentiersammelstelle zwischen den Flüssen Suvdošjohka und Dealljadasjohka ❸, die beide leicht zu durchqueren sind. Anschließend laufen Sie wieder auf einen trockenen Höhenzug hinauf und die Quadspur führt in einem Bogen um einen kleinen See herum, kreuzt dann einige Rentierzäune und erreicht die Watstelle über den Suorrebassinjohka ❹.

Nur knapp 1,3 km weiter in südöstlicher Richtung wartet am Davit Čunojohka die nächste Watstelle ❺.

Der Fluss ist zwar nur schmal, aber erstaunlich tief und aufgrund des sumpfbraun gefärbten Wassers lassen sich die rutschigen Steine am Grund kaum ausmachen.

Anschließend erreicht der Wanderpfad wieder trockenes Gelände und Sie wandern über die nördlichen Ausläufer der mit einer dichten Moos- und Beerenschicht bewachsenen Čuočearruhochebene. Zur Linken schweift der Blick über den großen See Stuorajávri und die dahinterliegenden Berge.

Nachdem Sie unter der Stromleitung hindurchgelaufen sind, schwenkt der Pfad in einem Bogen zur Straße. Nachdem Sie diese überquert haben, verläuft der einfach zu laufende Pfad auf den letzten zwei Etappenkilometern durch eine feuchte Heidelandschaft nach Čunovuohppi.

Schräg nach links über die Schotterstraße liegt das gelbe Haupthaus der sehr speziellen, aber liebenswerten Fjellstue von Mikkel Bongo.

⌂ Madam Bongos Fjellstue, ☏ +47/481/060 03, https://www.facebook.com/pages/category/Sports—-Recreation/Madam-Bongos-Fjellstue-1633002283456162, GPS N 69°04.373' E 022°50.822'. Madam Bongo erhielt ihren Namen von der ersten französischen Reisegruppe, die sie hier 1970 bekochte. Seit ihrem Tod führt ihr Sohn Mikkel die Tradition fort. Allerdings ist alles stark in die Jahre gekommen und es sieht so aus, als hätten die Hütten seit dem Bau keinen Handwerker mehr gesehen. Die Hütten verfügen über elektrische Heizungen und Kochplatten und es gibt ein zentrales Sanitärgebäude.

8. Etappe (E1/Nordkalottleden): Čunovuohppi – Kautokeino

20,5 km, 6 Std., ↑ 280 m, ↓ 200 m, ⇧ 330-520 m

0,0 km	⇧ 390 m	Madam Bongos Fjellstue (Čunovuohppi) ⌂
1,2 km	⇧ 399 m	Straße nach Kautokeino
4,2 km	⇧ 421 m	Flussquerung Čunojohka
5,9 km	⇧ 520 m	Goaskinvárri
8,1 km	⇧ 445 m	Abzweig von der Quadspur
17,7 km	⇧ 380 m	Schotterpiste in Kautokeino
18,9 km	⇧ 340 m	Provinzstraße 7978
20,5 km	⇧ 356 m	Kautokeino ⌘

Die Schlussetappe des Nordkalottleden beginnt in Čunovuohppi auf der Schotterpiste, quert dann die Straße nach Kautokeino und führt in südliche Richtung durch Birkenwald auf den Höhenzug Goaskinvárri. Im weiteren Verlauf wendet sich die Route nach Osten und führt durch die (sehr) sumpfige Niederung im Tal des Bávvaljávri bis zur Schotterpiste am südlichen Ortsrand von Kautokeino. Die letzten 3 km bis ins Zentrum sind dann schnell gelaufen.

Es gibt durchgehend guten Empfang auf der gesamten Etappe.

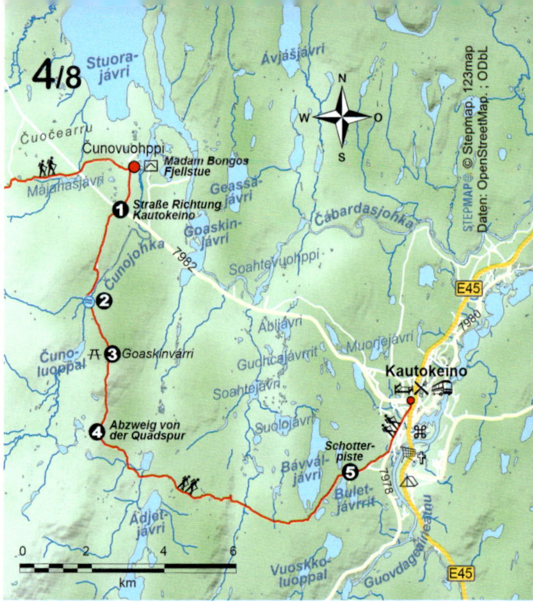

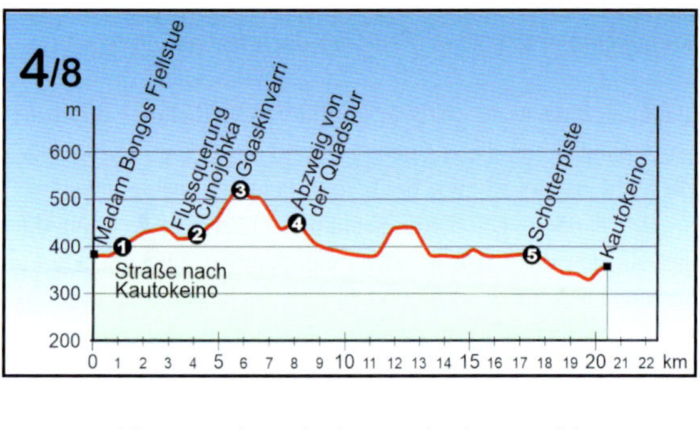

Die letzte Etappe führt in großen Abschnitten durch ausgedehnte Moorgebiete und ist nach ergiebigen Niederschlagsperioden extrem unangenehm zu laufen. Wer sich das ersparen möchte, sollte in diesen Fällen auf die Straße nach Kautokeino ausweichen.

Von der Fjellstue starten Sie auf der Schotterstraße in südliche Richtung und treffen nach rund 1,2 km auf die Straße Richtung Kautokeino ❶. Auf der gegenüberliegenden Straßenseite finden Sie etwas nach rechts versetzt eine Quadspur,

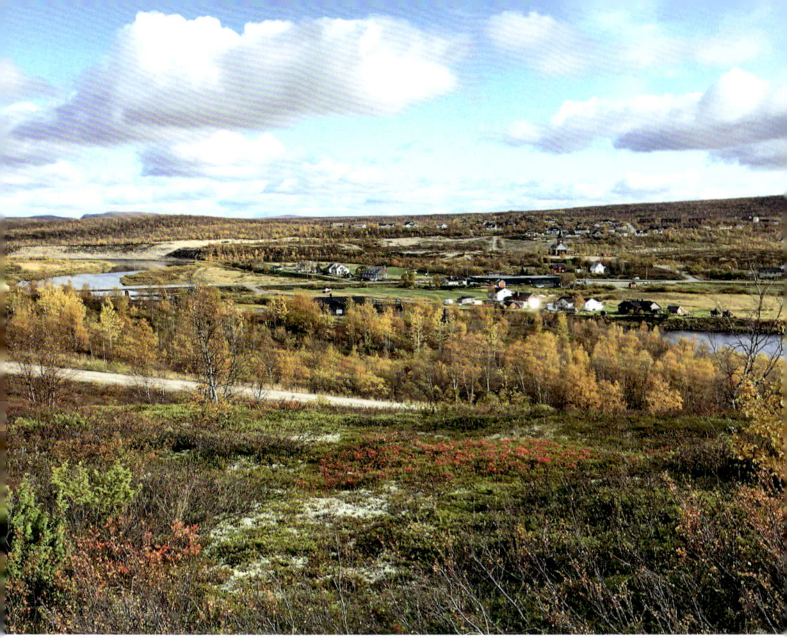

Kautokeino erstreckt sich entlang der Ufer des Altaelv

die durch Birkenwald weiter in südsüdöstliche Richtung führt. Sie verläuft erst ein Stück parallel zum Fluss Čunojohka und biegt dann nach rechts zur Watstelle ab ❷. Der Flusslauf ist zwar breit, aber nicht übermäßig tief.

Die Markierungen führen Sie nun in südöstliche Richtung durch ein Sumpfgebiet auf den über 500 m hohen Goaskinvárri. Der höchste Punkt ist mit einer Steinpyramide markiert ❸ und es lohnt sich, den Rucksack abzusetzen und auf der Rastbank Platz zu nehmen, um die Weite der Finnmark und das Panorama über die riesige Wasserfläche des Stuorajávri und Čunovuohppi im Norden bis Kautokeino im Osten zu genießen.

Nun folgen Sie dem Höhenzug in südliche Richtung für gut 2 km, bis der Wanderpfad nach links in südöstliche Richtung von der Quadspur abzweigt ❹ und hinab in den sehr nassen und sumpfigen Birkenwald im Tal des Bávvaljávri führt. Nach gut 5 km aber ist es geschafft und der Pfad erreicht wieder einen trockeneren, lichten Birkenbestand und es geht im Wechsel über kleine Sumpfflächen und trockenere Höhenrücken weiter.

Schließlich glitzert die Seefläche des Buletjávrrit zur Rechten durch die Stämme der Birken. Am nördlichen Ufer treffen Sie auf ein großes Haus und dahinter auf die breite Schotterpiste Richtung Kautokeino ❺. Knapp 500 m weiter halten Sie sich vor der Kurve links und folgen der Fahrspur bis zur Provinzstraße 7978 am südlichen Ortsrand von Kautokeino.

Hier wenden Sie sich nach links und wenn Sie auf dem Campingplatz übernachten möchten, laufen Sie gleich die erste Piste nach rechts runter und auf der Hauptstraße weiter nach rechts zur Brücke über den Guovdageaineatnu. Der Campingplatz liegt dann etwa noch 1 km weiter südlich an der E45. Für die übrigen Übernachtungsmöglichkeiten folgen Sie einfach der Provinzstraße weiter geradeaus und erreichen nach knapp 2 km das Stadtzentrum.

Weg durch Kautokeino

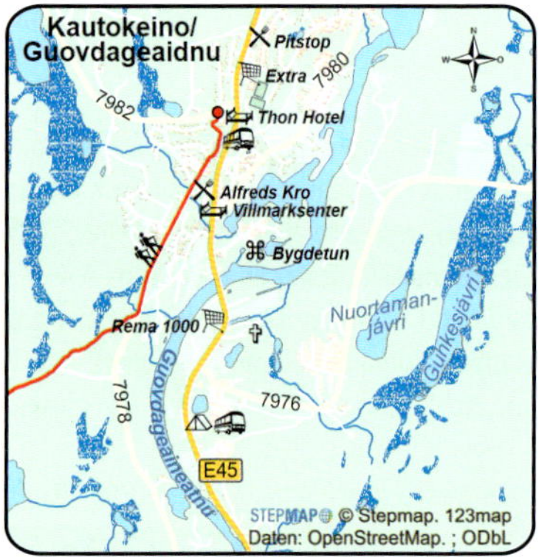

Kautokeino/Guovdageaidnu

Erste Adresse (und dementsprechend nicht gerade günstig) ist das Thon Hotel Kautokeino, das am höchsten Punkt direkt über dem Stadtzentrum thront, und die modernen Zimmer bieten einen spektakulären Blick über die Finnmarksvidda, Biedjovággeluodda 2, 9520 Kautokeino, ☏ +47/784/870 00, www.thonhotels.no. DZ ab € 110

Eine einfachere Übernachtungsmöglichkeit mit 32 Betten mitten im Ortszentrum bietet das Kautokeino Villmarksenter, das neben Übernachtungen auch traditionelle samische Speisen anbietet, Hannoluohkka 2A, 9520 Kautokeino, ☏ +47/784/876 02. DZ ab € 80

Im Ort gibt es südlich des Flusses etwa 2,5 km vom Zentrum entfernt zwei Campingplätze (beide mit Hüttenvermietung) an der E45 Richtung Enontekiö: Duottar Camp/Viddas Camping , ☏ +47/908/982 90 und direkt nebenan Arctic Motell & Kautokeino Camping, ☏ +47/480/409 97, www.arcticmotel.com. Hütten ab ca. € 50

Es gibt in Kautokeino zwei gut sortierte Supermärkte: einen an der E45 nördlich des Zentrums und einen hinter der Brücke über den Fluss an der E45 Richtung Enontekiö/Finnland noch vor den Campingplätzen.

Es bestehen tägliche Verbindungen nach Alta. Aktuelle Fahrpläne unter www.snelandia.no

Kautokeino ist eine weit verstreute Ansammlung von Häusern entlang beider Ufer des Kautokeinoelva/Guovdageaineatnu und bezogen auf die Fläche Norwegens größte Gemeinde. Rund 85 % der Bevölkerung sprechen Samisch, ein Drittel arbeitet direkt oder indirekt in der Rentierzucht als Haupterwerbszweig. Die Beschäftigung in Handel, Verwaltung und Tourismus gewinnt allerdings zunehmend an Bedeutung.

⌘ Wer mehr über die samische Tradition, Kultur und Lebensweise erfahren will, findet im samischen Museum Kautokeino Bygdetun/Guovdageainnu Gilisillju (Boaronjarga 23, 9520 Kautokeino, ☏ +47/406/131 83, 💻 rdm.no) alte Gerätschaften, Trachten und Fotos sowie eine Freilichtabteilung mit alten Gebäuden und Erdhütten. Das Museum ist 🚪 ganzjährig geöffnet, außerhalb der kurzen Hauptsaison im Sommer allerdings nur wochentags von 9:00 bis 15:00. Das angeschlossene ☕ Café ist nur im Sommer vom 15.6. bis 31.7. geöffnet.

Das Beste zum Schluss: das luxuriöse Thon-Hotel in Kautokeino

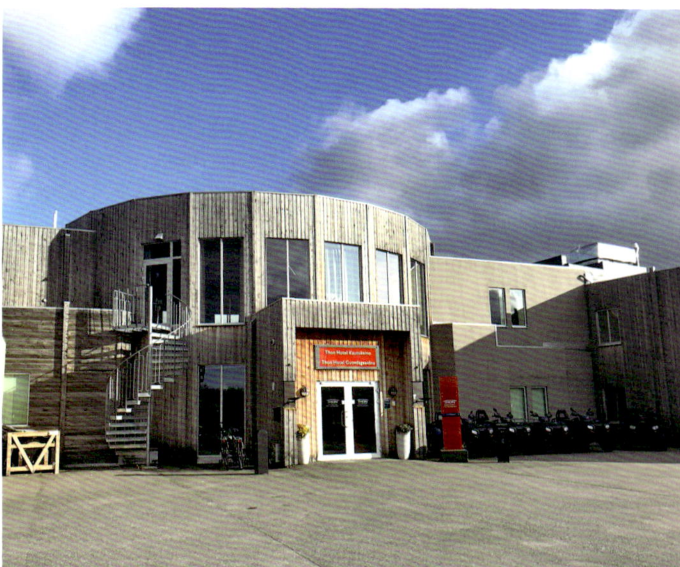

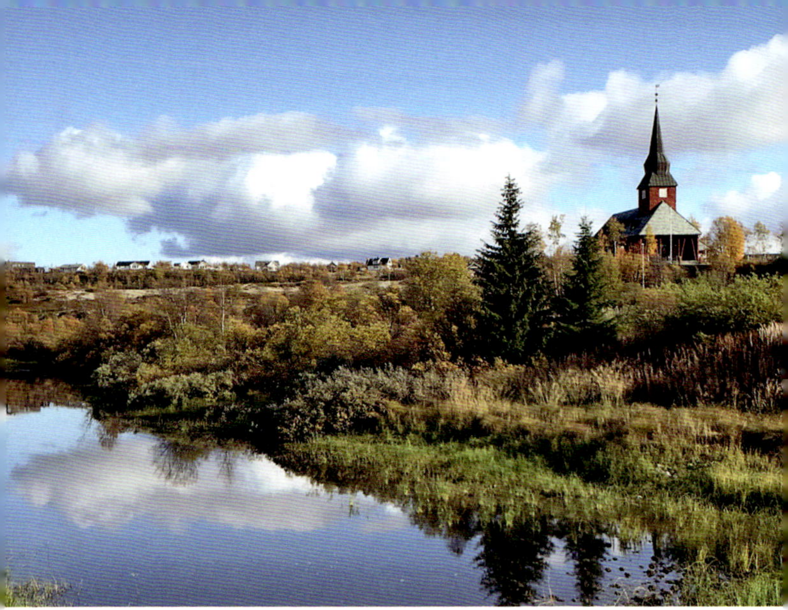

Kirche von Kautokeino

Eine weitere Sehenswürdigkeit ist die Kirche von Kautokeino am südlichen Flussufer, die 1958 erbaut wurde, nachdem die alte Kirche im Zweiten Weltkrieg zerstört wurde, 1.6. bis 15.8. täglich 9:00 bis 21:00.

☺ Berühmt ist Kautokeino vor allem für sein **samisches Osterfestival**, ein Kulturfest mit langer Tradition. Ursprünglich versammelten sich an Ostern die Samen der gesamten Region in Kautokeino, um das Ende des langen, kalten und dunklen Winters zu feiern. Auch heute noch ist das Osterfestival ein religiöses Fest, das aber um zahlreiche zeitgenössische Kulturveranstaltungen wie Konzerte, Ausstellungen und Theatervorstellungen ergänzt wird.

www.samieasterfestival.com

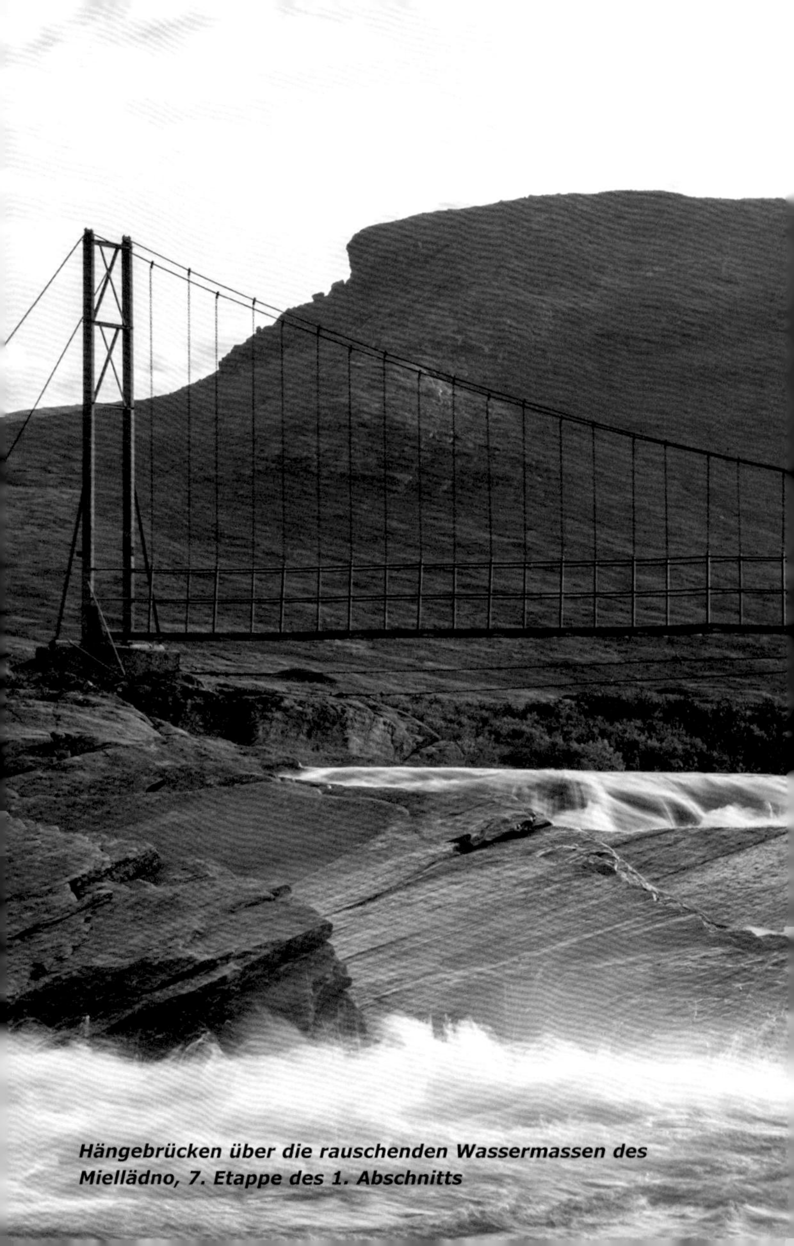

Hängebrücken über die rauschenden Wassermassen des Mielládno, 7. Etappe des 1. Abschnitts

Literatur

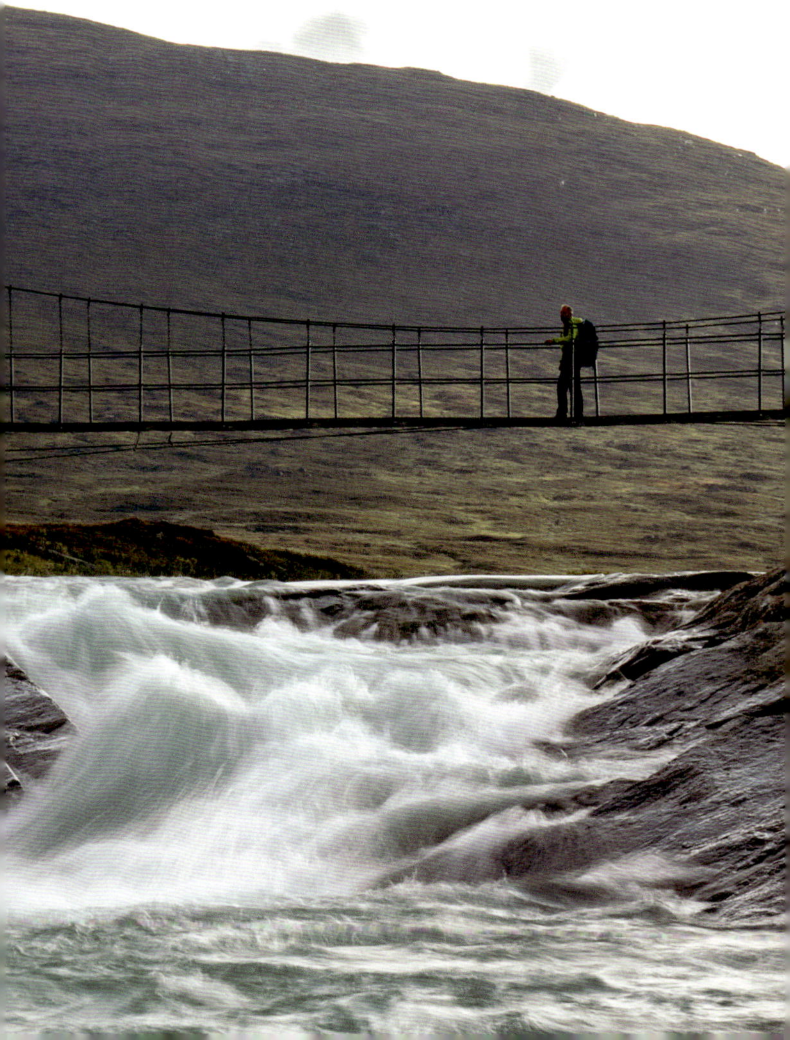

Reiseberichte/Bildbände

- ▷ **Lappländische Reise, Reisebericht** von Carl von Linné, Matthes & Seitz Berlin Verlagsgesellschaft
- ▷ **Wanderungen im Norden** von Alfred Andersch, Diogenes-Verlag
- ▷ **Lesereise Lappland: Nordlicht**, Joik und Rentierschlitten – Lebensweisen in Lappland von Barbara Schaefer, Picus Verlag
- ▷ **Huskygesang: Hundeschlittenfahrten im Hohen Norden** von Martin Wlecke, Conrad Stein Verlag
- ▷ **Lappland: Unterwegs in Weite und Licht** von Klaus-Peter Kappest, Tecklenborg Verlag

Reiseführer

- ▷ **Norwegen Nord: Reisehandbuch** von Martin Velbinger, Velbinger Verlag
- ▷ **Skandinaviens Norden** von Frank-Peter Herbst und Peter Rump, Reise-KnowHow
- ▷ **Nordskandinavien Wanderwege** von Harri Ahonen, Thomas Kettler Verlag

Oberhalb von Kilpisjärvi erhebt sich der 1.029 m hohe Saana mit seiner charakteristischen steil abfallenden Stirn, 1. Etappe des 4. Abschnitts

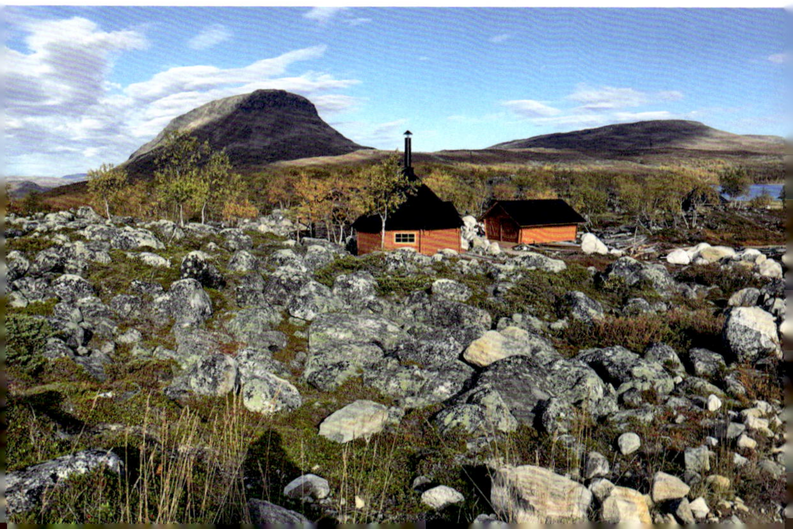

Bestimmungsbücher

- **Skandinavien – Pflanzen im Fjäll**, Bestimmungsbuch für Gebirgsflora von Hans-Jürgen Gottschalk, Edition Elch

Sprachführer

- **Oh, dieses Norwegisch (Fremdsprech)** von Martin Schmidt, Conrad Stein Verlag

  Norwegisch Wort für Wort plus Wörterbuch (Kauderwelsch plus) von O'Niel V. Som, ReiseKnowHow
- **Oh, dieses Schwedisch (Fremdsprech)** von Rüdiger Lohf, Conrad Stein Verlag

  Schwedisch Wort für Wort plus Wörterbuch (Kauderwelsch plus) von Karl-Axel Daude, ReiseKnowHow
- **Finnisch Wort für Wort plus Wörterbuch (Kauderwelsch plus)** von Hillevi Low, ReiseKnowHow
- **Samisch für Lappland Wort für Wort (Kauderwelsch plus)** von Bettina Dauch, ReiseKnowHow

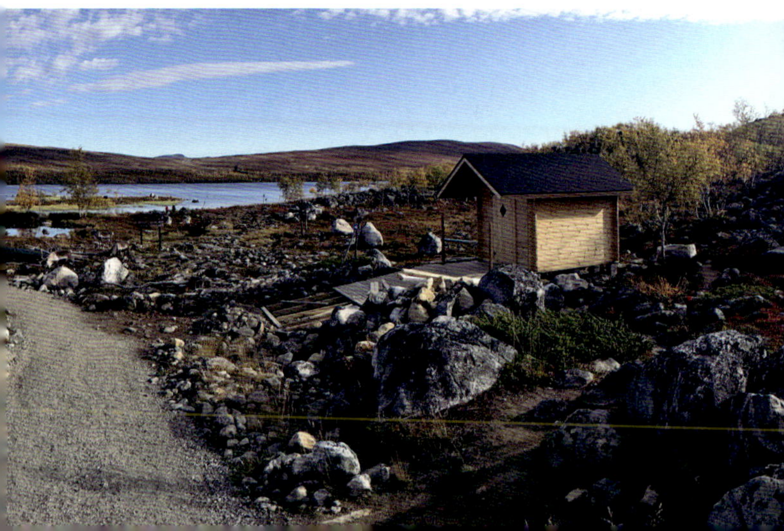

Kleiner Sprachführer

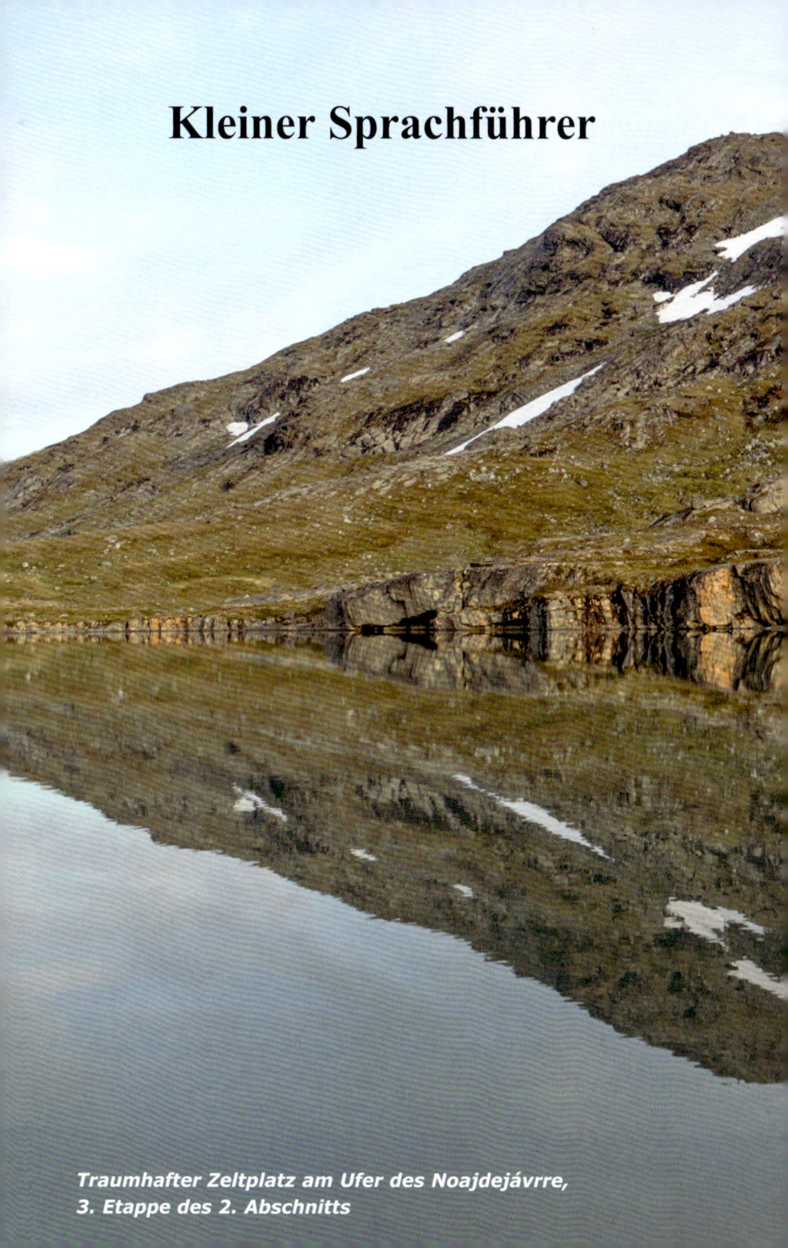

Traumhafter Zeltplatz am Ufer des Noajdejávrre, 3. Etappe des 2. Abschnitts

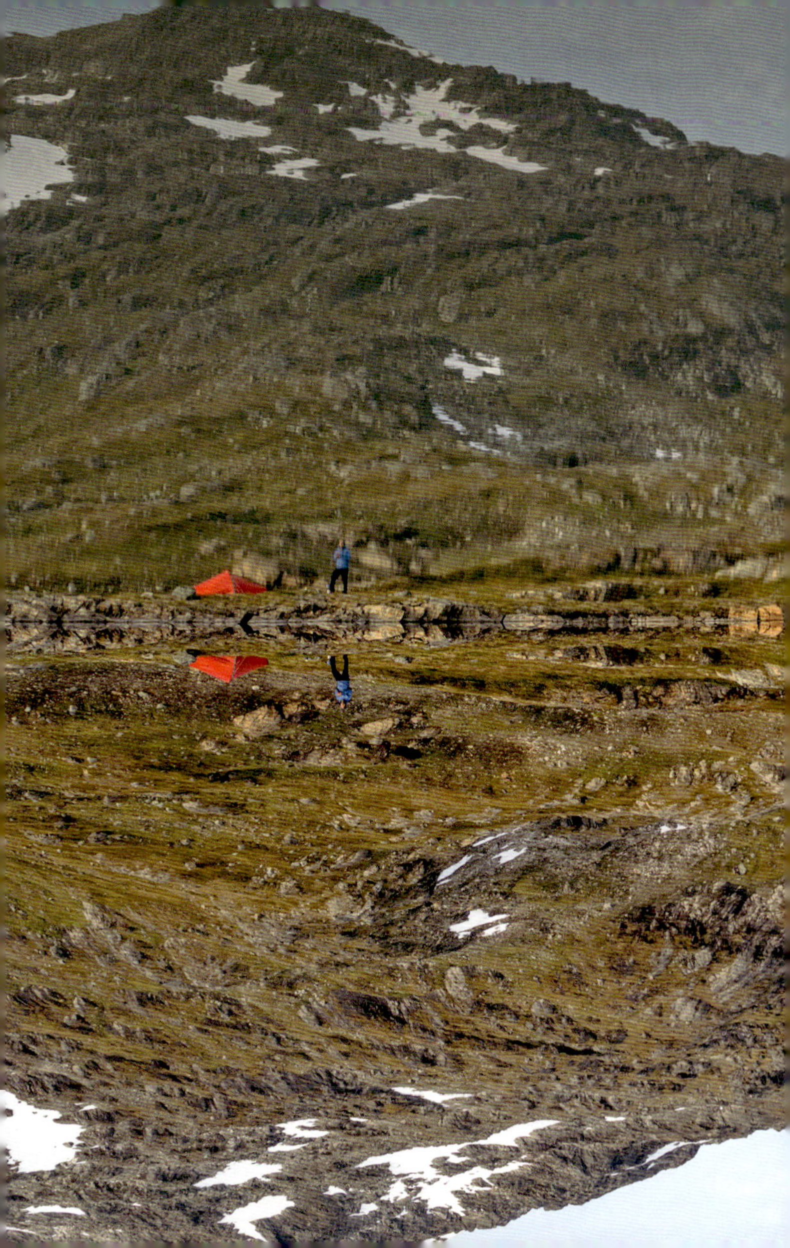

Dieses Buch kann natürlich keinen vollwertigen Sprachführer für alle vier entlang des Nordkalottleden vorkommenden Sprachen, nämlich Norwegisch, Schwedisch, Finnisch und Samisch, liefern. Literatur für die Verständigung finden Sie oben unter ☞ Anhang, Literatur.

Im Folgenden eine Wortliste mit den wichtigsten geografischen Bezeichnungen zum einfacheren Verständnis der Landkarten:

Deutsch	Norwegisch	Schwedisch	Finnisch	Samisch
Abhang	bakke, hallet	slänt, sluttning	rinne, jyrkänne	pakte, bákti
Ausläufer	aksla, utløper	utlöpare	sivuhaara	njunis
Bach	bekken	bäkken	puro	jåkka, jåkkå, johka
Berg	fjell	fjäll	tunturi	tuoddar, tuottar, duoddar, várri
Bergrücken	hei, ås	bergsrygg	tunturinselänne,	harju tjarro, èorru
Brücke	bru	bro	silta	—
Bucht	våg, vik	vik, bukt	lahti	luokta, luovtta
Ebene/Plateau	vidda	vidd, slätt	leveys	riidudat
Fluss	elv	älv	joki	ätno, äno, eatnu
Geröllhalde	ur	rullstens-sluttning	kivikkorinne	—
Gipfel	hø, tind	topp	kero vuorenhuippu	kaise, gáisi, tjåkka, tjåkkå, èohkka
Gletscher	jøkul, bre	glaciär, jökel	jäätikkö	jägna, jiekna
groß	stor	stor	suuri	stuore, stuorra
Höhe/Hügel	haug, hovd, högda	kulle, backen, höjd	vaara	vare, tieva, dievva
Hütte	stuga	hytte	autiotupa, varaustupa, kämppa, maja	—

Deutsch	Norwegisch	Schwedisch	Finnisch	Samisch
Insel	holmen, øy	ö, holme	saari	suolu, suoloi, sullu
Kar	botn	nischdal	sammio	—
klein	litle, liten	liten, mindre	pieni	unna, unni, utse, uhoi
Landenge	eid	udde, näs	kannas	njarga
Moor	myr	myr, mosse	suo	jeaggi, ape, åhpi
Nationalpark	nasjonalpark	nationalpark	kansallispuisto	—
Norden	nordre	norr	pohjoinen	nuorta
Osten	austre, øst	öster	itä	lule
Pass	døra, skard	pass	sola	durrie
Pfad	sti	led	reitti, polku	—
Rastschutz	gamme	rastskydd	laavu	—
Schlucht	kløft	klyfta, ravin	kuru	kårsa, kårså
See	sjø	sjö	järvi	javrie, jávri, jaure
Süden	syd	söder	etelä	årje
Tal	dal	dal	laakso	vagge, vággi
Wald	skog	skog	metsä	vuobme, vuopmi, vuomi
Wasserfall/ Stromschnelle	foss	vattenfall, fors	vesiputous, koski	guoikka, kuoikka
Westen	vestre	väster	länsi	alle, allep
Zeltplatz	teltplass	tältplats	teltailu	—

Index

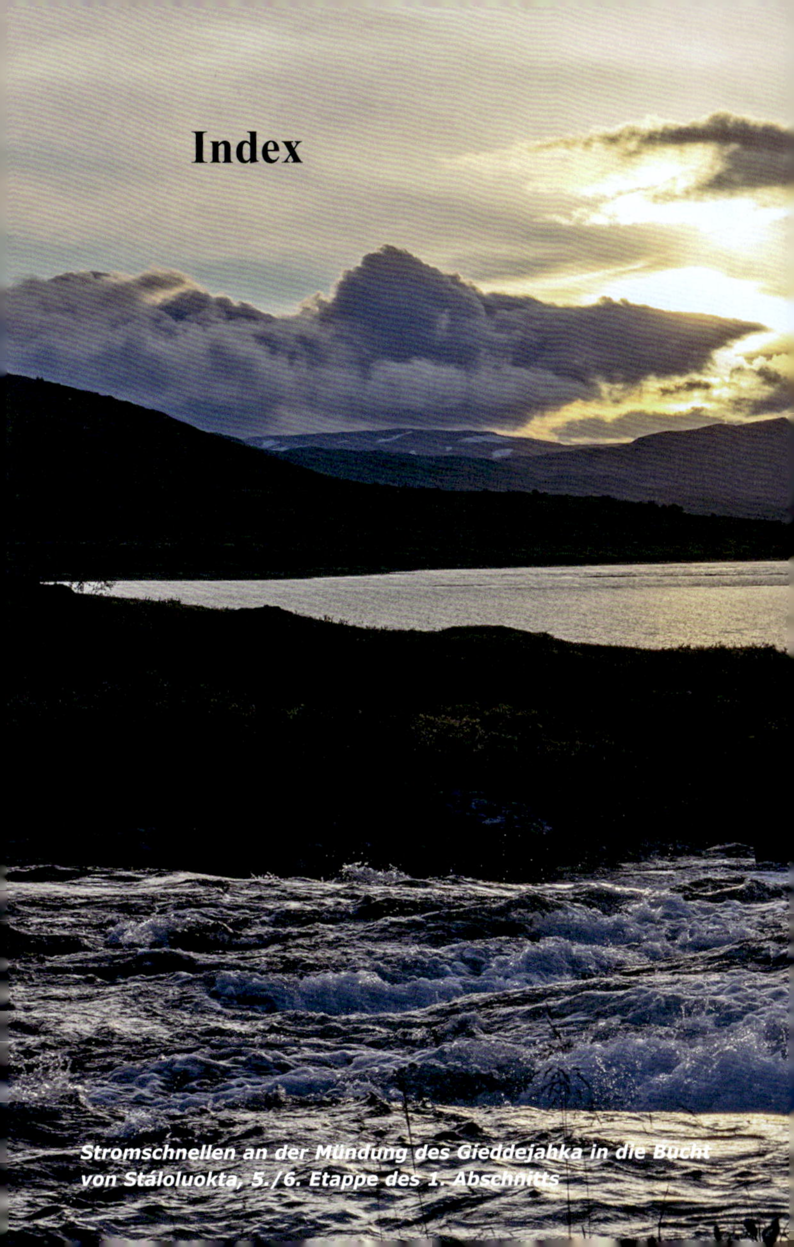

Stromschnellen an der Mündung des Gieddejahka in die Bucht von Stáloluokta, 5./6. Etappe des 1. Abschnitts

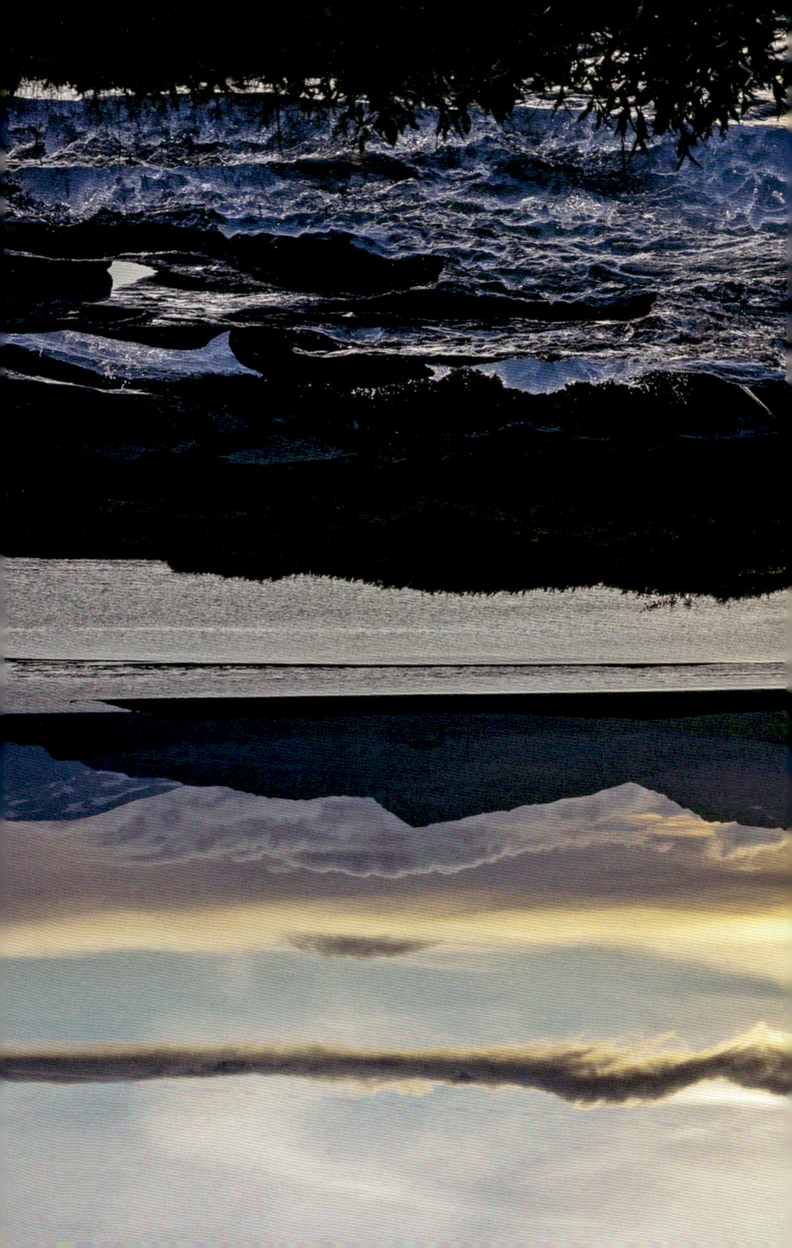

M

N

O/P

R

S

T

U/V

W/Z